이태리 건국 삼걸전

숭실대HK+ 근대계몽기 서양영웅전기 번역총서 13

이태리 건국 삼걸전

: 마치니·가리발디·카보우르의 이탈리아 건국담 국문

량치차오 저
주시경·이현석 역

윤영실 옮김

발간사

　숭실대학교 한국기독교문화연구원은 1967년 설립된, 명실공히 숭실대학교를 대표하는 인문학 연구원으로 발전하여 오늘에 이르렀다. 반세기가 넘는 역사 동안 다양한 학술행사 개최, 학술지 『기독교와 문화』(구 『한국기독문화연구』)와 '불휘총서' 30권 발간, 한국기독교박물관 소장 자료의 연구에 주력하면서, 인문학 연구원으로서의 내실을 다져왔다. 2018년에는 한국연구재단의 인문한국플러스(HK+) 사업 수행기관으로 선정되어 또 다른 도약의 발판을 마련하였다.

　본 HK+사업단은 "근대 전환공간의 인문학, 문화의 메타모포시스"라는 아젠다로 문학과 역사와 철학을 아우르는 다양한 인문학 연구자들이 학제간 연구를 진행하고 있다. 개항 이래 식민화와 분단이라는 역사적 격변 속에서 한국의 근대(성)가 형성되어온 과정을 문화의 층위에서 살펴보는 것이 본 사업단의 목표이다. '문화의 메타모포시스'란 한국의 근대(성)가 외래문화의 일방적 수용으로도, 순수한 고유문화의 내재적 발현으로도 환원되지 않는, 이문화들의 접촉과 충돌, 융합과 절합, 굴절과 변용의 역동적 상호작용을 통해 형성되었음을 강조하려는 연구 시각이다.

　본 HK+사업단은 아젠다 연구 성과를 집적하고 대외적 확산과 소통을 도모하기 위해 총 네 분야의 총서를 발간하고 있다. 〈메타모포시스 인문학총서〉는 아젠다와 관련된 연구 성과를 종합한 저서나 단독 저서로 이뤄진다. 〈메타모포시스 번역총서〉는 아젠다와 관련하여 자료적 가치를 지닌 외국어 문헌이나 이론서들을 번역하여 소개한다. 〈메타모포시스 자료총서〉는 숭실대 한국기독교박물관에 소장된 한국 근대 관련 귀중 자료들을 영인하고, 해제나 현대어 번역을 덧붙여 출간한다. 〈메타모포시스 교양문고〉는 아젠다 연구 성과의 대중적 확산을 위해 기획한 것으로 대중 독자들을 위한 인문학 교양서이다.

본 사업단의 연구가 진행되는 가운데 새로운 총서 시리즈인 〈근대계몽기 서양영웅전기 번역총서〉를 기획하였다. 1907년부터 1911년까지 집중적으로 출간된 서양 영웅전기를 현대어로 번역하여 학계에 내놓음으로써 해당 분야의 연구 자료로 제공하자는 것이 기획 의도이다.

총 17권으로 간행되는 본 시리즈의 영웅전기는 알렉산더, 콜럼버스, 워싱턴, 넬슨, 표트르, 비스마르크, 빌헬름 텔, 롤랑 부인, 잔다르크, 가필드, 프리드리히, 마치니, 가리발디, 카보우르, 코슈트, 나폴레옹, 프랭클린 등 서양 각국을 대표하는 인물이다. 1900년대 출간 당시 개별 인물 전기로 출간된 것도 있고 복수의 인물들의 약전으로 출간된 것도 있다. 이 영웅전기는 국문이나 국한문으로 표기되어 있는데, 국문본이어도 출간 당시의 언어로 표기되어 있으므로 지금 독자가 읽기에는 다소 어려울 것으로 예상된다. 이에 원문을 현대어로 번역하고, 원자료를 영인하여 첨부함으로써 일반 독자는 물론 전문 연구자에게도 연구 자료로 제공하고자 했다. 현대어 번역은 해당 분야 전문가의 도움을 받았다. 본 시리즈가 많은 독자와 만날 수 있도록 애써 주신 연구자들께 감사드린다.

동양과 서양, 전통과 근대, 아카데미즘 안팎의 장벽을 횡단하는 다채로운 자료와 연구 성과를 집약한 메타모포시스 총서가 인문학의 지평을 넓히고 사유의 폭을 확장하는 데 기여할 수 있기를 기대한다.

2025년 3월
숭실대학교 한국기독교문화연구원 HK+사업단장
장경남

차례

발간사 / 5
일러두기 / 10

시작하는 말	⋯ 11
제1절 삼걸 이전의 이탈리아 형세와 삼걸의 유년 시절	⋯ 14
제2절 마치니가 〈소년 이탈리아〉를 창립하고 사르데냐 왕에게 편지를 올리다	⋯ 22
제3절 카보우르가 몸소 밭을 갈다	⋯ 34
제4절 마치니와 가리발디의 망명	⋯ 41
제5절 남아메리카의 가리발디	⋯ 47
제6절 혁명 전의 형세	⋯ 55
제7절 1848년의 혁명	⋯ 62
제8절 로마 공화국의 건설과 멸망	⋯ 67
제9절 혁명 후의 형세	⋯ 76
제10절 사르데냐의 현명한 새 왕과 수상이 된 카보우르	⋯ 81
제11절 카보우르의 내정 개혁	⋯ 85
제12절 카보우르의 외교 정책 제1단계 (크림 전쟁)	⋯ 89
제13절 카보우르의 외교 정책 제2단계 (파리 회의)	⋯ 96
제14절 카보우르의 외교 정책 제3단계 (이탈리아-프랑스 밀약)	⋯ 101

제15절 이탈리아-오스트리아 전쟁 준비 ⋯ 107

제16절 이탈리아-오스트리아 전쟁과 카보우르의 사임 ⋯ 114

제17절 가리발디의 사직 ⋯ 120

제18절 카보우르가 다시 재상이 되고 북이탈리아가 통일되다 ⋯ 123

제19절 당시 남부 이탈리아의 형세 ⋯ 128

제20절 가리발디의 남부 이탈리아 평정 ⋯ 131

제21절 남북 이탈리아의 합병 ⋯ 137

제22절 제1대 국회 ⋯ 144

제23절 카보우르의 서거와 미완의 뜻 ⋯ 146

제24절 가리발디가 투옥된 후 영국으로 건너가다 ⋯ 151

제25절 가리발디의 로마 재입성. 두 번째로 패하고 두 번째로 붙잡히다
⋯ 155

제26절 이탈리아가 로마에 도읍을 정하고 대통일을 이루다 ⋯ 160

해설 ⋯ 164
영인자료 ⋯ 302

일러두기

01. 번역은 현대어로 평이하게 읽힐 수 있는 것을 원칙으로 하였다.
02. 인명과 지명은 본문에서 해당 국가의 발음을 한글로 표기하고 각주에서 원문의 표기법과 원어 표기법을 아울러 밝혔다. 역사적 실존 인물인 경우 가급적 생몰연대도 함께 밝혔다.
    예) 루돌프(羅德福, Rudolf Ⅰ, 1218~1291)
03. 한자는 꼭 필요한 경우 괄호 안에 병기하였다.
04. 단락 구분은 원본을 기준으로 삼되, 문맥과 가독성을 위해 필요한 경우 번역자가 추가로 분절하였다.
05. 문장이 지나치게 길면 필요에 따라 분절하였고, 국한문 문장의 특성상 주어나 목적어 등 필수성분이 생략되어 어색한 경우 문맥에 따라 보충하여 번역하였다.
06. 원문의 지나친 생략이나 오역 등으로 인해 그대로 번역했을 때 의미가 잘 전달되지 않는 경우 번역자가 [ ] 안에 내용을 보충하여 번역하였다.
07. 대사는 현대의 용법에 따라 " "로 표기하였고, 원문에 삽입된 인용문은 인용 단락으로 표기하였다.
08. 총서 번호는 근대계몽기 영웅 전기가 출간된 순서를 따랐다.
09. 책 제목은 근대계몽기에 출간된 원서 제목을 그대로 두되 표기 방식만 현대어로 바꾸고, 책 내용을 간결하게 풀이한 부제를 함께 붙였다.
10. 표지의 저자 정보에는 원저자, 근대계몽기 한국의 번역자, 현대어 번역자를 함께 실었다. 여러 층위의 중역을 거친 텍스트의 특성상 번역 연쇄의 어떤 지점을 원저로 정할 것인지가 문제였다. 일단 근대계몽기 한국의 번역자가 직접 참조한 판본부터 거슬러 올라가면서 번역 과정에서 많은 개작이 이뤄진 가장 근거리의 판본을 원저로 간주하고, 번역 연쇄의 상세한 내용은 각 권 말미의 해설에 보충하였다.

이태리 건국 삼걸전
이탈리아 나라를 회복한 세 호걸의 사적

대한국 이현석 번역

1. 마치니(Giuseppe Mazzini)[1]
2. 가리발디(Giuseppe Garibaldi)[2]
3. 카보우르(Camillo Benso di Cavour)[3]

시작하는 말

양계초는 말한다. 천하에 훌륭한 덕과 큰 업적 중에서 애국자보다 더한 것이 어디 있는가? 참으로 애국자는 나랏일 이외에는 족히 마음에 둘 것이 전혀 없다. 그런 까닭에 나랏일 외에는 좋아할 것도 없고, 나랏일 외에는 바랄 것도 없고, 나랏일 외에는 근심할 것도

---

[1] 마치니(마시니, 瑪志尼, Giuseppe Mazzini, 1805~1872): 원문에는 알파벳 표기가 Ginseppe Mazzini로 되어 있는데 중국어본의 오식을 그대로 쓴 것이다.
[2] 가리발디(가리발디, 加里波的, Giuseppe Garibaldi, 1807~1882): 원문에는 알파벳 표기가 Ginseppe Garipaldi로 잘못 나와 있다.
[3] 카보우르(가부어, 加富爾, Camillo Benso di Cavour, 1810~1861): 원문에는 알파벳 표기가 Camillo Bensopi Cavowr로 잘못 나와 있다.

없고, 나랏일 외에는 분할 것도 없고, 나랏일 외에는 다툴 것도 없고, 나랏일 외에는 기뻐할 것도 없다. 또 진실로 애국자는 나랏일이 어렵다고 생각하지도 않고, 험하다고 생각하지도 않으며, 못 하겠다고 생각하지도 않고, 되리라고 생각하지도 않고, 안 되리라고 생각하지도 않는다. 진실로 애국자가 나라를 사랑하여 행하는 일이 반드시 서로 똑같지는 않다. 혹은 혀로 하고, 혹은 피로써 하고, 혹은 붓으로 하고, 혹은 칼로 하고, 혹은 기계로 한다. 앞에서 부르고 뒤에서 응하며, 서로 나눠지기도 하고, 서로 시비도 하고, 서로 대적할 때도 있고, 서로 미워하는 일도 있다. 그러나 활로 쏘는 것과 같이 과녁을 향하여 쏘기는 다 마찬가지인 까닭에, 결국에는 서로 건지고 서로 도와서 합하지 아니함이 도무지 없다.

양계초는 또 말한다. 지금 세계에 나라가 수십 개이지만 부강한 자는 열 중 하나에 지나지 않는다. [강한 나라를] 고무하고 감화하고 결속시키고 노래하고 장엄하게 함이 어찌 한두 애국자의 마음과 힘과 피와 혀와 붓과 칼과 기계로부터 비롯되지 아니하였겠는가.

수백 년 동안의 유럽 건국 역사에는 가히 노래도 부르고 울기도 하고 기록도 할 만한 것이 헤아릴 수 없이 많고, 그 애국 호걸 중에 우리가 평생 생각하고 존숭할 만한 자가 또한 헤아릴 수 없이 많다. [그러나] 건국 이전의 상황을 생각해 보면 우리 중국의 오늘날 처지와 같음이 이탈리아만 한 곳이 없다. 또 그 애국자의 뜻과 사업이 오늘날 중국 백성의 모범이 됨이 이탈리아의 세 호걸만 한 사람이 없다. 세 호걸은 그 지위가 같지 않고, 회포가 같지 않고, 재략(才略)이 같지 않고, 그 사업이 같지 않고, 그 결과도 같지 않다. 그러나 그 옛날 이탈리아를 오늘의 이탈리아로 회복시킨 점에서는 같지 않음이 없다. 세 호걸이 없으면 이탈리아가 없을 것이요, 만약 세 호걸 중에 하나만 없어도 이탈리아가 없을 것이다. 그렇기에 세 호걸은 이탈리아를 부모와 생명으로 삼았고 〔이탈리아 역시 세 호걸을 부모와 생명처럼 삼았다.〕[4]

아아! 위태롭구나! 오늘날 중국에 어찌 저 세 호걸과 같은 사람이 없는가! 아아! 쇠하였도다! 오늘날 중국에서 어찌 저 세 호걸과 같은 사람을 얻으리오! 나는 자나 깨나 탄식하며 말한다. 우리나라 백성은 애국을 알고 있는가? 비록 그 지위나 회포나 재략은 서로 일만 가지로 다르고, 그 말과 꾀와 사업이 일만 가지로 다르지만, 그 으뜸 되는 자는 가히 세 호걸 중 하나가 안 될 것도 없으며, 그다음 되는 자는 가히 세 호걸 중 하나의 일부나마 안 될 것도 없다.[5] 그러니 사람마다 힘써 세 호걸 중 하나의 일부가 되면 곧 우리 중국에 호걸이 날 것이요, 곧 우리 중국이 강하게 될 것이다. 그러하기에 이탈리아 나라 회복한 세 호걸의 사적[6]을 저술하노라.

---

4) 〔이탈리아……삼았다〕: 중국어본에 있으나 국문본에는 누락되었다. 이하에도 중국어본에서 누락된 내용을 보충한 경우 번역자가 보충한 부분인 [ ]와는 달리 〔 〕로 표시했음을 밝혀 둔다.
5) 그 으뜸……될 수 있을 것이다: 국문본에는 '되지 못홀 것이요'라는 부정문으로 되어 있으나 중국어 원문은 이중부정(無不可)의 긍정문이기에 수정하여 번역하였다.
6) 이탈리아 나라 회복한 세 호걸의 사적: 중국어본에는 意大利建國三傑傳이라는 책 제목을 적은 부분인데 국문본 번역자는 제목을 풀어 번역하고 있다.

제1절 **삼걸 이전의 이탈리아 형세와 삼걸의 유년 시절**

오늘날의 이탈리아는 옛날의 로마[7]국이다. 로마는 〔율리우스 카이사르부터 아우구스투스 대제에 이르기까지〕[8] 유럽과 아시아와 아프리카[9]라는 세 개의 대륙을 아우르는 하나의 큰 제국을 세웠다. 세계 문명의 종주(宗主)가 되었을 뿐 아니라 당시에는 천하가 로마의 천하라 할 [정도로 강대]했다. 그때 로마가 얼마나 번성하였던가! 그러나 하루아침에 북방 오랑캐에게 짓밟혀 날로 깎이고 달로 줄어들었다. 나아가 두 번째로는 회회교[10] 족속에게, 세 번째로는 스페인[11]에게, 네 번째로는 프랑스[12]에게, 다섯 번째로는 게르만[13]에게 예속될 줄 어찌 알았겠는가. 늙은 기생이 정랑(情郞)을 번갈아 맞이하듯 옛 세력이 떠나면 새 외세를 맞이하였고, 개가 조삼모사(朝三暮四)[14][로 현혹하는] 주인을 의지하듯 [외세를 의지]하였다.[15]

---

7) 로마(로마/법라, 羅馬/法馬/法羅, Roma)
8) 율리우스……이르기까지: 중국어본의 '自般琶西莎兒以來, 以至阿卡士大帝之世'인데 국문본에는 생략되어 있다.
9) 아프리카(아비리가, 阿非利加, Africa)
10) 회회교(回回敎): 한자 문화권에서 이슬람교를 부르던 명칭이다.
11) 스페인(셔비리아/서반아, 西班牙, Spain)
12) 프랑스(법란셔/법국, 法蘭西/法國, France)
13) 게르만(일이만, 日耳曼, German)
14) 조삼모사(朝三暮四): 송나라 저공(狙公)이 키우던 원숭이들에게 도토리를 아침에 3개, 저녁에 4개 준다고 하니 원숭이들이 반발했는데, 아침에 4개, 저녁에 3개를 준다고 하니 납득했다는 고사에서 유래하여, 당장의 작은 이익에 현혹되어 결과적으로 지배에 순종함을 뜻한다.
15) 새것을 맞이하고……의지함과 같아서: 늙은 기생과 조삼모사(朝三暮四)의 개라

분열과 쇠퇴가 해마다 더욱 심해져서 19세기 초에 이르면 산하의 파괴가 이루 헤아릴 수 없을 정도였다. 동쪽은 프랑스의 고을이 되고, 서쪽은 오스트리아[16]의 부속지가 되었으며, 중앙은 스페인의 다스림을 받았다. 이탈리아라는 네 글자가 겨우 지리상의 이름만 남고 정치상의 이름은 없어진 지 이제 천여 년이 되었다. [로마 명장 스키피오가] 카르타고[17]를 함락한 불길을 바라보며 로마[18]의 [멸망을 예감하는] 슬픈 노래를 부른 것처럼,[19] [로마는] 풀 위에 맺힌 이슬[20] 같이 처량하고 큰불 뒤에 남은 재 같이 영락(零落)했다. 옛사람의 글은 이렇게 읊었다.

는 두 비유는 문맥상 로마가 여러 외부 세력의 침입과 지배를 번갈아 받으면서 굴종했음을 뜻한다.
16) 오스트리아(오국/오대리, 奧國/奧大利, Austria)
17) 카르타고(가서사, 加西士, Carthage(라틴)/Carthago(영)): 현재 튀니지 일대에 위치하던 페니키아인 계열의 고대 도시. 지중해를 사이에 두고 로마와 패권 다툼을 벌였으며, 기원전 146년 제3차 포에니 전쟁에 패배하여 로마 공화정의 아프리카 속주가 되었다.
18) 로마: 원문은 '법라', 중국어본은 '法馬', 국한문본은 '法羅'로 되어 있는데 문맥상 모두 로마를 가리키는 듯하다.
19) 카르타고를……부르니: 이 구절은 량치차오가 참조한 히라타 히사시의 『伊太利建國三傑』에 붙은 도쿠토미 소호(德富蘇峰)의 서문에서 해석의 실마리를 찾을 수 있다. "카르타고(カルセージ) 몰락의 화염을 바라보며 로마의 애도가를 음미하고 흥망의 무상함을 본 스키피오(シピオ)"(平田久, 『伊太利建國三傑』, 東京: 民友社, 1892, 1頁). 스키피오(Scipio Africanus)는 2차 포에니 전쟁에서 카르타고를 패배시킨 로마의 장군으로 화염에 쌓인 카르타고를 보며 언젠가 로마 역시 같은 운명을 맞을 것을 비탄했다고 한다.
20) 풀 위에 맺힌 이슬: 원문은 '푸른 불에 아츰 이슬'이며 중국어본은 '薤露'이다. '薤露'는 풀 위에 맺힌 이슬처럼 쉽게 사라지는 인생의 덧없음을 의미한다. 죽은 자의 상여가 나갈 때 불렀던 「해로가」(薤露歌)라는 노래도 있다.

"그림 속의 집과 산은 그대로지만 한 조각 상한 마음 그릴 수 없네."[21]

슬프다. 애통함 중에는 나라 망한 백성의 애통함 만한 것이 없다. 후세에 역사를 읽는 자가 옆에서 볼 때도 이렇듯 감개무량하거늘 하물며 [국망을] 제 몸에 직접 겪은 자야 어떻겠는가.

그런데 19세기 후반, 지금으로부터 수십 년 사이에 새롭게 만든 한 나라가, 겹겹이 쌓인 쇠잔한 빗돌과 역력히 황폐해진 궁전 속에서 은연히 솟아날 줄 어찌 알았겠는가. [신생국 이탈리아는] 50여만 명 정예병과 260여 척 군함과 6천여 마일의 철로와 11만여 제곱마일의 땅과 2,900여만 명의 백성을 두었으며, 안으로 입헌의 아름다운 정치와 밖으로 독립의 위엄을 떨쳐 수십 대 조상의 큰 부끄럼을 씻고 2천 년 지난 역사의 영광을 돌이켰다. 이는 혁명가 산타로사[22]가 지하에서 [기뻐하며 비로소] 눈을 감을 일이요, 대시인 단테[23]가 애초에 바라지도 못했기에 감격하여 울 일이다. 아아! 참으로 누가 이를 성취하였는가?

18세기 말에 나폴레옹[24]이 이탈리아를 짓밟으니 그때 이탈리아

---

21) 그림 속의……그릴 수 없네: 금말원초(金末元初)의 문인 원호문(元好問, 1190~1257)이 지은 「家山歸夢圖 其三」에 나오는 구절이다. 전란과 정치적 격변 속에서 고향을 떠난 이의 향수를 담은 연작시이다.
22) 산타로사(달스리아, 達士裡阿, Santorre Annibale De Rossi di Santarosa, 1783~1825): 사르데냐 왕국 출신의 자유주의 혁명가로 1821년 피에몬테 헌법혁명 실패 후 망명생활을 하다가 그리스 독립전쟁에 참전해 전사하였다. 그는 이탈리아 통일의 이상을 품었던 선구적 인물로 후대의 민족주의자들에게 깊은 영향을 끼쳤다.
23) 단테(단딍, 但丁·阿利吉耶里, Dante Alighieri, 1265~1321)
24) 나폴레옹(나파륜, 拿破崙, Napoléon Bonaparte, 1769~1821)

는 이미 멸망한 지 오래여서 15개의 작은 나라로 나뉘어 있었다. 나폴레옹이 철 채찍을 휘둘러 [15개의 소국을] 셋으로 만들고 프랑스 정부의 감독과 통치 아래 두었다. 그러나 이탈리아가 이후에 독립한 것은 진실로 나폴레옹 덕분이다. 나폴레옹은 소국들의 궁정을 폐지하고 왕족을 제거하며 봉건 적폐를 한꺼번에 쓸어버렸다. [나아가] 자유 정신을 담은 프랑스 민법을 그 땅에 시행하니, 이탈리아 사람들이 비로소 마음과 눈 가운데 자유와 통일의 가치를 알게 되고, 외세에 반발하면서 독립의 가치도 알게 되었다. 그렇기에 나폴레옹은 진실로 이탈리아의 가장 큰 은인인 셈이다. [그러나 당시 이탈리아 상황은] 이제 막 싹튼 풀이 소와 양의 먹이가 되는 것[과 같았다.][25]

나폴레옹이 패한 후 각국의 전제 군주와 재상들이 빈[26]에서 회의를 열었다. 이때 절세(絶世) 간웅(奸雄) 메테르니히[27]가 "이탈리아는 지리상의 이름일 뿐이다"라는 말[28]을 거침없이 대중에게 부르짖

---

25) 그러나……같았다: 중국어본의 '萌蘖初生, 而牛羊牧之'는 『맹자』(孟子) 「고자·상」(告子·上) 중의 "非無萌蘖之生焉, 牛羊又從而牧之"라는 구절을 인유하였나. 인간의 선한 본성이 외부의 악조건으로 인해 제대로 발양되지 못함을 뜻한다. 이 글에서는 나폴레옹의 개혁이 이탈리아에 자유와 독립의 씨앗을 뿌렸지만, 그 싹이 아직 연약한 상태에서 외부의 간섭이나 착취로 인해 제대로 성장하지 못했던 상황을 비유하고 있기에 이런 뜻을 살려 의역하였다.
26) 빈(유야랍, 維也納, Wien)
27) 메테르니히(메특달, 梅特涅, Klemens Wenzel Lothar von Metternich, 1773~1859)
28) 이탈리아는……명사일 뿐이다: 원문은 '의티리가 세상에 헛 일홈 뿐이라는 거짓말로'인데 중국어본의 '「意大利不過地理上之名詞」一語'와 의미가 상이하기에 중국어본에 따라 번역했다.

었다. 이에 과거 왕족이 압제하던 구습을 다 복원하고 전 이탈리아를 몇 개의 소국들로 나눠 외래 종족인 부르봉가[29]와 합스부르크가[30]가 분할 통치하도록 했다. 왕위를 이탈리아 혈통이 이은 곳은 오직 사르데냐[31] 왕가뿐이었는데, 이 또한 여러 강한 세력에게 눌려 기운이 매우 쇠잔하였다. 대개 이때의 이탈리아는 하늘의 해를 가린 것같이 캄캄한 형세에 처하였다. 아아! 시세가 영웅을 만든다고 하였으니, 시세가 이 지경에 이르렀으면 어찌 극(極)에 달했다고 하지 않겠는가.

하나님은 신성한 로마를 차마 피비린내 나는 [전란의] 비바람[32] 속에 오래 묻어두지 않으셨다. 또한 굳센 인내와 문명을 지닌 수천만 이탈리아 민족[33]을 차마 다른 족속 아래에서 신음하게 내버려 두지 않으셨다. 이에 1805년 6월 22일에 한 호걸을 이탈리아 땅 제노바[34] 시에 내시니 이름은 마치니였다. [이때는] 나폴레옹이 밀라노[35]에서 이탈리아 왕위에 오른 해이며, 프랑스 대혁명 이후 13여 년, 나폴레옹이 이탈리아를 정복한 지 10년 되던 해였다. [하늘이] 오히려 만족하지 못하여 그 2년 후[36]인 1807년 7월 22일에 다시 한 호걸을 이탈리

---

29) 부르봉(파방, 波旁, Bourbon)
30) 합스부르크(홉보스박, 哈蔦士博, Habsburg)
31) 사르데냐(살덕니아/살이유아, 撒的尼亞/撒爾維亞, Sardinia)
32) 피비린내 나는 비바람: 원문은 '비린 바람과 피계'. 중국어본의 '腥風血雨'의 뜻에 따라 의역하였다.
33) 민족: 원문은 '백성의 족속'이나 중국어본과 국한문본의 '民族'에 따라 번역하였다.
34) 제노바(치나아, 治那阿, Genova)
35) 밀라노(미륜, 米倫, Milano)

아 니스[37] 지역에 내시니 이름은 가리발디였다. [하늘이 그래도] 오히려 만족하지 못하여 또 그 3년 후[38]인 1810년에는 다시 한 호걸을 이탈리아 사르데냐[39]에 내시니 이름은 카보우르였다. 이때 이래로 천 년이나 된 무덤 속에 있던 이탈리아가 다시 소생하였다.

마치니는 선비의 아들이었다. 나이 열셋에 대학교에 들어갔다. 그때는 빈 회의 3년 후로 프랑스 혁명에 대한 반동 세력이 크고 오스트리아의 압제가 더욱 심해져서, [이탈리아의] 국운이 날로 기울어가던 때였다. [마치니는] 옛 역사를 읽을 때마다 무엇인가를 잃어버린 듯 망연해졌다. 이후로는 죽을 때까지 오로지 짙은 먹색의 상복만 입었다. 혹 그 까닭을 묻는 사람이 있으면 마치니는 이렇게 대답하였다.

"나도 그때 왜 그랬는지 모르겠소. 아이들과 사람들이 북적대며 웃고 떠드는 가운데서도 비애감이 무겁게 엄습하여 나를 애통하게 하고 늙게 만드는 것을 느꼈소. 아아! 나는 나라 없는 백성인 까닭에 나라 잃은 상복을 입고 평생을 보내려 하오."

즐거운 자리에서는 눈물을 감추고 [홀로] 조용히 거하는 창 아래

---

36) 그 2년 후: 원문은 '그 이듬 해'로 되어 있으나 중국어본은 '越二年'이고 1805년의 2년 후인 1807년의 일이므로 수정하여 번역하였다.
37) 니스(니스, 尼士, (프)Nice / (이)Nizza): 가리발디 출생 시에는 이탈리아 지역이었지만 현재는 프랑스 영토에 속한다.
38) 그 3년 후: 원문은 '그 이듬 해'로 되어 있으나 중국어본은 '越三年'이고 1807년의 3년 후인 1810년의 일이므로 수정하여 번역하였다.
39) 사르데냐: 원문은 '살이유아', 중국어본은 '撒爾維亞'로 앞선 사르데냐의 표기 살덕니아, 撒的尼亞와 다르다. 카보우르의 출생지는 사르데냐 왕국의 수도인 토리노였기에 '살이유아'도 사르데냐를 가리키는 것으로 번역했으나 확실하지 않다.

에서 슬피 노래하니, 한도 많고 정도 많은 영웅이란 대개 그런 법이다. [마치니가] 나이 17세에 모든 학문의 오묘함을 다 통달하고 지식과 문장이 일반 사람보다 월등하였다. 하루는 어머니를 모시고 제노바 해안에서 산책하다가 문득 한 사람을 마주쳤다. 그는 얼굴이 매우 검고 수염은 바늘처럼 뻣뻣하고 신장은 7척에 풍채가 늠름하였다. 그가 표연히[40] 앞으로 다가와서 모자를 벗고 인사하며 말하였다.

"이탈리아의 망명객을 도와주십시오."

모친이 슬피 눈물 흘리며 품 가운데서 약간의 돈을 꺼내서 그 큰 사람의 헤진 모자 안에 집어넣었다. 마치니가 모친에게 어떤 사람인지 물으니 모친이 답했다.

"그는 애국 남아란다. 저 사람들이 나라를 구하려 했으나 일을 이루지 못하고 부모 처자와 헤어져 이곳까지 흘러오게 된 거란다."

마치니가 이 말을 듣고 등에 찬물을 뿌린 것 같이 마음이 크게 감동하여 제 한 몸을 희생하여 국민[41]에게 보답하겠다는 뜻을 비로소 결정하게 되었다.

가리발디는 뱃사람의 아들이다. 성정이 강개하고 의협심이 강하며, 〔사물에 감응해 쉽게 슬퍼하고〕 의가 아닌 것을 원수같이 미워했다. 다른 사람의 위급하고 어려운 사정을 보면 분격하고 감동하였으며 의를 따르기 위해 어려움을 마다하지 않고 제 목숨을

---

40) 표연히(飄然히): 바람에 나부끼는 모양이 가볍거나 훌쩍 나타나거나 떠나는 모양이 거침없음을 나타내는 부사다.
41) 국민: 원문에는 '나라 백성'으로 되어 있으나 중국어본과 국한문본의 '國民'으로 번역했다.

깃털처럼 가볍게 보았다. 그가 어느 날 로마 대도시의 폐허를 돌아다니다가 예전의 큰 성벽과 문과 〔성전이〕 다 무너지고 기울고 벽의 채색도 더러워진 것을 보며 감회에 젖었다. 망국의 슬픔이 가슴속에서 울컥 솟구쳐 올라 도무지 억누를 수 없었다. 그는 열다섯도 되기 전에 이미 나랏일이 곧 자기 일이라는 뜻을 품고서 사람들에게 이렇게 말하였다.

"내가 맹세코 우리 이탈리아를 회복하고 옛 로마를 중흥시킬 것입니다."

이후로는 모든 것을 내려놓고 오직 혁명에만 정신을 기울였다.

카보우르는 사르데냐 왕족의 귀공자였다. 출신이 이미 저 두 호걸과 다르며, 젊은 시절의 경력도 저 두 호걸과 같지 않았다. 처음에는 거만하고 불손한 무뢰배이자 불량소년이었다. 열 살에 소학교를 졸업했으나 학업을 좋아하지 않아 날마다 여러 아이를 모아 나쁜 장난을 일삼았다. 군인이 되고자 토리노 사관학교[42]에 들어가면서부터 비로소 학업에 마음을 돌렸다. 측량술을 연구하여 16세에 졸업하고 토지를 측량하는 관원으로 뽑혔지만, 아직 애국심은 생기지 않았다. 그 후로 전전 장성하여 옛날 역사를 읽고 지금의 형세를 살펴보면서 비로소 나라를 위하여 힘을 다해야겠다고 생각하였지만, 아직 일하는 방책과 솜씨를 얻지는 못하였다. 그러나 종종 제노바 전역을 왕래하며 여러 망명자와 교류하고 자유로운 공기를 호흡하면서 옛날의 귀족적 습성이 일변하였다.

---

[42] 토리노(초령, 焦靈, (이)Torino / (영)Turin)

제2절 마치니가 <소년 이탈리아>를 창립하고 사르데냐 왕에게 편지를 올리다

이탈리아에는 18세기 이전에도 이미 철학가와 문학가에 단테, 마키아벨리,[43] 포스콜로[44] 같은 이들이 있었다. 이들이 은밀히 탄식하거나 큰 소리로 부르짖어 국가 회복과 혁신의 대의로 국민을 인도하였고, 이런 풍조가 점점 퍼져나갔다. 이에 카르보나리[45] 당이 설립되니, 카르보나리는 숯을 굽는다는 뜻으로 실은 비밀 혁명 결사였다. 1820년에는 시국이 머리털 하나에 매단 듯 위태로웠다. 이에 이탈리아 중부의 나폴리[46]와 피에몬테[47], 롬바르디아[48] 등 여러 지방에서 한꺼번에 폭동이 일어났다. 이때 마치니는 15세, 가리발디는 13세, 카보우르는 10세였다. 그러나 마침내 일을 이루지 못하고 선두에 섰던 자들은 혹 칼날에 죽고 혹 감옥에서 죽었으며, 그 나머지 중에도 죄를 뒤집어쓰고 제노바로 유배된 자가 셀 수 없이 많았다. 제노바는 바로 마치니의 고향으로 이탈리아 남서쪽

---

[43] 마키아벨리(믹야비이, 麥耶俾爾, Niccolo Machiavelli, 1469~1527)
[44] 포스콜로(하사가, 荷士哥, Ugo Foscolo, 1778~1827): 이탈리아의 애국적 낭만주의 문학의 선구자로 『묘지에 대하여』(Dei Sepolcri) 같은 대표작이 있다.
[45] 카르보나리(가과나리, 加波拏裡, Carbonari): '숯 굽는 사람' 혹은 '석탄 광부'를 일컫는 이탈리아어에서 유래한 말로 1800년대 초 이탈리아 남부 나폴리 왕국에서 결성되어 이탈리아 통일을 추구한 비밀 결사 조직을 일컫는다.
[46] 나폴리(이포스, 尼布士, Napoli)
[47] 피에몬테(박특문, 帕特門, Piemonte)
[48] 롬바르디아(윤파덕, 倫巴的, Lombardia)

지중해 연안에 있는 큰 항구다. 정부에서 뜻있는 선비들을 이곳으로 유배하여 유배자가 많아지자 제노바가 드디어 자유주의[49]의 중심지가 되었다. 마치니가 이전에 [제노바 해변에서] 만났던 키 큰 사람도 1820년 봉기에 참여했던 무명 영웅이었다.

처음에 마치니는 애국의 뜨거운 피가 솟구쳐서 의탁할 곳을 찾기 위해 카르보나리 당에 뛰어들었다. 그러나 차차 그 속사정을 살펴보니 당원들이 혈기는 넉넉하나 도덕심은 부족하였다. 피를 뚝뚝 흘리며 하늘을 가리켜 맹세할 때는 비록 늠름하여 하늘의 구름도 흩뜨리고 금석(金石)도 깨뜨릴 듯하지만, 한번 꺾이면 이전의 씩씩한 회포와 가득한 기개가 다 녹아 사라져버렸다. 마치니는 이렇게 말했다.

"대사를 이루고자 하면 먼저 그 성패와 득실을 따져서는 안 된다. 오늘 이루지 못하면 내일을 기약하고 올해 얻지 못하면 내년을 기약하여 이처럼 10년, 20년, 백 년, 수백 년이 걸리더라도 마다하지 않아야 한다. 또한 내 몸이 이루지 못하면 자식에게 기약하고 자식도 이루지 못하면 손자에게 기약하여 이같이 증손과 현손과 내손[50]에까지 이르러도 마다하지 않아야 한다. 또 내 힘으로 이루지 못하면 내 친구에게 기약하고 내 친구도 이루지 못하면 내 친구의 친구에게 기약하니 만일 우리 당(黨)이 이루지 못하고 다른 당이

---

49) 자유주의: 원문은 '주유를 쥬쟝ᄒᆞᄂᆞᆫ 의리'라고 되어 있다. 이하에도 '-하는 의리'로 풀어쓴 말들을 모두 중국어 원문과 현대 용법에 따라 '-주의'라는 표현으로 옮겼다.
50) 증손과 현손과 내손: 증손(曾孫)은 3대, 현손(玄孫)은 4대, 내손(來孫)은 5대째의 후손을 말한다.

이룰지라도 마다하지 않아야 한다. 오직 내 뜻을 행하고 내 주의를 관철하면 될 뿐이다."

마치니는 또 말하였다.

"이런 기개와 이런 사상이 없으면 족히 혁명을 말하지 못할 것이요, 족히 천하의 일을 말하지 못할 것이다. 이와 같은 기개와 사상을 기르고자 하면 학력과 도덕에 근본을 두지 않으면 안 된다."

마치니는 카르보나리 당이 이런 뜻을 말하기에 부족함을 깊이 깨닫고 거기서 나와 스스로 한 당을 조직했다. 그 이름은 〈소년 이탈리아〉[51]였다.

1830년 프랑스에서 제2차 혁명[52]이 일어났다. 이때 마치니의 나이는 25세, 가리발디는 23세, 카보우르는 20세였다. [혁명의] 풍조가 격동하고 그 영향이 두루 퍼졌다. 카르보나리 당이 다시 남은 불씨를 지펴 각 고을에서 벌떼처럼 일어났다. [그러나] 오스트리아가 군사를 보내서 토벌하니 순식간에 진압되었다. 마치니는 정탐꾼의 밀고로 감옥에 갇혀 여섯 달을 보낸 후 겨우 사형에서 한 등급

---

51) 〈소년 이탈리아〉: 이탈리아어로는 Giovane Italia, 영어로는 Young Italy다. 오늘날에는 〈청년 이탈리아〉라고 번역되곤 하지만, 량치차오가 중국어본에서 〈少年意大利〉로 번역하고 국한문본과 국문본도 '소년'으로 번역하였기에 그대로 옮겼다. 량치차오는 〈소년 이탈리아〉를 본떠 '소년 중국'론을 표방했으며, 최남선도 자신이 창간한 한국 최초의 근대 잡지에『소년』이라는 제목을 붙이는 등 〈소년 이탈리아〉의 번역은 이 시기 동아시아 '소년' 개념사에 중요한 영향을 끼쳤다.

52) 2차 혁명: 1830년 7월 파리에서 일어난 혁명을 말한다. 부르봉 왕가의 샤를 10세의 전제 정치에 반발한 자유주의 혁명으로 루이 필립을 추대하여 입헌군주제를 수립했다. 이 혁명의 영향으로 벨기에가 네덜란드에서 독립(1831)하고, 폴란드, 독일, 이탈리아에서 자유주의 운동이 고조되었다.

감형되어 이탈리아 밖으로 추방되었다.

  1831년 사르데냐의 전 왕이 죽고 그 종제(從弟) 알베르토[53]가 왕위를 이었다. 알베르토는 근세에 가장 영걸하고 어진 왕이라고 일컬어졌다. 일찍이 이탈리아를 회복할 뜻을 품고 카르보나리 당원으로 가맹하기도 했다. 그[가 왕위에 올랐을] 때 마치니가 프랑스에 건너가 있다가 이 소문을 듣고 크게 기뻐하며, 글 한 편을 써서 알베르토 왕에게 올렸다.

  마치니는 죽을죄를 무릅쓰고 이 글을 사랑하는 사르데냐 왕 알베르토 전하께 올립니다. 제가 멀리 바다 건너에 있다가 우리 왕께서 종통(宗統)을 이어 사직(社稷)을 주장하심[54]을 듣고 진심으로 손뼉 치며 기뻐하였나이다. 비록 그러하오나 왕께서는 생각하소서. 왕께서 새 이탈리아 최초의 큰 위인이 되고자 하실지라도 오직 오늘에 달려있고, 구(舊) 이탈리아 최후의 백성의 적이 되고자 하실지라도 오직 오늘에 달려있습니다. 우리 이탈리아 인민은 [왕께서] 임시방편으로 대충 얼버무려서는 그 민심을 가라앉힐 수 없으며 단 하루도 그렇게 할 수 없습니다. 그들이 수백 년 동안 구해도 얻지 못했던 민권을 이제 참으로 알게 되고 목마른 사람처럼 바라고 있습니다. 그들은 법률과 자유와

---

53) 알베르토(아이발, 查理士·阿爾拔, Carlo Alberto, 1798~1849)
54) 종통(宗統)을 이어 사직(社稷)을 주장하심: '종통'은 종가 맏아들의 계통을, '사직'은 왕이나 제후가 제사드리던 토지신과 곡식신으로 나라 또는 조정을 뜻한다. 전체적으로 왕통을 계승하였다는 뜻이다.

독립과 통일을 사랑합니다. 그러나 위에서 끊고 밖에서 막고 안에서 억압하여 천지 간에 호소할 곳이 전혀 없습니다. 지금 [그들은] 나라가 어디 있는지 알지 못하고 집을 어디 의탁할지 알지 못하고 몸을 어디에 둘지 알지 못합니다. 외국인이 이 나라를 유람하고 노예의 나라라고 일컬으며, 이 나라 사람을 접하면 이미 죽은 사람이라고 부릅니다. 이들도 혈기와 육신이 있거늘 이런 말을 계속 들으면서도 어찌 목석(木石)처럼 가만히 있을 수 있겠습니까? 하물며 소리를 삼키고 한을 참으며 노예의 잔을 마신 지 이미 수십 세대가 되었습니다.

이제부터는 이 몸이 [노예의] 잔과 더불어 부서지기를 맹세하노니, 왕이시여! 왕이시여! 지금 이탈리아 국민이 이마에 손을 얹고 목을 늘이고 발뒤꿈치를 들고 귀를 기울여[55] 전하의 명령을 기다리지 않는 자가 없습니다. 전하를 위하여 실을 사서 깃발 위에 자유와 독립과 통일이라는 세 마디를 수놓고자 합니다. 원하건대 전하는 나아가 국민의 말[馬] 앞에 서서 민권의 창도자, 보호자, 전 이탈리아의 건설자, 혁신자가 되소서. 수천만 동포를 이끌어 저 야만의 외족(外族) 손에서 벗어나게 하시며, 우리에게 태평을 회복하게 하소서. 왕께서 만일 이런 뜻을 가지셨다면 우리가 비록 재주는 없으나 신명(身命)을 바쳐 왕의

---

55) 이마에……기울여: 중국어본의 '額手延頸、企踵傾耳'. 이마에 손을 얹는 '額手'는 경의(敬意)를 표하는 행동이며, 목을 늘이고 발뒤꿈치를 들고 귀를 기울이는 것은 무엇인가를 애타게 바라는 모습을 형용한 것이다. 중국어본에는 '拭目'(눈을 씻고 자세히 보다)라는 구절도 있으나 국문본에는 생략되었다.

지휘를 따를 것입니다. 이탈리아의 흩어진 모든 고을을 모아 왕의 휘하에 들어가서, 왕을 위하여 혀와 칼로 견마(犬馬)같이 충성스럽고 분주하게 복무할 것입니다. 백성의 고통을 오래 내버려 둘 수 없으며, 이 기회를 잃어버리면 안 됩니다. 오직 대왕께서는 [대사를] 도모하소서.

알베르토가 본래 마치니를 알고 그 사람됨을 진실로 공경하였다. 그러나 자신이 아직 깃털이 다 자라지 못하여 높이 날 수 없는데, 마치니가 경솔하게 굴어 큰 판에 해를 끼칠까 염려되었다. 또한 [마치니 탓에] 자신이 시기나 의심을 받고 싶지 않아서, 마치니가 친히 쓴 글을 받고도 답하지 않았다. 오히려 엄한 명령을 내려서 마치니가 만일 국경을 넘어 다시 이탈리아에 들어오면 곧 잡아서 결박하라고 하였다.

그러나 한 사람의 임금이 귀를 막고 있어도 수백만의 이탈리아 국민은 우레 같은 [마치니의 소리에] 귀를 기울였다. 왕의 명이 내리자 온 나라가 실망하여 서로 앞다퉈 〈소년 이탈리아〉에 들어간 사 수천 수백 명에 이르렀고, 마치니는 디디욱 애국지사들의 중심점이 되었다.

〈소년 이탈리아〉와 카르보나리의 차이는 무엇인가? 카르보나리는 소극주의요, 〈소년 이탈리아〉는 적극주의다. 저들은 나쁜 관리와 학정을 미워하여 당시 이탈리아의 소(小) 정부들과 함께하지 않겠다고 맹세하였다. 그런즉 저들은 다만 파괴할 뜻뿐이요, 다시 건설할 뜻은 없었다. 반면 마치니는 파괴하기를 꺼리지 않으나 파괴는 다시 건설하기 위하여 파괴하는 것이지 파괴를 위해서만 파괴하는 것이 아니라고 여겼다. 파괴만을 위한 파괴라면 파괴에서 무엇을 얻을 수 있겠는가. 또한 장차 파괴하는 일도 제대로 이뤄질 수 없을 것이다. 〈소년 이탈리아〉의 목적이 실상 여기 있었다. 그렇기에 우리는 절대가인(佳人) 마치니를 제멋대로의 난폭한 무정부주의자들과 동류로 볼 수 없다. 마치니는 일찍이 이렇게 말했다.

"혁명이란 국민의 타고난 직분이다. 이것은 국민을 위하며, 국민으로 말미암는다는 두 가지 대의(大義)에서 나온 것이다. 그런 까닭에 혁명이 없으면 학술이 없으며 혁명이 없으면 종교가 없으며 혁명이 없으면 백성[56]도 없다."

서양 철학자가 말한 정치의 세 가지 명언이 있으니 그 말이 가장 간략하고 가장 정미(整美)하다. Of People, For People, By People이 그것이다. 첫 번째는 나라가 인민으로 이뤄진 것이라는 뜻이요, 두 번째는 국정(國政)이 인민을 위하여 서야 한다는 뜻이요, 세 번째는 국사(國事)가 인민으로 말미암아 처리되어야 한다는 뜻이다. 정치의 핵심적인 이치는 이 세 조건에 다 담겨 있다. 전제군주정은 백성에게 학정을 베풀든지 선정을 베풀든지 상관없이 다 To People, 즉 백성에게 [의사를] 물어서 [국사를] 처리하는 것[57]에 지

---

56) 백성: 중국어본과 국한문본에는 '性情'인데 유독 국문본에서만 '백성'으로 번역되었다.
57) 백성의……처치하는 것: 중국어본에는 '皆不過To People而已'라고만 되어 있다. 즉 '백성에게 의사를 물어서 국사를 처리하는 것'이라는 해석은 국문본 번역자가 to people을 나름대로 해석한 부분이다.

나지 않는다. 어떤 논자는 그 근본을 살피지 않고 중국 유학자가 말한 인정(仁政)을 서양의 오늘날 정치와 비교하지만, 이는 크게 그릇된 것이다.[58]

마치니가 마치니인 이유가 바로 여기에 있다. 그러나 카르보나리 당이 실패한 원인이 여기에 그치지 않는다. 저들에게 가장 결핍된 점은 화합하는 마음으로 서로 협동하여 운동하는 것이었다. 화합하는 마음으로 협동하는 것이야말로 혁명을 도모하는[59] 데 제일 긴요한 의(義)다. 저들에게 정치 강령 하나 없고, 신앙 하나 없고, 고원한 이상 하나 없었기에 화합하고 협동하는 실질을 얻지 못한 것이다. 그렇기에 마치니가 이 큰 사업을 이루고자 할 때 먼저 국민 교육을 최고의 의무로 삼았다. 그리고 그 교육의 방법은 당시의 부패한 종교와 싸우는 것을 으뜸으로 삼았다. 마치니는 또 이렇게 말했다.

"오늘날의 큰 문제는 종교 문제다. 저 유물론을 지지하는 자[60]가

---

[58] 이 단락은 량치차오의 중국어본에서 ( ) 안에 '안(按)'으로 넛묻인 부분이다. 즉 인중의 부기(附記)로 네 개의 영어 어구를 중국어로 설명하면서 그 번역의 어려움을 토로한 내용인데 신채호의 국한문본에는 전체가 다 생략되었다. 국문본에서는 네 개의 영어 어구 풀이를 번역하고 to people에 대해서는 나름의 해석을 덧붙였으며, 번역의 어려움을 토로한 부분은 생략했다.
[59] 혁명을 도모하는: 원문은 '목숨을 돌아보지 안코 일우기를 도모ᄒᆞ는'으로 되어 있는데 중국어본의 '革命圖成'에 따라 수정하여 번역하였다. '혁명'(革命)을 목숨을 돌아보지 않는 것으로 해석한 것이 흥미롭다.
[60] 유물론을 지지하는 자: 원문은 '저 물론을 잡은 쟈'인데 중국어본의 '持唯物論者'에 따라 수정하여 번역했다. 여기서 유물론은 정신이 아닌 물질적 제도만 중시하는 입장 정도로 이해될 수 있다.

말하기를, '이런 고생과 좌절을 겪으며 새로 한 나라를 세우는 것보다 차라리 옛것을 고치고 변혁하는 것이 더 낫다. 만약 낡은 제도를 새롭게 하고 백성을 편안하게 할 수 있다면 나라가 비록 나뉘고 찢겨도 무엇이 해로우며 비록 타국에 복속되어도 무엇이 해롭겠는가'라고 한다. 그러나 이런 주장을 하는 자는 종교상의 고상한 천직을 내쳐버리는 자다. 나를 어루만져 주기만 하면 어떤 정부든지 달게 여겨 복종하고, 나를 도와주기만 하면 어떤 방법이든지 다 응낙하고, 눈앞의 고통에서 잠깐 구해줄 수만 있다면 어떤 약속이든지 다 즐겁게 맞이하는 것은 사람의 사람 된 도리가 아니다. 이런 까닭에 승리를 쟁취하려는 자에게는 다만 한 가지 도가 있을 뿐이다. 곧 몸을 버릴 따름이요, 눈앞의 쾌락과 이익을 버릴 따름이요, 물질상의 쾌락과 이익을 버릴 따름이다."

이것이 이른바 마치니의 유심론적 종교요, 마치니의 교육 정신이다. 그 순결한 이상이 빙설(氷雪)보다 맑고 그 정일(精一)[61]한 감정이 하늘의 구름보다 높으니, 마치니가 어찌 한갓 호걸만 되겠는가. 진실로 성현이라 할 만하다. 그는 자신이 믿는 바를 바탕으로 모임의 강령을 정하였다.

〈소년이탈리아〉는 이탈리아 사람 가운데서 진보와 의무라는 두 공례(公例)를 믿고 우리 이탈리아가 하늘이 주신 한 국민의 자격이 있음을 확신하는 여러 동지가 모여 만든 것이다. 이 회

---

61) 정일(精一): 섬세하고 한결같음을 뜻한다.

에 들어오는 자는 자유, 평등, 독립, 자유의 이탈리아를 다시 세우는 것으로 목적을 삼는다. 무릇 이 목적 외의 사상과 행위는 다 희생해야 한다. 이런 결심으로써 이 회를 조직하노라.

이 목적을 달성하는 방법에 대해서는 이렇게 말했다.

교육과 폭동을 동시에 실행한다.

이 두 가지를 일체로 결합한 것은 실로 기이한 일이고 기이한 글이라 할 만하다. 그렇지만 지식이 깊은 자가 그 까닭을 생각하면 책상을 치고 세 번 감탄하지 않을 수 없다. 전 세계의 공적(公敵) 오스트리아를 지경(地境) 밖으로 물리쳐서 자주의 권리를 되찾는 것이 제일 먼저 착수할 일이다. 마치니도 피비린내 나는 전쟁의 참혹함을 슬퍼하지 않은 것은 아니지만 진실로 이를 피할 수 없다면 그 [전쟁의] 파열이 하루라도 일찍 일어나는 것이 하루라도 더 이로울 것이라고 여겼다. 그러나 외교 정략을 써서 타국 정부에 구원을 비는 것은 마치니가 허락하지 않는 비였다. 그는 말했다.

"연락주의[62]는 남에게 의뢰하는 용렬한 성품에서 비롯된 것으로 이탈리아가 세계에서 그 자격을 잃게 만드는 것이다."

마치니의 무리가 이러한 주의를 널리 인민에게 전파하였다. 힘써 부르짖고 강하게 주장함이 마치 목사나 신부가 종교를 전하듯

---

62) 연락주의: 강국과의 연결과 외교를 자력 혁명보다 우선시하는 입장을 말한다.

하였다. 그렇지만 그들이 힘으로 강박하여 인민의 뜻을 바꾸려 한 것은 아니었다. 언젠가 국민이 통일의 대업을 이루면 어떤 종류의 정부를 세울지는 국민이 스스로 선택하도록 맡기겠다는 것이 마치니 당이 뜻한 바였다. 이 단체의 강령은 이러했다.

우리 당은 국민이 투표하여 세운 정부에 대하여 그 형식 여하를 막론하고 모두 마음에 달게 여기며 그 앞에 절하기를 사양하지 않을 것이다. 무릇 공의(公意)에 복종함은 진실로 모든 사람이 마땅히 지킬 의무다.

위에 쓴 것은 비록 동쪽의 비늘과 서쪽의 발톱처럼 [여기저기 흩어져 단편적이며][63] 상세하지 않으나, 〈소년 이탈리아〉의 강령과 자취를 대강이나마 살펴볼 수 있을 것이다. 또 그 단체를 고심하며 경영했던 사람의 학식과 재략을 엿볼 수 있을 것이다. 다시 약술하자면, 〈소년 이탈리아〉의 목적은 이탈리아를 구제하여 공화정부 아래 통일하는 데 있었다. 그 방법은 교육과 폭동이요, 그 표어는 천시(天時)와 인민이다. 그 깃발에는 한편에 독립과 통일을, 다른 한편에 자유, 평등, 인정(人情)을 적어 넣었다.

당의 체제가 세워지자 사람들이 메아리처럼 이에 호응했다. 학

---

[63] 동쪽의 비늘과 서쪽의 발톱: 중국어본의 '東鱗西爪'를 풀이한 것이다. 용을 그릴 때 동쪽에는 용의 비늘 한 조각만 그리고, 서쪽에는 발톱 한 개만 그려놓아 용의 전신이 보이지 않는 것처럼 설명이 흩어져 완전하지 않으며 자질구레하고 단편적임을 뜻한다.

생에서 학생으로, 청년에서 청년으로, 사람들이 결합하는 속도가 일찍이 볼 수 없던 정도로 빨랐다. 그때 가리발디는 자신이 있는 곳에서 이른 아침부터 늦은 밤까지 분주하게 동지를 모집하고 있었다. 그러던 중 〈소년 이탈리아〉의 한 당원을 만나 비로소 세상에 마치니라는 자가 있으며 그 뜻과 사업이 자신과 같음을 알고 크게 기뻐하며 곧 그 단체에 들어갔다. 한편 카보우르는 당시 가리발디가 있는 것을 알지 못했다. 마치니에 대해서는 소문을 듣고 만나보기를 원했으나 기회를 얻지 못했다.

제3절 **카보우르가 몸소 밭을 갈다**

그때 카보우르는 어떠하였는가? 프랑스에 두 번째 혁명[64]이 일어나자 마치니와 가리발디[65] 두 호걸은 진실로 옷깃을 떨치고 팔뚝을 걷어 한 번 장쾌하게 설욕하고자 하였다. 카보우르 또한 소년의 왕성한 기운을 스스로 억제할 수 없어서 일찍이 여럿이 모인 좌중에서 통분하며 사르데냐 정부의 미온적 태도를 비판하고, 이탈리아 사람 중에 사내다운 자는 하나도 없다고 성토했다. 정부에서 이 말을 듣고 곧 육군성에 명하여 그가 제노바와 토리노 두 지역에 거주하는 것을 금하고 마침내 궁벽한 고을로 유배시켜 바드 요새[66]의 토목 감독으로 삼았다. 그는 한 해 동안 거기 머물렀으나 앙앙(怏怏)히[67] 불만스럽게 여겨서 곧 관직을 버리고 떠났다.

독자는 책을 덮고 한번 생각해 보시라. 카보우르가 장차 어디로 갈 것인가? [독자들은] 그가 혁명군에 투신하거나 아니면 정당[68]에 들어갔을 거라고 여길 것이다. 그러나 카보우르가 홀로 마음에 품

---

64) 프랑스의 두 번째 혁명: 1830년의 7월 혁명을 일컫는다.
65) 가리발디: 원문은 가보어, 즉 카보우르로 되어 있으나 중국어본에는 다만 '瑪加二賢'으로 나와 있다. 카보우르를 다른 두 영웅인 마치니 및 가리발디와 비교하는 문맥이기에 加는 카보우르(加富爾)가 아니라 가리발디(加里波的)로 보아야 한다.
66) 바드 요새(파특성, 巴特城, Forte di Bard)
67) 앙앙(怏怏)히: 매우 마음에 차지 아니하거나 야속하게 여기는 모양을 일컫는 부사다.
68) 혁명군, 정당: 원문에서는 '혁명당' '정부당'으로 되어 있어 마치 혁신정당과 여당 중에 선택하는 것처럼 읽힐 수 있으나 중국어본에는 '革命軍', '政黨'으로 나와 있기에 중국어본에 따라 옮겼다.

은 행선지는 보통 사람들이 능히 생각할 수 없는 곳이었다. 아아!⁶⁹⁾ 중국 한나라의 환제(桓帝)와 영제(靈帝)가 나라의 기강을 잃자 사해가 솥의 물이 끓는 듯하며 여러 영웅이 비분강개하여 들고 일어날 때, 절대 위인 제갈량은 몸소 남양(南陽)에서 밭을 갈았다. 프랑스에 혁명이 일어나 온 유럽이 흩어진 삼베처럼 어지럽고 호걸이 벌 떼처럼 일어나며 물처럼 솟아날 때, 절대 위인 카보우르는 레리⁷⁰⁾에서 농사일을 배웠다. 예로부터 큰 사업을 이루고자 하는 자는 반드시 수양을 하는 법이다. 아아! [이런 점에서] 그도 또한 스승이 될 만하다.

가리발디는 군인의 자질이 있으니 그의 뜻은 이러했다.

"저 코르시카⁷¹⁾(나폴레옹이 태어난 곳)의 영웅은 프랑스의 존망이 위급할 때 한 번 호령함으로써 능히 천하를 굴복시키고,⁷²⁾ 안으로는 내란을 평정하며 밖으로는 러시아, 프러시아, 오스트리아라는 세 개의 큰 적국에 맞설 수 있었다. 그 이유는 다름 아니다. 그 국민이 필사의 의지로 나라에 보답하려는 마음을 품게 만들고, 농민과 시민을 모두 무적의 정예군으로 변모시켰기 때문이다. 그는 어떤

---

69) 아아!: 원문은 '슬쓰다', 중국어본은 '嗚呼'. 국문본은 嗚呼를 모두 '슬프다'로 번역했으나 문맥상 어색하기에 여기서는 그냥 일반적인 감탄사로 옮겼다. 이하에서도 마찬가지이다.
70) 레리(려리, 黎里, Leri): 카보우르 가문의 영지가 있던 곳으로 Leri Cavour이라고도 불린다.
71) 코르시카(가싀가, 哥素加, Corsica)
72) 한 번 호령함으로써 천하를 굴복시키고: 원문은 '만번 불러 텬하를 헷치고', 중국어본은 '能以一呼披靡天下'이다. '피미'(披靡)는 나무나 풀이 바람에 불려 쓰러지듯이 남의 권세나 위력에 눌려 굴복함을 뜻하기에 이런 뜻을 살려 의역하였다.

사람이며 나는 어떤 사람인가? 우리 이탈리아가 지금은 비록 지극히 약하지만, 국민의 울분과 번민이 무르익으면 가히 쓸 만하게 될 것이다. 내가 장차 이들을 이끌고 우리 조상 카이사르[73]의 위업을 본받아 우리 역사에 로마의 빛나는 영광을 회복하면 오스트리아와 프랑스 두 나라를 물리치는 것도 어렵지 않을 줄 믿는다."

이게 바로 가리발디의 뜻이었다.

마치니는 이와 달랐다. 그는 학자이자 이상가였기에 이렇게 말했다.

"혁명을 실행하고자 하면 혁명의 씨를 뿌리지 않으면 안 되고, 문명을 행하고자 하면 문명의 토대를 쌓지 않으면 안 된다. 그런 까닭에 마땅히 국민의 정신으로 근본을 세워 흔들리지도 꺾이지도 않을 도덕심을 기르며, [나라를 위해] 죽고야 말겠다는 원기(元氣)를 고취해야 한다."

이는 곧 마치니의 뜻이다.

카보우르는 두 호걸과 품은 뜻이 달라서 이렇게 말했다.

"오늘날은 외교의 시대[74]다. 기개로 한 시대를 휘덮던 나폴레옹도 세인트 헬레나[75](나폴레옹이 죽은 곳) 외로운 섬의 귀신을 면하지 못하였으니, 다름 아니라 천하를 적으로 돌렸기 때문이다. 무릇 내

---

73) 우리 조상 카이사르: 원문은 '내 죠샹 반비'. 중국어본에는 '我祖般琶', 국한문본에는 '我祖 船比'로 나와 있다. 문맥상 카이사르로 옮겼으나 한자 음역과 발음상의 차이가 커서 누구를 가리키는지 확실하지 않다.
74) 외교 시대: 원문은 '교흐는 시디'이나 의미가 모호하여 중국어본의 '外交時代' 그대로 옮겼다.
75) 세인트 헬레나(성긔연과, 聖氣連拿, Saint Helena)

가 내 힘을 믿고 다른 사람의 도움을 바라지 않음은 진실로 정기(正氣)가 마땅히 추구할 바요, 인도(人道)가 응당 따라야 할 바다. 그러나 나는 어째서 이 도와 정기를 따르지 않는가? 오늘날의 세계에서 성패도 돌아보지 않고 이해도 고려하지 않겠다고 큰소리치며 오직 의를 베푸는 것이 매우 고상하지 않은 바는 아니다. 그러나 사업이란 기필코 이루어야 할 것이니 기필코 사업을 이루려면 어찌 도만 믿겠는가? 무릇 계략도 안 쓸 수 없는 것이다. 그런 까닭에 카르보나리의 오합지졸과 무모한 군사는 말할 것도 없고, 저 〈소년 이탈리아〉 또한 지성은 충분하나 이를 보완할 지력이 부족할까 염려된다. 내가 생각하고 거듭 생각해봐도 오늘날 이탈리아의 여러 나라 가운데 시칠리아,[76] 나폴리, 로마, 토스카나[77], 롬바르디아는 모두 큰 사업을 이루는 데 의지할 만하지 못하다. 가히 의지할 만한 곳은 우리 조국인 사르데냐뿐이다. 비록 땅이 좁고 인구가 적어 유럽에서 경중을 다투기에는 부족하지만, 만일 이를 잘 활용하기만 한다면 [그 성공 여부가] 어찌 사람에게 달려 있지 않겠는가? 사르데냐는 진실로 내 일생의 무대다."

　이는 기보우르의 뜻이다.

　카보우르의 뜻이 이미 여기에 있고 다른 데 있지 않다면, 그 무대를 이용할 계략은 무엇인가? 그는 본래 귀족 출신이었기에 단번에 재상의 자리에 오르는 것도 어렵지 않았다. 그러나 당시 그는

---

76) 시칠리아(셕셕리, 昔昔裡, Sicilia)
77) 토스카나(달스가이, 達士加尼/達士加尼亞, Toscana)

죄를 입고 유배 중이라 만약 자제하지 않고 경거망동하면 그 기회를 잃게 될 수도 있었다. [그래서 그는] 차라리 훗날을 위해 은거하기로 했다. 그가 훌쩍 시골로 떠나 밭을 갈고 있을 때, 친구 중 한 명이 편지를 보내 위로하며 쓸모있는 사람이 권력의 미움을 받아 산야에서 늙어감을 애석해했다. 카보우르가 농담처럼 이렇게 답하였다.

"앞일은 알 수 없으니 만일 하늘이 내게 수명을 허락하신다면 훗날 카보우르가 전 이탈리아의 재상이 될 때를 볼 수 있을 것이네."

아아! 위인의 자부심과 자신감이 이와 같도다.

카보우르가 농촌에 은거하면서 단순히 은거만 한 것이 아니라 실제로 농사를 지었다. 그는 호랑이를 잡을 때나 토끼를 잡을 때나 온 힘을 다하는 호걸이었다. 레리에서 시작하여 인근 여러 지방까지 손을 뻗어, 농사 개량, 도로 수축, 새로운 관개법(灌漑法) 고안, 수차(水車)[78] 제조에 이르기까지 꼼꼼하고 부지런하게 몸소 도맡아 했다. 또 당시 화륜선이 새로 발명되자 남보다 먼저 이를 채택하여 마조레 호수[79]의 운송에 활용했다. 지역의 각종 민사(民事)도 다 관여하고 장려하여, 마침내 피에몬테에는 가장 큰 농회(農會)를 설립하고 토리노에는 은행을 창설하는 등 날마다 애쓰며 잠시도 편하게 쉬지 않았다. 카보우르는 멀리 내다보는 식견이 있어서 유럽 사회

---

78) 수차: 원문은 '무자위'인데 무자위란 물레방아와 비슷하게 생긴 옛날 농기구로 발로 물레를 돌려 논밭에 대량으로 물을 댈 때 썼다. 여기서는 중국어본의 水車로 옮겼다.
79) 마조레 호수(매아리의 호슈, 麥阿裡之湖, Lake Maggiore)

에 반드시 큰 변혁이 있을 것이며 식산흥업이야말로 그 원천임을 일찍부터 내다보았다. 그런 까닭에 먼저 그 백성을 인도하여 식산흥업의 기술을 익히게 하고, 그가 이후 나랏일을 담당할 때 들어 쓸 수 있도록 준비 하였으니 작은 생선을 삶기 전에 먼저 크게 기르는 것과 같았다.

    이뿐만이 아니다. 그는 또 이 한가한 때를 틈타 영국과 프랑스 등 여러 나라를 두루 유람하였다. 그가 이미 장래의 재상으로 자임하고 있었기에 각 나라 정치 실황을 깊숙이 살피지 않을 수 없었다. 영국에서는 콥든[80]과 가장 친했고, 프랑스에서는 기조[81]와 가장 친했다. 그는 콥든의 자유사상과 기조의 보수를 자부하는 정신을 다 포용할 수 있었다. 또 여러 차례 영국 국회 방청석에 가서 대정치가 글래드스턴[82]과 디즈레일리[83] 등의 토론을 실컷 듣고 크게 감동하였다. 이때부터 영국 정치에 심취하고 그 자유 정치의 왕성함을 더욱 흠모하였다. 선거법 개정안, 종교자유에 관한 안, 노예제 폐지안 등이 여러 차례의 논전 끝에 마침내 통과되고, 비록 웰링턴[84]의 명성으로도 당시의 민기(民氣)를 억누를 수 없음을 보자, 카보우

---

80) 콥든(갑덴, 布頓, Richard Cobden, 1804~1865): 원문에는 ( ) 안에 Coheden으로 잘못 표기되어 있다.
81) 기조(귀소트, 基幸特, François Pierre Guillaume Guizot, 1787~1874): 원문에는 ( ) 안에 Giuiyrt로 잘못 표기되어 있다.
82) 글래드스턴(격란사돈, 格蘭斯頓, William Ewart Gladstone, 1809~1898)
83) 디즈레일리(비강사불, 比康斯佛, Benjamin Disraeli, The Earl of Beaconsfield, 1804~1881): 중국어본에 比康斯佛로 나와 있는데 이는 디즈레일리의 영지인 Beaconsfield의 한자 음역이다.
84) 웰링턴(혜령탄, 惠靈呑, Duke of Wellington, 1769~1852)

르는 책상을 치며 기뻐 소리쳤다.

"그렇다! 그렇다! 우리 이탈리아 국민의 정신도 반드시 이를 목표로 삼지 않으면 안 된다. [그러나] 우리는 지금 오히려 종이 되었고 결박을 당하였구나."

이때부터 카보우르가 영국을 숭배한 것은 세상에 널리 알려져 있다. 그러나 그는 함부로 비판하지도 않고 단계를 뛰어넘어 앞질러 가지도[85] 않았다. 다시 부지런히 영국 문명과 학업을 연구하고 영국의 정치와 종교, 교육과 농공상 각 사업을 자세히 살펴 장래에 나라 운영에 쓸 수 있도록 준비하였다. 대개 카보우르가 농사와 유람으로 스스로 은거한 것이 모두 16년 동안이었다. 16년의 광음(光陰)은 결코 짧다고 할 수 없다. 또 16년 동안 이탈리아에 사변이 적지 않았다. 그러나 그는 슬퍼하지도 동요하지도 않았다. 그는 가슴 속에 일찍부터 자주(自主)정신을 지니고 있었기에 그 정식(定識)과 정력(定力)[86]을 외부에서 능히 빼앗아갈 수 없었다. 카보우르는 진실로 참고 견디는 힘이 넉넉한 위인이다. 그 16년 동안 마치니와 가리발디 두 호걸은 또 어떠했던가?

---

[85] 함부로 비판하지도 않고 단계를 뛰어넘어 앞질러 가지도: 원문은 '쟝황ᄒ는 바도 업고 텹진ᄒ는 바도 업스매'인데 의미를 알 수 없기에 중국어본의 '彼無所雌黃焉, 無所躐進焉'를 풀어 의역하였다. 자황(雌黃)은 유황과 비소의 화합물로서 비유적으로는 시문을 첨삭하다, 함부로 비평하다 같은 의미를 지닌다. 엽진(躐進)은 단계를 뛰어넘어 진급하다를 뜻한다.
[86] 정식(定識)과 정력(定力): 정식은 명확한 식견을, 정력은 어지러운 생각 없이 한 군데 마음을 쏟는 집중력을 뜻하는 불교 용어다.

제4절 **마치니와 가리발디의 망명**

마치니가 추방당한 후 프랑스 마르세유[87] 시로 도망가서 한 신문사를 세우고 그 당명을 따라 신문명을 『소년 이탈리아』라고 하였다. 그가 고상하고 순결한 이상, 박식하고 풍부한 학식, 종횡무진 활달한 문장으로 뜨거운 피를 붓끝에 뿌려서 큰 뜻을 천지간에 펼치니, 전국의 지사들이 이에 호응하여 구름이 일어나고 물이 솟아나듯 모여들었다.

이때 가리발디는 선장이 되어 콘스탄티노플[88](튀르키예[89]의 수도)로 항해하고 있었다. 배 안에서 생시몽[90] 파(생시몽은 튀르키예의 철학가[91]로 대동공산주의(大同共産主義)[92]를 주창하여 일찍이 그 무리와 함께 이를 실천했다.)에 속한 프랑스인 한 명을 만나 비분강개하며 거침없이 이야기를 나누다가,[93] 비로소 그 본국에 마치니라는 사람이

---

87) 마르세유(마사련/마털스, 麻士天, Marseille)
88) 콘스탄티노플(칸스탠트노폴, 君士但丁奴不, Constantinople)
89) 튀르키예(토이기, 土耳其, Türkiye)
90) 생시몽(션스문, 仙士門, Claude Henri de Rouvroy, comte de Saint-Simon, 1760~1825)
91) 생시몽은 튀르키예의 철학가: 류준범·장문석이 번역한 『이태리건국삼걸전』 국한문본 현대어역의 주석에 따르면 1903년 상하이 광지서국에서 출간된 량치차오의 단행본 『의대리건국삼걸전』에는 프랑스 철학가로 올바르게 나와 있는데 『음빙실문집』에는 튀르키예(土國) 철학자로 잘못 나와 있다. 신채호의 국한문본과 주시경의 국문본 모두 생시몽을 튀르키예 철학가라고 쓴 것으로 보아 『음빙실문집』을 참조했음을 알 수 있다.
92) 대동공산주의(大同共産主義): 원문은 '큰 공동산 쥬의'로 되어 있으나 의미 전달이 어렵기에 중국어본의 한자어 그대로 옮겼다.

있음을 알게 되었다. 한 글자마다 눈물로 지은 듯한 마치니의 격문과 [기사마다] 몽둥이 같고 꾸짖음 같은 마치니의 신문을 찾아 읽고 크게 감동하여 결연히 선장이라는 생업을 버리고 마르세유에 있는 마치니를 찾아가 큰 계획을 도모했다. 두 사람은 〈소년 이탈리아〉의 내력과 목적에 대해 하룻저녁 동안 대강대강[94] 문답을 나눴을 뿐이다. 그러나 서로 이별할 때 마치니는 사람들한테 이렇게 말했다.

"가리발디를 만나니 내 짐이 반이나 가벼워진 듯하다."

가리발디 또한 사람들한테 말했다.

"내가 마치니를 만나서 기쁜 마음이 콜럼버스[95]가 아메리카를 찾아낸 것보다 더욱 크구나."

이후 두 영웅이 손을 맞잡았으니 [이탈리아] 반도의 풍운이 땅을 휘감아 왔다.

마치니는 알베르토(사르데냐 왕)와 함께 대사를 도모할 수 없음을 알고, 가리발디 및 동지들과 계획을 정하여 대제전(大祭典)[96]의

---

93) 비분강개하며 거침없이 이야기를 나누다가: 원문은 '강개히 괄을 잡아 언론에 풍치가 나는지라' 중국어본은 '慷慨扼腕, 言論風生'. 국한문본은 '慷慨扼腕하며, 時事를 痛論하다가'이다. 이로 보아 국문본의 '괄'은 '팔'의 오식이며 '言論風生'의 의미가 제대로 이해되지 않은 듯하다. 액완(扼腕)은 분격하여 팔을 흔드는 모양을 나타내며, 풍생(風生)은 시원시원하게 털어놓고 이야기하는 모양을 나타내기에 이런 뜻을 살려 의역하였다.
94) 대강대강: 원문은 '범범히'. '범범하다'는 '꼼꼼하지 않고 대강대강 하다'라는 뜻이기에 의역하였다.
95) 콜럼버스(고륜호, 哥侖布, (영)Christopher Columbus, 1450~1506)
96) 대제전(大祭典): 1833년 6월 24일, 성 지오반니 축일 (San Giovanni Battista)을 가리킨다.

밤을 틈타 거사하기로 계획했다. 사르네냐 정부를 거꾸러트리고 왕을 쫓아낸 후 오스트리아의 굴레를 벗으려 한 것이다. 그러나 불행하게도 계획이 누설되어 당원들이 붙잡히기도 하고 도망가기도 했다. 가리발디는 이 변고를 듣고 급히 도망쳐 어느 빵집에 들어가 숨을 곳을 구하였는데, 빵집 딸이 그를 불쌍히 여겨 옷을 바꿔 입히고 밤에 달아나도록 하였다. 가리발디는 열흘 만에 겨우 고향 집에 이르러 어머님께 작별을 고하고 다시 도망가려다가 갑자기 프랑스 순사에게 붙잡혔다. 그러나 밤이 깊고 인적이 드문 때를 기다렸다가 몰래 다섯 장(丈) 높이의 건물에서 뛰어내려 깊은 산 수풀 속에 숨었다. 이틀 동안 밥을 굶은 채로 마르세유에 도착했으나 우연히 신문을 보다가 자신의 이름이 이미 사형 선고 명단에 올랐음을 알게 되었다. 그러나 그는 여전히 동지들과 소식을 주고받으며 다시 거사할 뜻을 조금도 굽히지 않았다. 이때는 1833년이니, 마치니는 27세, 가리발디는 25세, 카보우르는 22세였다.[97]

그러나 당시에 호랑이 같고 뱀 같기로는 유럽 열국이 다 마찬가지였다. 내 앞길이 궁박하니 천지기 그디고 해도 과연 어느 곳에 이탈리아 혁명 영웅이 몸을 의탁할 수 있겠는가? 1833년 8월에 프랑스가 사르데냐 정부의 요구에 따라 마치니를 국경 밖으로 쫓아냈다. 이에 마치니가 스위스[98]로 가서 몸을 숨기니 이때부터 10여 년

---

[97] 1833년……22세였다: 중국어본과 국문본에는 1832년, 카보우르의 나이는 23세로 기록되어 있으나 착오이기에 수정하였다.

을 마치 갇힌 포로처럼 지냈다. 정탐을 피하고 살해[99]를 피하여 컴컴하고 좁은 방[100] 안 처량한 등잔 아래 숨었다. [그러나] 밤낮으로 비분강개함을 이기지 못하여 종이를 펴고 붓을 들었다. 가슴 속에 천 길이나 타오르는 불길로 글을 저술하고 의론을 초출하여 거침없이[101] [혁명의] 방책을 각 지역에 퍼뜨리고 동지들을 지휘하였다. 오오! 마치니는 참으로 장쾌하고 진솔하며 떳떳하고 당당한 남자로다. 그러나 깊은 생각과 치밀한 고려로 진실과 거짓을 통찰하고 토끼와 송골매처럼 재빠른 행동력도 있으니 신비하고 은밀한 혁명가에게는 불이법문(不二法門)[102][인 두 덕목을] 완전히 갖추었다. 과거부터 지금까지 이런 사람은 아직 없었다. 그가 지은 글은 지금도 정치상 비밀 결사에 뜻을 둔 이들이 머리맡에 두고 보는 비결(祕訣)로 신봉되고 있으며, 여기서 방책을 얻어 뜻을 이룬 자도 셀 수 없이 많다.

---

98) 스위스(셔스국, 瑞士, Switzerland)
99) 살해: 국문본은 '살히', 중국어본은 '鉏麑'(서예)이다. 춘추시대 진(晉)나라 영공(靈公)이 사치와 폭정을 일삼았는데 이에 간언을 하는 충신 조돈(趙盾)을 자객 서예(鉏麑)를 보내 암살하도록 했다는 고사가 있다.
100) 좁은 방: 원문은 '두 옥'이나 중국어본의 '斗室'을 잘못 옮긴 것으로 보인다. '斗室'의 뜻을 풀이하여 번역했다.
101) 거침없이: 원문은 '하늘을 가르치고 땅을 거셔 밍셰ᄒᆞ여'. 중국어본의 '指天畫地'를 문자 그대로 풀이하고 '맹세하며'라는 뜻을 덧붙인 것이다. 중국어에서 '指天畫地'는 '거리낌 없이 행동하다'라는 의미로 사용되기에 이런 뜻을 살려 의역하였다.
102) 불이법문: 대립하는 두 존재가 본질적으로는 둘이 아니라는 것을 뜻한다. 마치니가 깊은 사고와 신중함, 과단성 있는 행동력이라는 상반된 면모를 동시에 가지고 있었으나, 이 둘은 모두 혁명가에게 필수적인 자질이었음을 뜻하는 것으로 보인다. 이 부분은 국문본과 중국어본의 의미상 차이가 크기에 중국어본을 따라 번역하였다.

1836년 마치니는 다시 스위스 정부의 추방을 받아 고달프게 유랑하다가 그때까지 국사범을 쫓아내지 않던 영국에 겨우 발을 붙였다. 1837년 이후부터는 영국에 거처를 정하니, 영국은 마치니에게 두 번째 고향이 되었다. 고국으로 돌아갈 길은 더욱 멀어지고 다가오는 날들은 더욱 험난했다. 나라의 큰 적과의 싸움이 아직 끝나지 않았는데 일신의 작은 적들까지 어지럽게 몰려들었다. 질병과 싸우고 기한(飢寒)과 싸우니 삼순(三旬) 구식(九食)에 시월에도 홑옷뿐이었다. 전당포에 시계를 맡기고 외투를 맡기고 장화를 맡겨도 오히려 [생활비를] 충당하지 못하였다. 결국에는 한 신문사에 글을 파는 일을 얻어 생활을 꾸렸다. 그러나 [이런 악조건 속에서도 마치니는] 오히려 매일 분주하게 부르짖고 피와 눈물로 저술에 종사하였다. 또 새로 한 조직을 결성하여 이름을 〈소년 유럽〉이라 하였다. 밖으로는 타국의 사정을 살피고 안으로는 동포의 소망을 붙들어 이렇게 10년을 보냈다. 대개 이 10년 동안에 국민 교육의 주지가 비로소 크고 완전하게 되었으며, 이후에 비단처럼 [아름답고] 찻잎처럼 [왕성한][103] 이탈리아의 근본이 여기서 비롯되었다.

　　마치니기 영국에 오래 머물면서 이름난 새상 글래드스턴과 긴밀히 교류하면서, 항상 압제받는 이탈리아인의 괴로움과 자기가 지닌 포부를 호소했다. 신문에 글을 쓸 때도 항상 이탈리아 국내 정세를 알리고 유럽 열국이 이탈리아를 대할 도리를 밝혔는데, 영

---

103) 비단처럼 [아름답고] 찻잎처럼 [왕성한]: 원문은 '비단도 ㅈ고 차도 ㄱ튼'이나 의미가 모호하다. 중국어본은 '如茶如錦'인데 '차와 같다'라는 비유는 '如火如茶'에서처럼 기세가 왕성함을 뜻하기에 이런 뜻을 살려 의역하였다.

국인이 이를 듣고 크게 감동했다. 이후 카보우르의 통일 정책이 글래드스턴의 찬조를 얻어 성공하게 된 것도 마치니가 10년 동안 유랑하며 끼친 덕택이 아니라고 할 수 없다.

제5절 **남아메리카[104]의 가리발디**

가리발디는 프랑스 체류를 허용받지 못하자 넓고 넓은 유럽 전역에 몸을 의탁할 곳이 없었다. 이에 표연히 칼을 빗겨 들고 멀리 남아메리카로 도망하였으니 이렇게 지내며 유럽 땅을 밟지 못한 게 14년이나 되었다. 이 14년 동안이 또한 가리발디 장군에게는 한 천연(天然)의 학교요, 장래에 세상을 바꿀[105] 사업의 연습장이 되었으니 [이에 대해] 기록하지 않을 수 없다.

> 십 년을 들여서 칼 하나 갈았으나
> 서릿발 칼날을 시험도 못 하였네.
> 온 세상 사람께 공손히 묻사오니
> 불평할 일 있는 사람은 누구인가.[106]

옛날부터 의협심이 강한 선비는 종종 머리털을 풀어헤치고 이웃의 싸움을 원조하며, 칼을 빼 들고 길 가는 사람을 도왔다. 대개

---

104) 남아메리카(남아미리, 南美洲, South America)
105) 세상을 바꿀: 원문은 '하늘을 돌울'인데 중국어본의 '回天'을 직역한 것이다. 회천(回天)은 '하늘을 돌리다, 시대를 바꾸다, 쇠퇴한 기세를 되살리다'를 뜻하기에 이런 뜻을 살려 의역하였다.
106) 십 년을……누구인가: 중국 당나라 중기 가도(賈島)의 「검객」(劍客)이라는 시를 부분적으로 변형하여 인용하였다. 의협심을 갖고 다른 이들이 겪는 세상의 불의한 일에 함께 맞서 싸우겠다는 의지를 표명하는 내용이다. 중국어 원문은 '十年磨一劍, 霜刃未曾試. 擧似世間人, 誰有不平事.' 「검객」의 원래 구절은 '十年磨一劍, 霜刃未曾試. 今日把示君, 誰有不平事'이다.

그 지성(至誠)과 뜨거운 피가 창자 속에 꽉꽉 들어차 있다가 한 번 [불의한 일을] 만나면 곧 폭발하니, 그렇게 하려고 해서 한 것이 아니라 그렇게 하지 않으면 마음이 흔쾌하지 않기에 그런 것이다. 용을 잡고 범을 내던질 [기개가 있는] 가리발디가 하루아침에 고향 만 리 밖에 떨어져 거울에 비친 흰 머리와 안장 위의 [살찐] 허벅다리 살[107]을 보며 허송세월을 한탄할 때 그 마음이 어떠하였겠는가.

 [그런데] 저 창창한 [하늘]도 한가한 영웅을 불쌍히 여기셨는지 갑자기 리우그란데[108] 공화국이 독립을 제창하고 브라질[109] 제국과 전쟁을 벌이는 일이 생겼다. 호협(豪俠)하고 기개를 숭상하는 가리발디가 이미 [리우그란데 공화국에] 동병상련의 마음을 품고 있다가 이 [독립] 전쟁을 보고 기뻐하였다. 그는 뱃사람의 아들로 10여 년을 바다에서 성장하였기에 일찍부터 배를 말처럼 잘 다루는 재주를 가졌다. 이에 열두 명의 [동지를] 거느리고 작은 배를 몰고 가서 브라질 군함 한 척을 탈취하고, 이 배를 바탕으로 독립군을 원조하여 여러 번 승첩을 거두었다. 이 열두 명은 다 이탈리아의 망명 지사로 가리발디와 함께 생사와 환란(患亂)을 함께 하는 자들이었다.

---

107) 거울에 비친 흰 머리와 안장 위의 [살찐] 허벅다리 살: 원문은 '거울 가운데 빗난 털과 안쟝 우에 볼기 살'. 중국어본은 '攬鏡華髮, 據鞍髀肉'이다. '화발'(華髮)은 하얗게 센 머리털을 의미하여, 비육(髀肉)은 '髀肉之嘆'에서 온 말로 『삼국지』의 유비가 전장에 나가지 못한 채 허송세월하다가 허벅다리에 살이 쪘음을 한탄하는 내용이다. 이런 뜻을 살려 의역하였다.
108) 리우그란데(리아격난, 裡阿格蘭, Rio Grande): 리우그란데 공화국(Riograndense Republic)
109) 브라질(파서, 巴西, Brazil)

하루는 어느 항구에 배를 댔더니 다음 날 아침에 짙은 안개가 하늘을 가려 지척을 분별할 수 없었다. 갑자기 적함 두 척이 곁으로 다가와서 속히 항복하라 소리 지른 후 곧이어 대포를 쏘아 공격했다. 이 열두 사람 중에 유명한 피오렌티노[110]라는 자가 포를 쏘아 적에 응수하니 백발백중이라 적병 중에 바다에 빠지는 자가 무수하였다. [그러나 피오렌티노가] 돌연 이마에 탄환을 맞고 땅에 엎어졌다. 가리발디가 그 앞에 가서 구하려다가 또한 탄환을 맞아 엎어졌다. 배의 사관(士官)이 키를 돌려 급히 도망갔으나 배가 끈 떨어진 두레박[111]처럼 표류하였다. [가리발디 일행은 그곳의] 지리에도 밝지 못하고 나침반도 부실했다. 이때 가리발디는 간발의 차이로 죽음을 면했으나 피오렌티노는 품은 뜻을 끝내 이루지 못한 채 죽었다.[112]

한 사관이 해도(海圖)를 펴서 가리발디에게 보이며 지휘를 청하였다. 그러나 가리발디는 손을 움직일 수 없을 뿐 아니라 입으로 말도 할 수 없어서, 눈물 한 방울을 지도의 산타페[113] 지점에 떨어뜨렸다. 사관들이 그 뜻을 깨닫고 이 항구를 향하여 배를 몰았다. 표

---

110) 피오렌티노(비아륜, 菲阿侖, Fiorentino, ?~?): 가리발디 자서전인 *The Life of General Garibaldi*에 피오렌티노에 대한 언급이 있으나 구체적인 신상에 대해서는 알려진 바가 없다.
111) 끈 떨어진 두레박: 원문은 '닷 슨어진것 ㄱ티'이나 중국어본의 '단경'(斷梗)은 끊어진 두레박 줄을 의미하며 비유적으로는 앞뒤의 연결이 끊기고 고립된 처지를 뜻하기도 한다.
112) 품은 뜻을……채 죽었다: 원문은 '맛츰내 뜻을 품고 길히 가는지라'이지만 의미가 잘 전달되지 않기에 중국어본은 '竟齎志而長逝'에 따라 의역하였다.
113) 산타페(상득비, 桑得菲, Santa Fe)

박한 지 19일 만에 괄라구이[114] 항구에 도착하여 [가리발디가] 치료를 받았다. 그는 후일 친구에게 이렇게 말했다.

"내가 죽는 게 애석하지는 않았지만 내 몸뚱이를 본국 땅에 묻고 싶었소. 피오렌티노처럼 수중에 장사지내고 싶지는 않았다오."

이 말이 참으로 슬프구나!

[그러나] 하늘이 이탈리아를 위하여 위인을 내셨으니 어찌 이탈리아가 나라를 세우기도 전에 빼앗아가겠는가. 가리발디가 괄라구이 항구에 머문 지 여섯 달 만에 약에 효험이 있어 점점 회복되었다. 그러나 괄라구이는 적의 땅이었다. 스스로 돌아보건대 그 몸이 이미 갇힌 포로와 같고 배는 관청에 몰수되었으며 동지들은 다 포박(捕縛)당하였다. 곤궁한 몸이 또한 아침저녁으로 어떻게 될지 가히 예측할 수 없었다.

하루는 말을 채찍질하여 급히 도망하다가 한 숲속에 들어갔다. 사람과 말이 다 피곤하여 풀을 의지하여 조금 쉬고 있는데 뒤따르던 정탐꾼이 갑자기 나타나 그를 사로잡았다. [그들은 가리발디를] 흙 자루에 담아 말 위에 얽어매고 수십 리 되는 연못을 건너 다시 괄라구이의 장관 앞으로 끌고 갔다. [장관은] 그를 가두고 엄하게 국문(鞠問)하였다. 가리발디는 두 손을 뒤로 결박당한 채 들보에 매달린 지 두 시간 만에 기운과 숨이 거의 끊어지고 사지가 얼음장처럼 되었다. [그러나] 끝내 굴하지 않고 오히려 피가 흐르는 눈으로 간수[115]를 노려보았다. 가리발디는 마침내 강도 살인죄로 옥에

---

114) 괄라구이(갑가/가이가, 嘉爾伽, Gualeguay)

갇혀 두 달을 보냈으나 다시 감옥에서 도망쳤다. 리우그란데에 돌아와서 재차 브라질군에 항거하고 향하는 곳마다 공을 세웠다.

이때까지 가리발디가 구사일생으로 목숨을 건진 것이 이미 세 번째였다. 고금의 중국 및 외국 사기(史記)와 소설을 보면 영웅이 환란을 당하여 마음을 놀라게 하고 넋을 잃게 하는 일이 족히 다 헤아릴 수 없다. 그러나 스스로 환란에 들어가고 스스로 환란에서 벗어나는 일을 두 번 세 번 거듭함이 가리발디 같은 사람은 또 없을 것이다. 장군은 환란을 마치 아이들 장난처럼 여겼다.

가리발디는 또한 다정한 호걸이었다. 장군이 두 해 전에 우루과이[116] 팜파스[117] 들판에서 길을 잃고 방황하다가 문득 한 가인(佳人)을 만나 술잔을 나누며 그리스[118] 시인 호메로스[119]의 노래를 부른 적이 있었다. 장군이 [가인에게] 느낀 바 있어 헤어진 후에도 그 회포를 버리지 못하였다. 이제 기연(奇緣)으로 [그 가인이] 결국 장군의 배필이 되니 곧 절대 여호걸 아니타[120] 부인이었다. 부인은 이후 가리발디가 고국에서 군대를 지휘할 때 만사일생(萬死一生)의 위기를 함께 헤쳐가며 전장의 노고[121]를 보좌했다. 머나먼 이국땅

---

115) 간수: 원문은 '당상의 사람'. 중국어본은 '堂皇上人'인데 구체적으로 누구를 가리키는지 의미가 모호하다. 감옥에서 고문을 받던 상황이라는 문맥에 따라 간수로 유추하여 번역하였다.
116) 우루과이(오가이, 烏嘉伊, Uruguay)
117) 팜파스(핑파스, 彭巴士, Pampas)
118) 그리스(히랍, 希臘, Greece)
119) 호메로스(하마, 荷馬, ῞Ομηρος/Homeros, ?~?)
120) 아니타(마니타, 馬尼他, Anita Garibaldi, 1821~1849)

에서 실의에 빠져있던 장군이 아름다운 여인의 호감 어린 시선을 마주치니[122] 조물주에게도 정이 있어 봄기운으로 겨울 같던 마음을 녹인 것이다. 아아! 영웅의 감개함이 어떠하였겠는가!

그 후 리우그란데 공화국은 끝내 [독립을] 이루지 못하였으나 얼마 지나지 않아 우루과이 정부가 아르헨티나[123]와 전쟁을 벌이게 되었다. 가리발디가 다시 우르과이를 도와 산탄토니오[124] 전투에서 오롯이 승리를 거둔 후 몬테비데오[125]부(府)로 개선가를 부르며 돌아오니, 그 백성이 장군을 환영하며 온 나라가 미친 듯이 기뻐했다. 그러나 장군은 자기 공을 자랑하지 않고 물러가 은거하며 한 외로운 망명객으로 지냈다.

하루는 프랑스 해군 제독이 그의 높은 의를 사모하여 문 앞에 와서 만나보기를 청하였다. [가리발디의 거처는] 두어 칸 쓰러져가는 집으로 비바람을 막기 어려웠으며 [생계는] 조불모석[126]할 정도

---

121) 전장의 노고: 원문은 '쌈 흐로는 말의 슈고로음'. 중국어본의 '汗馬之勞'를 직역한 구절이다. '한마지로'는 '말이 땀을 흘리며 전장을 오간다'라는 뜻으로 전장에서의 공로를 의미하기에 이런 뜻을 살려 의역하였다.

122) 아름다운 여인의 호감 어린 시선을 마주치니: 원문은 '푸른 눈으로 붉은 얼골을 맛나니' 중국어본의 '遇靑眼於紅顏'을 직역한 것이다. '푸른 눈'(靑眼)은 남을 호의와 애정을 갖고 대하는 눈길을 뜻하며, '붉은 얼굴'(紅顏)은 젊고 아름다운 미녀를 뜻하기에 이런 뜻을 살려 의역하였다.

123) 아르헨티나(애여스, 愛黎士, Argentina)

124) 산탄토니오(상안니아, 桑安尼阿, Sant'Antonio): 산탄토니오 전투에서 가리발디는 전 우루과이 독재자 마누엘 오리베(Manuel Oribe, 1792~1857)가 이끄는 아르헨티나군에 대항하여 우루과이의 독립을 위해 싸웠다.

125) 몬테비데오(문덕유립부, 門德維拉府, Montevideo): 현재 우루과이의 수도이자 최대 무역항이다.

로 어려웠다. [저녁때가 되어도] 촛불을 켜지 않자 이상하게 여긴 제독이 까닭을 물으니 장군이 천천히 대답하였다.

"제가 공화정부와 일용품 공급에 대해 언약할 때 무심코 초의 비용을 잊어버리고 [청구하지 않아서] 촛불을 켤 수 없습니다. 선생께서 왕림하셨으니 마음으로 말을 나누면 될 뿐 반드시 제 얼굴을 보실 필요는 없을 것입니다."

제독이 숙연해져서 군무원에게 일러 금 백 개를 하사하였다. [그러나 가리발디는] 이를 받아서 전사자의 유족에게 다 나눠주고 자신에게는 오직 초를 살 만큼만 남겨 둔 후 부인에게 말하였다.

"제독이 다시 올 때 쓸 것을 예비하는 것이오."

아아! 위인이여! 위인이여! 구름 속의 학인가, 아침 햇살의 봉황인가. [까마귀가] 비록 배우고자 해도 어찌 따를 수 있겠는가!

소자경이 해상(海上)에 머물 때 대를 이을 아들을 낳았고,[127] 진백지가 강남(江南)을 바라볼 때 뭇 꾀꼬리가 요란하였다.[128] 이때

---

[126] 조불모석(朝不謀夕): 형세가 절박하여 아침에 저녁 일을 헤아리지 못한다는 뜻으로, 눈앞의 일을 걱정할 뿐이고 앞일을 생각할 겨를이 없음을 이르는 말이다. 중국어본에는 조불모석이라는 표현이 없고 '時日向夕矣'라는 구절이 뒤의 구절과 이어져서 '저녁때가 되어가는데' 촛불을 켜지 못할 만큼 가난하다는 의미로 사용되었다.

[127] 소자경(蘇子卿, BC 140~BC 60): 소무(蘇武). 한나라 초에 흉노에 사신으로 갔을 때, 선우가 그를 항복시키려 하였으나 굴하지 않자 북해(바이칼호)에 유폐되어 온갖 고초를 겪다가 19년 만에 돌아왔다. 소자경이 이런 고난 가운데서도 '윤자'(胤子: 대를 이을 아들)을 낳은 것처럼 가리발디도 남미에서 고초를 겪던 동안 세 명의 자식을 낳았음을 비교한 것이다.

[128] 진백지(陳伯之, ?~?): 진백지는 남북조 시대 양무제와 대치하던 중 구지(丘遲)가 보낸 항복을 권유하는 글을 읽고 투항했다. '뭇 꾀꼬리가 요란하였다'라는 구절은 구지가 보낸 「여진백지서」(與陳伯之書)에 나오는 구절이다. 구지는 온갖 꽃이 피고

가리발디 장군이 남미에 손님으로 머문 지 어느덧 14년이나 되었다. 이 14년 동안 장군은 자녀 세 명을 얻었고 몬테비데오 정부에서 다섯 이랑(畝)의 밭을 빌려 처자와 함께 몸소 밭을 갈았다. 그러나 이처럼 여러 해를 지내면서도 항상 고국 지사를 불러 모아 서로의 정신을 단련하고, 또 리우그란데와 우루과이의 두 차례 전쟁을 도왔다. 이 철옹성[129] 안에서 좌충우돌했던 분투가 이탈리아 국민에게는 천연(天然)의 육군학교가 되었던 셈이다. 이때 가리발디 장군 휘하에는 이미 알렉산더 대왕의 이른바 모(母)군대[130]에 해당하는 군사가 200명이나 있었다. 이리하여 1847년이 되니 이탈리아의 형세가 일변하였다.

꾀꼬리가 지저귀는 춘삼월의 아름답고 평화로운 풍경을 전란과 대비하는 한편, 지배 권력은 늘 교체되기 마련이라는 논리로 진백지에게 목숨을 걸고 저항하는 것이 부질없음을 설득하였다. 여기서는 가리발디가 망명과 전쟁의 와중에도 결혼하고 자식 낳고 밭을 가는 아름답고 평화로운 일상을 병행했음을 의미하기 위해 사용된 것으로 보인다.

[129] 철옹성: 원문은 '동위철마'로 중국본의 銅圍鐵馬를 그대로 옮겼다. '구리 성곽과 쇠 말'이란 뜻으로 굳건하고 요지부동한 군사 진영 혹은 방어 체계를 뜻하기에 철옹성으로 옮겼다. 이 글의 문맥에서는 가리발디를 비롯한 이탈리아 독립지사들이 유럽에서 멀리 떨어진 남미에 있었기에 유럽 열강들의 박해를 피해 안전하게 군사 훈련을 할 수 있었다는 의미로 이해된다.

[130] 모(母)군대: 주력 부대 정도를 뜻한다. 알렉산더 대왕이 이끈 '팔랑기테스'(Phalangites)는 장창병(長槍兵)으로 이뤄진 핵심 주력 부대였다.

제6절 혁명 전의 형세

　당시 이탈리아 애국지사들은 대략 세 파로 나뉘었다. 하나는 마치니파(가리발디도 마치니파 사람이다)로 오로지 공화 사상으로 새 국가를 조직하고자 하는 자들이었다. 또 하나는 카보우르파니 사르데냐 왕국에 의지하여 그 뜻을 이루려는 자들이었다. 이밖에 다시 한 파가 있으니 이름은 신(新)겔프당[131]으로 로마 교황을 추대하여 이탈리아 전체를 연합시키고자 하는 자들이었다. 세 파가 애국의 열성은 한 가지요, 이탈리아 민족의 통일 독립이라는 목적도 한 가지였다. 단 그 정견(政見)[132]이 다르니 자연히 수단이 다를 수밖에 없고, 수단이 다르니 당세(黨勢)가 저절로 다를 수밖에 없다. 세 개 중에 어느 쪽이 잘못된 견해[133]이며 누가 앞을 멀리 내다본 것인지 그 당시로서는 아직 판정할 수 없는 문제였다.

　1846년 이탈리아 중부는 수탉이 한 번 울자 천하가 밝아오는 것[134] 같은 기미가 있었다. 이때 로마 교황 피우스 9세[135]가 새로

---

131) 신겔프당(이아거포당, 尼阿奇布党, Neo-Guelphic Party): 벨프(Welf) 또는 겔프(Guelf, Guelph) 가문은 유럽의 왕가 중 하나로, 12, 3세기 이탈리아에서 교황파와 황제파가 대립할 때 주로 교황파에 가담했기 때문에 교황파를 겔프파라고도 했다. 이를 계승하여 19세기 이탈리아의 교황파를 '신겔프당'이라고 했다.
132) 정견(政見): 원문은 '정성'이나 중국어본을 따랐다.
133) 잘못된 견해: 원문은 '무견'. 중국어본의 '謬見'의 오식이기에 중국어본에 따라 풀어 번역하였다.
134) 수탉이 한 번 울자 천하가 밝아오는: 중국어본의 '雄雞一聲天下白'을 직역한 것이다. 이 구절은 당(唐)나라 이하(李賀)의 「치주행」(致酒行)에 나온다. 고요한 깊은 어둠 속의 깨달음, 혹은 한 사건을 기점으로 한 시대의 전환을 상징하는 표현이다.

즉위하였다. 피우스는 야심이 있는 자여서 천하의 풍운을 엿보고 이를 이용해 백여 년 전 교황의 혁혁한 권력을 회복하고자 하였다. 이에 달콤한 말로 백성의 신망을 얻고자 정체(政體)를 고치고 헌법을 반포하며 의회를 열어 백성과 함께 다스리겠다고 소리 높여 말했다. 피우스의 말은 진심이 아니었다. 그러나 당시 오랫동안 지옥에서 괴로워하며 하늘의 해를 갈망하던 이탈리아 사람들은 갑작스레 이런 말을 듣고[136] 마른 도랑의 붕어가 물을 얻은 듯,[137] 새장에 갇힌 새가 풀려난 듯, 펄쩍펄쩍 뛰고 헐레벌떡 달려가 서로 이 기쁜 소식을 전하며 축하하였다. 이때 마침 오스트리아와 국경선을 정하는 회의가 있었는데, 파우스가 힘껏 싸워 굴하지 않으니 인망이 더욱 높아져서 '교황 만세, 이탈리아 만세'라는 소리가 온 나라를 가득 채웠다.

마치니는 원래 사르데냐 왕을 좋아하지 않았고, 교황도 좋아하지 않았다. 그렇지만 조국을 사랑하고 동포를 구원하려는 뜨거운 마음을 한순간도 억제할 수 없었기에 교황에게 글 한 편을 써 보내서 그 책임이 막중함을 고하고 끝까지 초심을 지켜 올곧게 행하기를 권면하였다.

가리발디도 남아메리카에서 교황께 이런 글을 올렸다.

---

135) 피우스 9세(피으사 데구, 皮阿士 第九, Pope Pius Ⅸ, 1792~1878)
136) 갑작스레 이런 말을 듣고: 원문은 '이 말을 속낙이 ᄀ티 듯고'인데 중국어본의 '驟聞此語'에서 '驟'를 소나기(驟雨)로 번역한 것이다. 취문(驟聞)은 '예상하지 못했던 말을 갑자기 듣다'라는 의미이기에 이 책에서는 이런 뜻을 살려 의역하였다.
137) 마른 도랑 속의 붕어가 물을 얻은 듯: 원문은 '확철에 부어가 물을어드며'인데 의미가 모호하여 중국어본의 '涸鮒得水'에 따라 의역하였다.

"교황 폐하여. 폐하께서 이탈리아 삼천만 동포의 구원의 소망을 이뤄주려 하신다[138]는 소식을 들었습니다. 저희가 십여 년간 품어 왔으나 이루지 못한 뜻을 장차 오직 폐하께 의뢰하여 이루고자 하옵니다. 제가 비록 재주는 없으나 한 척 군함으로 폐하를 따라 견마(犬馬)처럼 보필하기를 원하옵니다. 굽어살펴 주옵소서."

가리발디가 이 글을 보낸 후 동지들을 거느리고 길 떠날 준비를 하고서 [교황의] 명을 기다렸으나 끝내 답서가 오지 않았다.

신겔프당은 이때 기대 이상의 성과에 매우 기뻐하였다. 뜨거운 마음이 흡사 수증기와 같이 더욱더 끓어 올라 점점 온 땅으로 퍼졌다. 토스카나 왕이든 사르데냐 왕이든 모두 행정을 크게 개혁했으며, 나폴리 왕 페르디난도[139] 외에는 포학한 왕의 자취가 거의 끊어졌다. 무릇 개혁은 좋은 일이다. 그러나 개혁이 허술하여 내실이 없고 부분적으로만 이뤄져 온전하지 않으면 종종 혁명의 촉매가 되니 역사상의 관례가 그러하다. 이탈리아는 마치니가 십수 년 동안 크게 부르짖어 열심히 훈련한 이래로 국민의 사상과 기력이 이미 예전의 박약하고 부패하던 때와 달랐다. 하루가 다르고 한 달이 다르게 국민의 격앙은 더욱 고조되었다. 하루가 다르고 한 달이 다르게 귀천, 빈부, 나이의 많고 적음을 떠나 이탈리아 전역의 모든

---

[138] 구원의 소망을 이뤄주려 하신다: 원문은 '청명코자 하심'이며 중국어본의 '聽命'은 누군가에게 자기의 생명을 보호해달라고 요청하는 것을 뜻하기에 이런 뜻을 살려 의역하였다.
[139] 페르디난도(불득남, 弗得南, Ferdinando/Ferrante/Ferrando I di Napoli, 1423~1494)

이들이 본족(本族)의 독립과 통일의 결심을 더욱 굳건히 하였다.[140] 비밀리에 정치 운동하는 자가 한 사람 한 사람 다 이러했다. 제노바에서는 학술회의[141]가 개최되고 카살레[142]에서는 농업회의가 있었으나 실상은 모두 정치 회의였다. 이탈리아 변화의 기미는 자못 활줄에 걸린 화살과 같아 한껏 당겨 발사되기만을 기다렸으며, 높이 쏘아 올린 폭죽과 같이 곧 별처럼 흩어지며 폭발음을 울릴 터였다.

그때 카보우르는 어떠했는가? 그가 농사를 지으며 은거한 지 이미 10여 년이 흘렀다. 피우스가 헌정을 설립하여 인심이 크게 진동하자 그가 장차 때가 무르익은 것을 보고 벌떡 일어나 두세 동지와 함께 큰 신문사를 세웠다. 그 신문의 강령과 취지는 네 가지였다.

① 입헌 ② 진보 ③ 이탈리아 독립 ④ 열방의 연합.

마치니는 이탈리아 통일을 주장하고 카보우르는 연합을 주창하니 그 까닭을 깊이 생각해 보지 않을 수 없다. 대개 마치니는 공화

---

140) 이 부분에 중국어본의 '秣馬蓐食'라는 구절이 누락되었다. '말을 먹이고 새벽밥을 먹으며' 장차 다가올 전쟁을 준비했다는 의미이다.
141) 학술회의: 1846년에 제노바에서 열린 이탈리아 과학자 대회(Congresso degli Scienziati Italiani)를 가리킨다. 이 회의는 제노바에서 개최된 최초의 전국 규모 과학자 회의로 당시 이탈리아 통일 운동에 중요한 역할을 했다.
142) 카살레(살이, 卡薩爾, Casale Monferrato): 1847년 카살레 몬페라토에서 개최된 농업회의를 가리킨다. 이 회의에서 당시 피에몬테의 농업 개혁가이자 정치가인 조반니 란차(Giovanni Lanza)는 "자유롭고 독립된 이탈리아 만세(Viva l'Italia libera ed indipendente!)"를 외치며 회의의 분위기를 정치적으로 고조시켰다.

정체를 주장하였고 독립 후 국민 다수의 의견을 대표하는 대통령을 두어 주권을 행사하려 했으니, 그가 통일을 말함이 마땅하다. 그러나 카보우르는 이를 비웃었다.

"이는 말할 수는 있지만 행할 수는 없다. 진실로 이를 실행하려면 곧 나의 사르데냐 왕국이 헐려 무너질 것이다. [그러나] 사르데냐는 이탈리아의 하나밖에 없는 의지처다. 사르데냐가 하루아침에 헐리면 이는 유럽 이웃 나라들을 돕고 적을 배 불리는 셈이다."

카보우르도 통일을 갈망하지 않은 것은 아니지만, 반드시 연합이라는 글자를 대신 사용하고자 했다. 그는 말했다.

"통일을 제창하려면 통일할 자가 없어서는 안 되는데, 이런 자격을 갖춘 자는 우리 사르데냐 왕 말고는 없다. 그렇지만 지금 사르데냐가 열국 병탄을 제창하면 나는 이를 부끄럽게 여길 것이다. 그런 까닭에 차라리 지혜를 발휘하여 [열국을] 연합시키는 게 낫다."

이것이 카보우르가 품은 뜻이었다. 카보우르가 자신이 믿는 바를 버리고 마치니를 따르고자 아니하며, 마치니도 그가 믿는 바를 굽혀 카보우르를 따르러 하지 않으니, 두 영웅이 어쩔 수 없이 시종일관 서로 대적하는 위치에 있다. 아아! 지사(志士)는 고심(苦心)이 많다고 하니 어찌 그렇지 않겠는가! 어찌 그렇지 않겠는가!

카보우르가 이런 목적을 정하고 나서는 다시는 다른 일에 한눈 팔지 않고 오직 사르데냐의 개혁을 급무로 삼았다. 그 개혁이 어떠하였는가? 가장 먼저 한 일은 헌법을 반포하고 국회를 개설하며 상하가 화충(和衷)함으로써 국민 일치의 정신을 불러일으킨 것이다. 이에 국론이 점차 움직이고 사르데냐 왕 알베르토도 그의 말에 마음이 기울게 되었다. 마침내 1847년 국회를 소집하니 카보우르가 고향 토리노에서 의원으로 선출되었다. 이때는 피우스가 로마에서 헌법을 선포하고 가리발디가 남미에서 칼을 들던 때였다.

이때 사르데냐에 또 한 명의 위인이 있었으니 다젤리오[143]라는 자였다. 그는 카보우르와 마찬가지로 사르데냐의 귀족 출신으로서 자유와 입헌주의를 주창하는 자였다. 그는 당시 이탈리아 전역을 돌아다니며 동지를 규합하고 있었는데 시세가 날로 급박함을 보고 급히 돌아와 알베르토 왕에게 아뢰었다.

"옛말에 비록 지혜가 있어도 기회를 얻음만 못하고, 비록 호미가 있어도 때를 기다림만 못하다[144]고 하였습니다. 이탈리아 통일 사업은 끝내 그만둘 수 없습니다. 우리 왕께서는 그 뜻이 없으십니까? 지금 피우스가 자유를 제창하니 백성이 마치 메아리처럼 호응하고 있습니다. 신은 우리 왕의 의향이 어디에 있는지 듣고자 합니다. 왕께서 만일 천하를 평정하실 뜻이 있으시다면 청컨대 저희가 [그 업을] 맡고자 합니다."

알베르토가 고개만 희미하게 끄덕일 뿐 분명히 대답하지 않자 다젤리오가 크게 소리쳤다.

"왕께서 말씀이 없으시면 어찌 민심을 달랠 수 있겠습니까?"[145]

---

143) 다젤리오(달디격리아, 達志格裡阿, Massimo d'Azeglio, 1798~1866)
144) 비록 호미가 있어도 때를 기다림만 못하다: 원문은 '비록 조긔가 잇서도 디시흠만 곳지 못ᄒ다'. 중국어본의 '雖有鎡基, 不如待時'를 풀이한 것이다. 훌륭한 지혜를 가졌다 하더라도 때가 오지 않으면 공명(功名)을 이룰 수 없다는 뜻으로 『맹자』(孟子) 「공손추·상편」(公孫丑·上篇)에 나온다.
145) 어찌 민심을 달랠 수 있겠습니까: 원문은 '엇지 텬하를 샤례ᄒ리오'. 중국어본의

알베르토가 좌우를 돌아보며 떨리는 목소리로 대답하였다.

"내가 이 뜻을 품은 지 오래되었으나 감히 말하지 못하였다. 만일 때가 왔다면 내가 비록 내 왕위와 생명과 자손을 희생하더라도 사양하지 않을 것이다."

알베르토는 불굴의 호기와 담력을 지닌 사람은 아니었다. 그러나 그 뜻한 바가 진실로 여기에 있었으니 군자가 아름답게 여길 만하다.

'以謝天下'를 직역한 것인데 여기서는 의역하였다.

제7절 1848년의 혁명

　기침이 난다. 눈꺼풀이 떨린다. 불꽃이 터진다. 까막까치 지저 귄다. 경칩(驚蟄)의 우레가 울린다. 바람 소리 누각에 가득하다. 물결이 제방 위로 솟구친다.[146] 빈 회의 이후 30년간의 원한과 독기가 쌓여 19세기 유럽에서 제일 기념할 만한 해를 잉태하였으니, 바로 1848년이다. 이때 프랑스 수도 파리에서 2월 혁명이 일어나 오를레앙[147] 왕조가 하루아침에 와르르 무너졌다. 이어서 루이 나폴레

---

146) 기침이……솟구친다: 원문은 "톄라 눈이 쒸며 등불에 솟이 열리며 오쟉이 지저귀며 침흔 우뢰가 울며 바람이 누각에 가득ᄒ고 물결이 언덕에 솟는지라". 중국어본의 '①嚏矣, ②眼跳矣, ③燈花矣, ④烏鵲噪矣, ⑤蟄雷鳴矣, ⑥風滿樓矣, ⑦濤湧堤矣'를 직역한 것이다. 짧은 단문들로 이어지는 이 구절은 여러 가지 인유와 비유가 압축되어 1848년 혁명 전야의 격동하던 정세를 묘사하고 있다.
① '기침이 난다'(嚏矣)의 '기침'(嚏)은 『시경·패풍』(詩經·邶風)의 「종풍」(終風)에 나오는 "寤言不寐, 願言則嚏"(깨어 다시 잠 못 이루니, 생각하면 기침이 나네)에 비춰서 해석할 수 있다. 이때 '기침'이란 고뇌로 잠 못 들던 화자가 슬픔과 원통함으로 콧물, 눈물을 마구 흘리는 상황을 표현한다. (우응순, 『시경 강의 2: 패풍, 용풍, 위풍』(전자책), 북튜브, 2022, 13%. 이 책에서는 기침 대신 재채기로 번역했다).
② '눈꺼풀이 떨린다'(眼跳矣)는 '眼跳耳熱' 같은 성어로 종종 쓰이며 공포나 불안, 불길한 징조를 묘사한다.
③ '불꽃이 터진다'(燈花矣)와 ④ 까막까치 운다(烏鵲噪矣)는 흔히 길조를 나타내는 비유로 사용된다.
⑤ '蟄雷鳴矣'에서 '칩뢰'(蟄雷)란 뭇 생명이 겨울잠을 깨는 경칩(驚蟄)에 울리는 우레로 새로운 세상을 알리는 신호탄을 비유한다.
⑥ '風滿樓矣'(바람소리 누각에 가득하다)는 당나라 허혼(許渾)의 「함양성 동루」(咸陽城東樓)에 나오는 "山雨欲來風滿樓"라는 구절을 인유했다. 곧 비가 내릴 것 같은 날씨에 누각에 윙윙거리는 바람소리는 무언가 중대한 사건이 일어날 것 같은 징조나 긴장된 분위기를 묘사한다.
⑦ '濤湧堤矣'(물결이 제방 위로 솟구친다)에서 '제방'은 기존의 견고한 체제를, '파도'는 이를 위협하는 새로운 세력의 도전으로 해석될 수 있다.

옹[148]이 대통령으로 뽑히고 제2 공화국이 출현하였으며, 오스트리아와 헝가리 곳곳에서도 민당이 봉기했다. 이에 40년 동안 온 유럽을 종횡하며 기염(氣焰)이 혁혁하고 권세가 대단하여 나는 새도 떨어뜨린다[149]던 메테르니히도 [마침내 몰락했다.] 그의 거대한 저택은 함양의 횃불에 타버리고[150] 화목했던 처자식은 걸식하는 왕손(王孫) 신세가 되었으며,[151] [자신도] 머리를 감싼 채 숨을 곳을 찾는 쥐처럼 혈혈단신 영국으로 도망쳤다. 이전에 고통받던 수백, 수천 명의 지사가 이제 그에게 항아리 안에 들어가라[152] 하니 [그가 한때

---

147) 오를레앙(아랑죠, 阿良朝, Orléans)
148) 루이 나폴레옹(로이 나파륜, 路易 拿破倫, Charles Louis Napoléon Bonaparte, 1808~1873)
149) 권세가 대단하여 나는 새도 떨어뜨린다: 원문은 '구은손이 가히 더웁고 나는 새가 떨어지지 안이하는'으로 중국어본의 '炙手可熱, 飛鳥不落'를 직역한 것이다. 炙手可熱은 '손을 델만큼 뜨겁다, 권세가 대단하다'라는 뜻이며, 飛鳥不落은 오랫동안 높은 지위에 머물며 권력을 누리는 것을 비유하는데 한국어에서는 오히려 '나는 새도 떨어뜨린다'라는 표현과 어울리기에 의역하였다.
150) 그 거대한 저택이 함양의 횃불에 타버리고: 원문의 '담양부에 집으로 함양의 한 홰불에 부티고'는 중국어본의 '其潭潭府第付咸陽之一炬'를 직역한 것이다. 潭府, 府第, 潭第가 모두 거대한 저택을 뜻한다. '咸陽之一炬'는 항우(項羽)가 함양(咸陽)을 점거한 뒤 아방궁을 비롯한 진(秦)나라 궁실을 모두 불태워 석 달 동안 불이 꺼지지 않았다는 고사에서 유래한 표현으로 1848년 혁명으로 오스트리아 제국이 몰락함을 빗댄 것이다.
151) 화목했던 처자(妻子)는 걸식하는 왕손(王孫) 신세가 되었으며: 원문 '그 융융흔 쳐즈로 왕손의 걸식흠이 되어'는 중국어본의 '其融融妻孥, 爲王孫之乞食'에 대응한다. '융융(融融)은 평화스럽고 화기애애한 모습을 나타내는 형용사다. '王孫之乞食'은 몰락한 왕손이 걸식하는 신세가 되었다는 일반적 표현으로 볼 수도 있다.
152) 그에게 항아리 안에 들어가라: 원문은 '그딕를 청호여 독 가온딕 들고'이며 중국어본 '請君入甕'의 직역이다. 당(唐)나라 측천무후(則天武后) 때 내준신(來俊臣)은 주흥(周興)이 자신을 모함하려 한다는 사실을 알고 그를 식사에 초대하여, 만약 죄인

남을 얽어매던] 속박이 이제는 자신을 속박하게 되었다.

이때 이탈리아인의 입헌과 평화 사상은 날로 아득히 높아져서 혁명 운동이 촌에서 촌으로, 도시에서 도시로, 고을에서 고을로, 나라에서 나라로 두루 퍼졌으며, 나무 베어 무기 삼고 장대 들어 깃발 삼은 이들의 봉기[153]로 소란스러웠다. 진오(陳吳)[154]의 칼날로 선봉에 선 자는 롬바르디아 사람들이었다. 롬바르디아는 이탈리아 동북쪽으로 오스트리아와 땅을 맞대고 있는 곳이다. 다음은 시칠리아 사람들이었다. [그들이] 칼을 빼 들고 왕궁을 에워싸니 완고하고 강경한 페르디난도[155]도 어쩔 수 없이 드디어 헌법을 반포하여 눈앞에 닥친 화를 면하였다. 밀라노, 베네치아[156] 등 여러 땅도 잇따라 메테르니히의 꼭두각시 정권[157]을 내쫓고 공화국을 창건하였

이 죄를 자백하지 않으면 어떻게 하겠느냐 물었다. 주흥이 달군 항아리에 넣겠다고 대답하자, 내준신이 이 방법을 그대로 주흥에게 사용하여 자백을 받아 냈다. 이 고사에서 유래하여 '항아리 안에 들어가라'는 '자신이 정한 엄한 규칙에 자신이 걸려들다. 제 도끼로 제 발등 찍다'라는 의미로 해석된다.

153) 나무 베어……소란했다: 원문은 '착목의 긔와 게간의 병이 쇼요ᄒᆞ는지라'. 중국어본은 '斬木之旗, 揭竿之兵, 騷然矣.'인데 사마천(司馬遷) 『사기』(史記) 「진시황본기」(秦始皇本紀)의 '斬木爲兵, 揭竿爲旗'라는 표현을 변형한 것이다. 여기서는 『사기』의 구절과 의미에 따라 의역하였다.

154) 진오(陳吳): 중국 진(秦)나라 때 진승(陳勝)과 오광(吳廣)이 군사를 일으켜 반란에 선수(先手)를 쳤다는 데서 유래한 말로 어떤 일에 앞장서는 것 또는 그런 사람을 비유하는 표현이다.

155) 페르디난도(불득남, 弗得南, Ferdinando II, 1810~1859)

156) 베네치아(비니스/유니스, 俾尼士/維尼士, Venezia)

157) 메테르니히의 꼭두각시 정권: 원문은 '매특날의 패졔홈', 중국어본은 '梅特涅之傀儡'. '패졔'의 뜻은 '覇制'일 것으로 추측되지만 불확실하기에 중국어본에 따라 번역하였다.

다. 사르데냐 왕 알베르토가 스스로 국민군의 수령이 되고, 토스카나 공작도 국민운동에 참여했다. 북부 여러 주가 동시에 호응하며 알베르토 휘하에 모여들었고 그를 맹주로 추대함으로써 수백 년간의 공적(公敵)에 맞서고자 하였다. 그리하여 새 이탈리아의 환영(幻影)[158]이 문득 맨땅에서 솟아날 듯 보였다.

알베르토가 이에 사르데냐 국기를 변경하여 적(赤)·청(靑)·백(白)[159] 삼색의 이탈리아 국기로 만들고, 5만의 군병을 이끌고 당당하고 늠름하게 롬바르디아로 향하였다. 그러나 애석하구나! 알베르토가 [이 일을 감당할 만한] 사람이 아니니, 지기(志氣)는 넉넉하나 재략(才略)은 세상을 구제하기에 충분하지 못하였다. 그는 적국의 노장 라데츠키[160]와 만나 여러 차례 싸울 때마다 패하였다. 최후에는 노바라[161] 전투에서 대패하여 다시 떨쳐 일어나지 못했다. 결국 1849년 5월 23일 피가 비처럼 흐르던 쓸쓸한 밤에 병사들과 결별하고 스스로 외딴곳으로 피신하여 오스트리아군의 노여움을 풀고자 하였다.

다젤리오[162]가 왕의 유언을 받들어 어린 왕을 도와 유지(遺志)를 잇게 하였으니, 그가 곧 이후에 이탈리아 통일 군주로 역사 위에

---

158) 환영(幻影): 원문에서는 '변환흐는 영향'으로 나와 있다.
159) 실제로는 적, 녹, 백색으로 가운데 하얀색 부분에 왕가의 문장이 들어가 있다. 오늘날 이탈리아 국기는 이 원형에서 왕가의 문양만 뺀 것이다.
160) 라데츠키(랍덕긔, 拉狄奇, Joseph Radetzky von Radetz, 1766~1858)
161) 노바라(나파륜, 挪巴倫, Novara)
162) 다젤리오(달지격리아, 達志格裡阿 (Massimo d'Azeglio, 1798~1866)

길이길이 빛을 남긴 에마누엘레 황제[163]였다. 쓸쓸한 백제(白帝)에서 두견새 피 토하며 울어도 누가 듣겠으며,[164] 침침(沉沉)한 정호(鼎湖)에서 용의 수염 겨우 잡아도 어찌 [하늘까지] 닿겠는가![165] 슬프다! 제 몸을 버려 백성을 구원하려던 알베르토는 양위한 지 넉 달 후에 마침내 심장이 파열되어서 크나큰 한을 품고 황천으로 돌아가니 혁명의 큰 사업이 다시 한번 기세가 꺾였다.

---

163) 에마누엘레 황제(영마노이, 英瑪努埃, Vittorio Emanuele Ⅱ, 1820~1878)
164) 쓸쓸한 백제(白帝)에서 두견새 피 토하며 울어도 누가 듣겠으며: 이백(李白)의 시 「선성견두견화」(宣城見杜鵑花)를 인유한 것으로 보인다. "蜀國曾聞子規鳥/ 宣城還見杜鵑花/ 一叫一回腸一斷/ 三春三月憶三巴"(촉나라 땅에서 두견새 우는 소리 들었었는데/ 선성 마을에서도 두견화를 보는구나/ 두견새 울 때마다 두견화 볼 때마다 가슴이 아려와/ 매년 봄이 되면 파촉 생각 간절하네) 이백이 선성(宣城) 지역을 여행하다가 두견화를 보고, 자신의 고향인 파촉을 그리워하며 옛날 파촉 왕 두우(杜宇) 망제(望帝)가 나라를 빼앗기고 멀리 쫓겨가서 두견새가 되어 서글피 울었다는 전설을 떠올린다. 두견새를 지칭하는 불여귀(不如歸), 원조(怨鳥), 두우(杜宇), 귀촉도(歸蜀途), 망제혼(望帝魂) 같은 이름들이 모두 이 전설에서 유래했다. 이백은 이 시를 쓴 지 몇 년 후에 안녹산의 난에 연루되어 파촉의 백제(白帝)성에 귀양 가게 된다. 이러한 내용을 종합해보면 이 구절은 알베르토 왕이 오스트리아에 패한 후 스스로 왕위를 내려놓고 외딴곳에 유폐되어 고향을 그리워하는 상황을 묘사한 것으로 볼 수 있다.
165) 침침(沉沉)한 정호(鼎湖)에서 용의 수염 겨우 잡아도 어찌 [하늘까지] 닿겠는가: 정호(鼎湖)는 중국의 전설상의 왕인 황제(黃帝)가 용을 타고 승천하였다는 곳이다. 황제가 구리를 채취하여 세 발 솥(鼎)을 만들자 하늘에서 긴 수염이 달린 용이 내려와 황제와 70명의 신하를 태우고 하늘로 올라갔는데, 나머지 신하들은 용의 수염을 잡고 올라가려다가 수염이 뽑혀 하늘에 이르지 못했다고 한다. 이 구절은 능력의 부족으로 이탈리아 통일의 대업을 이루지 못한 채 몰락한 알베르토 왕을 비유한 것이다.

제8절 **로마 공화국의 건설과 멸망**

그때 마치니와 가리발디는 어디 있었는가? 가리발디는 교황에게 글을 올린 후 얼마 지나지 않아 곧 남미에서 출발해 한마음으로 피우스를 돕고자 하였다. 그런데 지브롤터[166] 해협에 이르렀을 때, 문득 사르데냐 상선을 만날 줄 어찌 알았겠는가. 그 배는 삼색기[167]를 내걸고 가리발디의 배를 스쳐 지나 서쪽으로 향해 가고 있었다. 가리발디가 이 배를 보고 기쁘고도 놀라서 그 연유를 묻고 비로소 사르데냐 왕 알베르토가 의병을 일으킨 것을 알게 되었다. 장쾌하고 시원스러운 성격의 장군은 펄쩍펄쩍 뛰며 기뻐하였다. 곧장 내달려 사르데냐로 들어가서 왕의 휘하에 예속되어 지휘를 받겠다고 청하였다.

그러나 애석하구나! 마음만 크고 재주는 적은 왕이 가리발디를 꺼리고 두려워하여 용납하지 못하고 "한갓 남아메리카의 해적과 어찌 함께 일을 하겠는가"라고 하였다. 가리발디 장군은 매우 분했지만 어쩔 수 없이 다시 밀라노로 달려갔다. 시민들이 그 이름을 듣고 성성을 다하여 환영하니 사방에서 의롭고 용감한 지사들이 휘하에 모여들었다. 열흘이 안 되어 지휘관 58명을 얻고 병사가 3만 명에 이르렀다. 가리발디가 밀라노 지역을 돌아다니며 그 병력

---

166) 지브롤터(지포랍달, 支布拉達, Gibraltar): 대서양과 지중해를 잇는 요충지다.
167) 삼색기: 알브레토 왕이 통일 이탈리아 국기로 만든 적, 녹, 백의 삼색기를 일컫는다.

을 더 모으는 사이 사르데냐 왕의 패전 소식이 날마다 들려왔다. 장차 강화 회담이 시작되려 하자 가리발디가 분격하여 휘하의 병사를 거느리고 로마로 향했다.

오랫동안 영국에 머물던 마치니는 피우스의 선서가 있던 때에 이미 가리발디와 더불어 소식을 주고받으며 비밀스럽게 의논한 바가 있었다. 프랑스에 혁명이 일어나자 곧 나는 듯이 바다를 건너 파리[168]에 들어가 형세를 살피고 드디어 고향으로 돌아갔다. 우선 사르데냐에 이르러 알베르토, 다젤리오, 카보우르의 무리를 살펴보니 함께 일할 수 없다고 여겨져서 다시 말머리를 돌려 로마로 들어갔다.

로마 교황 피우스가 자유와 독립을 제창하다가 입에 침도 마르기 전 갑자기 사변이 일어나자 가만히 숨어 몸을 움츠리고 있으니 손발이 소용이 없었다. 그는 여우처럼 의심이 많아 거듭 생각한 끝에 마침내 국민운동에 가입하지 않겠다고 선언함으로써 오스트리아의 환심을 사고자 했다. 동시에 자유파의 수령 로씨[169] 백작에게 새 정책을 시행하게 하여 국민에게도 아첨하였다. 그러나 얼마 되지 않아 로씨 백작이 흉기에 찔려 죽자 피우스는 두려워 어쩔 줄 모르다가 혈혈단신으로 몰래 도망하여 나폴리에 몸을 의탁하였다. 그러자 로마는 혼란이 극심해져서 무정부 상태에 빠졌다. 이에 마치니와 가리발디 두 영웅이 로마에 들어가 운동한 지 한 달 만에

---

168) 파리(파려, 巴黎, Paris)
169) 로씨(날지, 埒志, Pellegrino Rossi, 1787~1848)

새 로마 공화국을 수립하고, 1849년 2월 9일 국회를 소집하여 독립을 선포하였다.

아아! 그때로부터 17년 전에 두 영웅이 마르세유에서 만났을 때는 둘 다 풍채가 빼어난 청년이었다. 세월이 물처럼 흘러 사람과 하늘이 손 흔들어 [작별한 이래]¹⁷⁰⁾ 이별은 길고 만남은 짧았으며 서로의 그림자만 있고 형체는 없었다. 오늘에서야 다시 만났으나 이미 둘 다 중년이 되어 양쪽 귀밑머리가 희끗희끗 했다.¹⁷¹⁾ 그들이 평생 사랑하고 연모하고 공경하며 꿈에도 잊지 못하던 옛 로마 회당에서 한 줄기 영웅의 눈물을 뿌리니, 그때 두 호걸의 심사는 얼마나 슬프고도 기뻤겠는가!

이때 마치니는 공화국 임시 대통령으로 추대되어 국회를 지휘하였다. 가리발디는 국내의 장정을 선발하여 상비군 1만 5천 명을 얻고 이들을 밤낮으로 훈련하여 나라를 방비했다. 마치니가 생각하기를, 프랑스가 이제 다시 공화정이 되었으니 우리가 독립한 것을 듣고 분명 기뻐하며 도울 것이요, 혹 돕지는 않더라도 마땅히 중립을 지켜 우리를 간섭하지 않으리라고 여겼다. 그러나 저 줏대 없고 겁 많은 교황 피우스가 입지를 잃은 후 분을 참지 못하고 외세에 의지하여 지위를 회복하려고 마침내 프랑스에 꼬리를 흔들어

---

170) 사람과 하늘이⋯⋯작별한 후: 중국본의 '人天揮手'를 풀이한 것으로 이별의 상황에 대한 관용적 표현이다.
171) 양쪽 귀밑머리가 희끗희끗 했다: 원문은 '쌍빈이 반반ᄒ고 이모가 되엇도다' 중국어본은 '雙鬢斑斑, 垂二毛'이다. '二毛'는 검은 털과 흰 털이 섞여 나는 것을 이르기에 이런 뜻을 살려 의역하였다.

동정을 구할 줄 어찌 알았겠는가. 프랑스 대통령 나폴레옹 3세는 야심이 부쩍 일어나서, 국외에서 위세를 떨쳐 자기 지위를 굳게 하고 이 기회를 잡아 본국 [가톨릭] 교도와 군대의 환심을 사고자 하였다. 이에 급히 3만 5천 명의 대군을 보내 로마 성에 이른 후 이렇게 선포하였다.

"너희들이 무도하게도 교황을 쫓아내고 성지를 빼앗았으니 내가 장차 그 죄를 묻겠다."

프랑스군이 처음으로 로마에 진입했을 때는 가리발디의 복병과 이탈리아 대학생들의 지원을 받아 크게 물리쳤다. 그러나 로마가 온전히 승리를 거둔 지 두어 달이 지난 5월 말에 프랑스가 다시 4만의 웅병(雄兵)과 36문의 대포를 이끌고 쳐들어오니, 신생국 로마가 진실로 이 큰 적을 당해낼 수 없었다. 가리발디는 부하들을 이끌고 분투했지만, 10여 일 만에 용맹한 장수 열 중에 여덟, 아홉 명이 전사했다. 마침내 6월 29일 적의 대대적인 습격으로 최후의 결전을 치르게 되었다. 가리발디 장군은 일만 번 고쳐 죽을지언정 단 한 번도 목숨을 돌보지 않았다. 칼을 휘두르며 적진에 돌입하여 사자처럼 맹렬하고 빠른 기세로 싸우니 죽은 적병이 셀 수 없이 많았다.

그러나 마치니는 겨우 한 장수의 용맹함에 의지해서는 일을 이룰 수 없음을 알았다. 또 가리발디가 다칠까 염려하였기에 급히 국회의 명으로 가리발디를 소환하여 사후의 방책을 논의하고자 하였다. 가리발디가 의사당에 들어왔을 때, 몸에서는 붉은 피가 뚝뚝 떨어지고 갑옷은 온통 붉게 물들어 있었다. 칼은 이미 부러지고 일그러져서 반쯤만 칼집에 꽂힌 채 더 들어가지 않았다. 이때 가리발디가 탁자를 치며 소리 높여 말했다.

"지금은 도읍을 다른 곳으로 옮겨서 다시 회복을 도모하는 것밖에는 다른 방법이 없습니다."

그러나 큰 소리는 귀에 들어오지 않는 법이니 마치니 외에는 한 사람도 찬성하는 자가 없었다. 신생 로마 국회에서 벌레처럼 꾸물거리는 150개의 머리통은 오히려 항복을 빌고 난을 면하는 것만이 유일한 방책이라고 여겼다. 소위 고관대작들은 이미 처자식을 이끌고 분분히 성 밖으로 도망쳤다. 가리발디는 울분을 이기지 못하여 다시 얼마 안 되는 군사를 이끌고 적을 습격하여 제2 전선(戰線) 밖으로 몰아냈다. 그러나 문득 고개를 돌려 쳐다보니 한 조각 참혹한 흰색 항복 깃발이 이미 산탄젤로성[172] 위에 매달려 있었다. 석양은 서편으로 기울고 모든 것이 처량했다. 마치니는 일이 이뤄질 수 없음을 알고 다시 망명하여 두 번째 고향인 영국으로 도망갔다. 가리발디는 7월 2일 저녁 병사를 소집하여 말했다.

"군사는 죽을지언정 욕되게 살지 않는다. 무기를 던지고, 부패한 교회가 적군이 무릎 아래 아첨한 것처럼 할 바에는 차라리 산야로 도망하여 권토중래[173]를 도모하는 것이 낫다."

또 병사들 앞에서 이렇게 연설하였다.

---

172) 상안젤로성(상안계아 성, 桑安啓羅城, Castel Sant'Angelo)
173) 권토중래(捲土重來): 흙먼지를 일으키면서 다시 돌아온다. 한 번 전쟁에 패하거나 실패했어도 힘을 다시 비축해 승리를 거머쥔다는 뜻이다. 원문은 한자성어를 직역하여 '흙을 거더 거듭 옴'이라고 번역하였다.

"내가 능력은 부족하나 여러분과 함께 다시 한번 새 전장(戰場)에 나가고자 한다. 나를 따라올 자가 있는가? 내가 감히 단언하건대, 우리가 이르는 곳마다 국민이 반드시 몸과 마음을 다해 영접할 것이다. 그러나 내가 제군에게 요구하는 한 가지가 있으니, 곧 타는 것 같고 찢어지는 것 같고 끓는 것 같은 애국정신이다. 내가 제군에게 월급을 줄 수도 없고 휴식을 줄 수도 없으나, 군량은 우리가 가는 곳에서 얻으려면 얻을 수 있을 것이다. 이 고생을 견디고 험한 일을 무릅쓰는 자는 나의 어진 벗이요, 나의 골육(骨肉)이다. 만일 그렇게 할 수 없다면 차라리 따라오지 말아라. 오늘 우리가 이 문을 한번 나서면 프랑스군을 물리쳐 그 그림자 한 조각도 로마에 남지 않을 때까지 맹세코 돌아오지 않을 것이다. 아아! 우리의 몸과 손이 이미 온통 프랑스인의 피로 물들어 선연하게 붉구나! 이제 제군과 더불어 오스트리아 진영에 돌입하여 수백 년 원수의 피를 마시고 흠뻑 취하리로다!"

이 한 편의 연설은 한 마디 한 마디가 다 [병사들의 마음을] 격동시키고 한 글자 한 글자가 다 밝게 빛났다. 듣는 이들은 슬퍼하다가 분노하며, 분노하다가 분발하며, 분발하다가 곡하고, 곡하다가 노래하였다. 순식간에 보병과 기병에 응모해서 모인 자가 5천 명이나 되었다. 모두 뜨거운 사랑과 성심으로 머리를 들어 하늘을 향해 가리발디 장군의 이름을 높이 부르고 상제께 그를 돌봐주실 것을 빌었다. 또 장군을 죽을 때까지 따르기로 맹세하였다. 이에 이 명예로운 패장(敗將)은 쓸쓸한 저물녘 5천 명의 건아를 이끌고 엄숙하게 행진하였다.

가리발디 장군이 로마를 떠나려 할 때[174] 미국 공사 캐스[175]가 그를 찾아와서 말했다.
　"사태가 이 지경에 이르렀으나 장군께서 만일 포기하지 않고 배를 대서 우리나라로 가고자 한다면 저는 반드시 장군을 위하여 보호의 노력을 다하겠습니다."
　장군이 답했다.
　"로마가 비록 함락되었으나 대사(大事)는 오늘 끝나지 않았으니, 내가 환란과 생사를 함께 하던 부하를 버려두고 갈 수는 없습니다. 또한 내가 장차 [부하들과 함께 이곳에서] 할 일이 있습니다."
　가리발디 장군의 부인은 절세의 여호걸이었다. 장군이 전에 아메리카에서 전투를 벌일 때 부인이 어디나 함께 따라다니며 보좌하였다. 로마국에 환란이 일어났을 때 부인은 임신한 지 이미 팔 개월째였지만, 오히려 군사 장비와 군량을 운반하는 일에 진력하였다. 부인이 병이 들자 장군이 측은하게 여기니 부인은 "나랏일은 아내와 남편이 함께 하는 것인데 당신만 홀로 군자의 도리를 다하고 제게는 가만있으라 하십니까"라며 끝내 듣지 않았다. 이때 부인은 남장한 채로 5천 명의 군대 중에 편입되어 상군을 쫓아갔다.
　　그러나 이탈리아의 불운이 아직 끝나지 않았는지 장군의 앞길은 날로 더욱 참담하고, 일은 뜻대로 되지 않았다. 처음에는 프랑

---

174) 장차 로마를 떠나려 할 때: 원문은 '장촛 로마에 가매'인데 중국어본의 '將去羅馬'의 오역이기에 바로 잡아 번역하였다.
175) 캐스(기랴스, 奇耶士, Lewis Cass, 1782~1866)

스군의 핍박을 받고 다음에는 오스트리아군의 핍박을 받아 아펜니노산[176] 서쪽으로 넘어가다가 간발의 차이로 죽음을 면했다.[177] 부하들은 날로 흩어져서 며칠 지나지 않아 겨우 1,500명이 남고, 또 며칠 지나지 않아 겨우 200명이 남았다. 그가 어선을 타고 베네치아[178]로 건너가려 했을 때 그중 150명이 오스트리아군에게 억류되었다. 8월 3일에 겨우 코마치오[179] 해안에 도달했을 때는 따르는 자가 오직 부인과 몇몇 친구뿐이었다.

가련한 이 절세 여걸은 출산이 다가오는 데다가 오래 병든 몸으로 칼을 들고 군대와 함께 구사일생의 전장을 드나들었으나, 이곳에서 뒤쫓는 군사의 습격을 받으니 곤핍하여 거의 걷지도 못하였다. 장군의 어깨에 의지하여 도망가다가 작은 숲속에 이르러 죽은 아이를 해산하고 한 시간을 기절해 있었다. 부인은 눈물로 검붉게 충혈된 눈을 겨우 뜨고 누렇게 뜬 뺨에 웃음을 지어 보이며 장군의 손을 어루만지고는 간신히 "나라를 위하여 몸을 소중하게 하세요"라는 한 마디를 남기고 영원히 눈을 감았다.

아아! 영웅, 영웅이여! 십만의 대적을 만나도 영웅의 심사가 일

---

176) 아펜니노산(아편어산, 亞片尼山, Apennine Mountains)
177) 간발의 차이로 죽음을 면했다: 원문은 '죽기에 가기가 능히 털도 용납지 못홀지라'. 중국어본의 '去死不能容髮'에 따라 의역하였다.
178) 베네치아(비니스/유니스, 俾尼士/維尼士, Venezia): 양계초 서거 11주년 기념으로 출간된 『意大利建國三傑傳』에서 鄭學稼는 維尼士가 威尼斯, 곧 베네치아라고 주석을 달았다. 가리발디가 잔병을 이끌고 행군하여 아직 오스트리아에 저항하고 있던 베네치아로 향해 갔다는 점에서 이 의견을 채택하였다.
179) 코마치오(좌긔랴, 佐奇耶, Comacchio)

찍이 흔들린 적이 없고, 종일 고문으로 심문해도 영웅의 장한 눈물이 일찍이 한 방울도 떨어지지 않았으나, 이 순간에는 창자가 끊어지는 것 같은 한에 강물을 쏟아붓듯 눈물을 흘렸다.[180]

장군은 우거진 수풀 속 흙을 헤쳐 부인을 임시로 장사 지내고, 이때부터 천지의 표류객이 되어 4년을 보냈다. 순찰하던 기병에게 잡혀 제노바 감옥에 갇혔다가 얼마 되지 않아 감옥에서 도망쳐 미국 뉴욕[181]으로 달아났다. 거기서 어느 양초 만드는 상점에 고용되어 배고픔과 추위를 면하였다. 그 후 몰래 본국에 돌아와 성과 이름을 고치고 농부가 되어 카프레라[182]섬에 숨어 호걸을 모으고 시기를 기다려 중원(中原)[183]의 회복을 도모하였다.

---

180) 강물을 쏟아붓듯 눈물을 흘렸다: 원문은 '눈물이 기울어 지는 것 곳도다'. 중국어본의 '淚如傾'은 『진서』(晉書) 92권 「고개지 열전」(顧愷之列傳)에서 고개지(顧愷之)가 자신을 아껴 주던 진(晉)나라 대사마(大司馬) 환온(桓溫)의 죽음을 슬퍼하는 모습을 묘사할 때 나온 표현이다. "聲如震雷破山, 淚如傾河注海"(통곡 소리는 벼락이 쳐서 산을 깨부수는 듯하고, 눈물은 강물을 기울여 바다로 붓는 듯하다.)
181) 뉴욕(뉘옥, 紐約, New York)
182) 카프레라(하보털랍/아보렬람, 卡쓤列拉, Caprera)
183) 중원(中原): 원래는 중국 황허(黃河)강 중류의 남북 양안(兩岸)을 일컫는데, 여기서는 변방에 은둔한 가리발디가 다시 이탈리아 중앙으로 진출할 것을 도모한다는 의미로 사용되었다.

제9절 **혁명 후의 형세**

단명한 로마 공화국이 이미 끝장났으니 그 겉모습만 보면 1849년 이후의 이탈리아가 1815년 이후의 이탈리아와 다름없어 보일 것이다. 그러나 무릇 나라의 존망은 그 정신에 있으며 그 형질에 있지 않다. 진실로 정신이 없으면 비록 오늘 2억 리의 땅과 4억여 명의 인구를 가진 중국도 망하지 않는다고 할 수 없고, 진실로 정신이 있으면 비록 당시에는 분열한 지 오래고 압제당한 지 오래인 이탈리아도 [언젠가] 흥하지 않는다고 할 수 없다. 대개 이탈리아 건국은 1871년 로마에 도읍을 정했을 때부터 시작된 게 아니라 실상 1849년 로마가 함락되었을 때부터 시작된 것이다. 또한 1849년 로마가 함락되었을 때부터만 시작된 것이 아니라, 실상 1831년[184] 〈소년 이탈리아〉가 창립되었을 때부터 시작한 것이다. 그러나 이 싸움[185] 이후로 이탈리아인이 새로 경험하여 얻은 바가 두 가지 있다. 하나는 자유와 통일의 대업이 끝내 성취될 수 없는 것이 아님을 알게 되었다는 점이다. 두 번째는 사르데냐 왕실이 신뢰하고 의지할 만함을 알게 된 것이다.

이때부터 마치니의 사업이 끝나고 카보우르의 사업이 바야흐로

---

[184] 1831년: 국문본과 중국어본 모두 1820년으로 되어 있으나 〈소년 이탈리아〉(La Giovine Italia)가 창립된 것은 1831년이므로 수정하였다.

[185] 싸움: 앞 장에서 설명된 제1차 이탈리아 독립 전쟁(Prima guerra d'indipendenza italiana)을 일컫는다. 사르데냐 왕국과 이탈리아 의용군이 오스트리아 제국 및 이탈리아 보수주의 국가에 맞서 독립과 통일을 위해 싸웠다.

시작되었다. 슬프구나! 나의 절대가인 마치니가 이렇게 끝나고 말 뿐인가? 그렇다. 그러나 정신으로 의론하면 곧 마치니의 사업이 시작도 끝도 없으니 그가 지금도 존재한다고 말할 수 있다. 형질로 의론하면 『이탈리아 건국 삼걸전』[186] 제8절 이후에는 마치니가 다시 나오지 않으니, 그런 까닭에 끝났다고 말한 것이다. 마치니가 잉태하고 키워냈으나 요절한 자식[187]이 20년이 지나서 다시 소생하였으나, 그 소생은 주검을 빌려 혼을 돌아오게 한 것이다. 통일이 아니라 연합이요, 공화가 아니라 입헌이다.[188] 일을 이룬 자가 마치니의 당원들이 아니요, 마치니의 정적(政敵)이다. 그런 까닭에 끝났다고 말한 것이다. 그렇다면 마치니는 [평안히] 눈을 감았는가? 그렇다. 이탈리아가 없으면 마치니가 근심하고 이탈리아가 있으면 마치니가 즐거워할지니, 그의 마음과 눈 가운데 오직 이탈리아만 있고 마치니 자신은 없기 때문이다. [어떤 이는 이렇게] 말한다.

"이탈리아가 이미 입헌을 이루었으니, 그 성질이 입헌에 적당함이 분명하다. 그런데 마치니는 혁명을 주창하고 공화를 주창하였으니 아는 것도 없으면서 일만 많이 벌였던 것은 아닌가?"

---

[186] 원문에서는 '의태리 삼걸전'으로 표기되어 있다.
[187] 마치니가 잉태하고 키워냈으나 요절한 자식: 원문은 '마시니의 임육샹ᄌᆞ한 바'. 중국어본은 '瑪志尼所妊育之殤子'. '殤子'는 일찍 죽은 자식을 뜻한다.
[188] 통일이 아니라 연합이요, 공화가 아니라 입헌이다: 원문은 '통일이 연합이 안이요 공화가 립헌이 안이니'인데 '非統一而連合也, 非共和而立憲也'의 오역이기에 바로잡아 번역하였다. 마치니는 이탈리아가 공화정으로 완전한 통일국가를 이루기를 바랐으나, 카보우르가 목표한 바는 소공국들이 연합한 입헌군주국가였기에 마치니 사상이 완전히 성취되지 않았음을 말한 것이다.

[내가 대답하여] 말한다.

"아니다. 이는 무슨 말인가? 혁명의 의논이 없으면 입헌을 이루지 못한다. 지금 세계의 입헌 군주국을 두루 살펴보면 어찌 하나라도 혁명 풍파의 시대에서 생겨나지 않은 게 있겠는가. (영국헌법이 자연 발생했다고 하지만 영국의 장기간에 걸친 의회 혁명이 없었다면 그 헌법도 폐지되었을 것이다.) 또한 입헌국에는 두 가지가 반드시 없어서는 안 된다. 하나는 군주가 감히 임의로 헌법을 짓밟지 못한다는 점이다. 둘째는 국민이 헌법을 귀한 보화로 안다는 점이다. 무릇 이미 특권을 가진 자라면 누가 다른 사람에게 나눠주는 걸 즐거워하겠는가? 그런 까닭에 민간에 혁명 사상이 없으면 군주가 단연코 완전한 헌법을 백성에게 주지 않을 것이니, 이것이 [혁명의 논의가 없으면 입헌을 이룰 수 없는] 첫 번째 [이유]다.

무릇 너무 쉽게 얻은 것은 소중하게 여기지 않고, 소중하게 여기지 않는 것은 굳게 지키지 않는 법이다. 그런 까닭에 민간에서 진실로 수많은 피와 눈물을 대가로 헌법을 얻지 않으면 군주가 세 번 읍하고 세 번 사양하며 [헌법을] 주더라도 [백성이] 능히 그 이로움을 누릴 수 없을 것이다. 이것이 [혁명의 논의가 없으면 입헌을 이룰 수 없는] 두 번째 [이유]다.

그런 까닭에 혁명하고자 하는 자가 마땅히 혁명을 말하는 것은 물론이요, 입헌하고자 하는 자도 진실로 혁명을 말하지 않을 수 없다. 자기는 [혁명을] 말하고 싶지 않더라도 다른 사람이 [혁명을 말하기를] 소망하지 않을 수 없는 것이다.[189] 혁명 없는 입헌의 사례는 곧 고려국[190]뿐이다. (고려가 광서(光緖) 23년[191] 스스로 입헌국이라 하였으나 그 헌법이 모두 군주의 권리를 옹호하는 것뿐이었다.) 묻건대 고려 헌정의 앞날이 어떻겠는가?

그러니 이탈리아 건국의 공을 논할 때 그 첫머리에 반드시 마치니를 추대함이 천하의 공론이다. 마치니는 밭을 갈고 카보우르는 수확하였다. 묻건대 수확하는 자의 공덕이 밭 가는 자의 공덕과 비교하면 어떠한가? 무릇 마치니는 도(道)를 따르는 선비요, 공명(功名)을 [추구한] 사람은 아니다. 혁명을 주창하여 이루지 못하고, 심하면 사람들이 나의 무식함을 비웃고 내가 쓸데없이 일만 벌인다고 비방하며, 가혹하고 경솔하다[192]고 꾸짖어도 '그렇구나' 할 따름이다. 세상일이 진실로 성취되었다면 그뿐이요, 그 성취가 어찌 반드시 내게 있어야 하겠는가? 앞에 이 마치니가 없었다면 비록 일백 명의 카보우르가 있어도 큰 공을 끝내 이루지 못했을 것이다. [그러나] 뒤에 카보우르가 없었다면 마치니의 감화를 받은 이들이 어찌 그 열매를 수확할 사람 없음을 걱정하지 않았겠는가. 그런 까닭에 이탈리아를 만든 자는 삼걸이요, 저 두 호걸을 만든 자는 마치니

---

189) 자기는……없는 것이나: 원문은 '쏘한 불가불 소망이 달은 사람에게 잇어 말흘지니'. 중국어본 '卽己不欲言, 亦不可不望有他人焉'의 오역이기에 수정하여 번역하였다.

190) 고려국: 량치차오의 원문에서 '高麗'로 지칭된 곳은 바로 한국이다. 고종이 1897년 대한제국을 수립하고 1899년 '대한국국제'(大韓國國制)를 반포한 것을 민간의 혁명 사상 없는 입헌군주정의 사례로 든 것이다. 이 문장부터 이어지는 괄호 안의 문장들은 신채호의 국한문본에는 삭제되어 있으나 국문본에서는 그대로 번역되었다.

191) 광서 23년: 대한제국이 수립된 1897년이다.

192) 가혹하고 경솔하다: 원문은 '노피 참고 경히 씀'. 중국어본은 '峭忍輕躁'이다.

다. 이에 이르러 마치니가 물러가는 것이다! 이에 이르러 이탈리아가 이루어진 것이다!

제10절 사르데냐의 현명한 새 왕과 수상이 된 카보우르

혁명이 실패한 후 전에 이탈리아에서 [오스트리아의] 꼭두각시 노릇을 했던 [소국의] 왕들이 다 어물쩍 왕위에 복귀했다. 그 정책도 다 오스트리아를 본받아 압제가 더욱더 극렬해졌다. 사르데냐의 새 임금 에마누엘레가 1849년 5월 선왕에게 왕위를 넘겨받을 때 그는 영토 내에서 국정을 감찰하다가 이 명을 듣고 목이 메도록 통곡했다. 그가 오스트리아 쪽 하늘을 노려보고 칼을 빼서 가리키며 말하였다.

"지금 이탈리아가 오히려 한 나라가 되었다고 할 수 있다."

그리고 일어나 세 번 춤추고 조서(詔書)를 받았다. 새 왕이 어렸을 때는 학업을 즐기지 않고 오직 말 달리고 칼 쓰기만 좋아하였으나 용맹과 지략으로는 나라 안에 유명하였다. 굳세고 강건한 인물됨은 그 부친도 능히 미칠 바가 아니었다. 이미 혁명이 좌절된 후 그가 양위의 명을 받았을 때는 국론이 분분하여 하나로 결정되지 못하였다. 남은 불씨를 수습하여 배수진을 치고 오스트리아군과 최후까지 싸우자는 이들도 있었다. 그러나 왕은 그러기에는 힘이 부족함을 알고, 또 내치(內治)를 크게 정리하지 않으면 다시 중원을 도모하지 못할 것을 알았다. 이에 모든 의론을 물리치고 오스트리아와 강화(講和)하고자 했다. 그런데 오스트리아 장군 라데츠키는 속히 헌법을 폐지하라고 핍박하며 그런 다음에야 다른 일을 의논하겠다고 하였다. (선왕이 1847년[193]에 이미 헌법을 반포하였다. 6절을 보라) 그러자 왕이 의연하게 답했다.

"장군은 이를 빌미로 나를 협박하고 있는 것이오. 그러나 나는 비록 왕관을 천백 번 포기하더라도 싸움을 사양하지 않겠소. 내 부왕께서 이미 이 [헌법]을 백성에게 맹세하였으니, 부왕께서 맹세하신 말이 곧 내가 맹세한 것이오. 장군이 반드시 전쟁을 하고야 말겠다는 거요? 사르데냐가 비록 작으나 내가 팔을 높이 흔들어 외치면 노약자까지도 모여들고 군량(軍糧)도 높이 쌓일 것이오. 벌과 전갈도 독이 있는 법인데, 장군이 감히 수백만 사르데냐 인민을 꽁꽁 묶인 닭처럼 속박하려는 것이오? 내가 이로 인해 죽는다면 오히려 큰 영광으로 여길 것이오. 장군. 우리 가문에 죽는 왕은 있어도 항복하는 왕은 없으니 장군은 잘 생각하시오."

아아! 큰 적이 영토를 압박하고 눈에 보이는 곳마다 전쟁의 상흔이 가득한 상황에서도 단연코 호랑이 수염을 비틀고[194] 붕새의 날개를 떨쳐, 제 한 몸을 희생함으로써 국민의 권리를 보장했으니, 왕의 왕다움을 볼 수 있다. 이에 이르러 온 이탈리아의 여망(輿望)이 다 사르데냐 왕 한 몸에 모였고, 카보우르가 점차 영웅으로서의 능력을 펼칠 기회를 갖게 되었다.

한편 사르데냐에 있는 마치니 추종자들은 선왕 알베르토가 패하고 꺾여 끝내 그 업을 이루지 못한 것에 분개했다. [그들은 알베르토가] 나라를 팔아먹었다는 악명에 더하여[195] 그 아들이 왕위를

---

193) 1847년: 알베르토 왕이 헌법(The Statuto Albertino)를 공포한 것은 1848년 3월 4일이다.
194) 호랑이 수염을 비틀고: 원문은 '범의 슈염을 쓸며'. 중국어본의 '捋虎鬚'는 위험을 무릅쓰고 권세가의 심기를 건드리는 것을 비유한다.

이을 수 없다는 이유로 다시 민란을 일으켰다. 제노바를 빼앗아 점거하고 공화정을 선포하니, 마치니는 참으로 집요한 사람이요, 자신의 주의를 굽히지 않는 사람이었다. 그러나 하늘이 이탈리아에 공화정을 세우길 바라지 않으셨는지 곧 진압당했고, 마치니가 그 후로는 정계에서 물러날 수밖에 없었다.

에마누엘레는 왕위에 오르자 곧 다젤리오를 수상으로 삼았다. 다젤리오는 전장에서 선왕을 따르다가 부상을 입은 곳이 아직 다 낫지 않았으나 나라를 사랑하기에 병을 무릅쓰고 왕명에 응했다. 이때 카보우르를 [수상으로] 천거하는 자도 있었으나 왕이 "아니다, 지금은 아직 때가 아니다"라고 하였다. 오스트리아로 인한 국난이 아직 평정되지 못했기 때문이었다. 다젤리오가 내각을 조직하고 산타로사[196]를 농상무장관으로 삼았는데, 산타로사는 카보우르의 정치적 동지로 이전에 함께 신문사를 설립했던 사람이다. 1850년에 산타로사가 죽자 다젤리오가 카보우르를 후임으로 임명했다. 그리고도 부족하여 다젤리오는 2년 후(1852년) 마침내 병을 핑계로 은퇴를 청하고[197] 카보우르를 천거하여 자신의 임무를 대신

---

[195] 나라를 팔아먹었다는 악명에 더하여: 원문은 '나파륜 판악흔 일흠으로 더ᄒᆞ여'인데 '加以賣國之惡名'의 번역을 인쇄하는 과정에서 '나라를 판'을 '나파륜(나폴레옹)'으로 오식한 것으로 보인다.
[196] 산타로사(상덕괴사, 桑德羅梭, Pietro De Rossi di Santarosa, 1805~1850)
[197] 은퇴를 청하고: 원문은 '해골을 빌어'로 중국어본 '乞骸骨'의 직역이다. '심신(心身)은 임금께 바친 것이지만 해골(骸骨)만은 돌려달라'라는 뜻으로, 한나라 재상 공손홍(公孫弘)이 임금께 벼슬을 내놓고 은퇴하기를 청할 때 썼던 표현이다. 『사기』(史記) 「평진후 주부열전」(平津侯主父列傳)에 나온다.

하게 했으니, 이에 카보우르가 드디어 사르데냐의 수상이 되었다. 아아! 현명한 왕이 아니면 인재가 있어도 능히 쓰지 못하며, 훌륭한 수상이 아니면 현명한 이에게 길을 비켜주지 못하니, 다젤리오 또한 인걸이로구나!

제11절 **카보우르의 내정 개혁**

카보우르가 수상이 되자 군신이 한마음으로 개혁을 서둘렀다. 그 개혁을 어떻게 하였는가?

카보우르는 강국이 되고자 하면 반드시 먼저 백성을 부유하게 해야 한다고 말했다. 이에 첫 번째로 식산(殖産)과 흥업(興業)을 장려하고 자유무역 정책(곧 각 항구에 출입하는 세금을 면제하는 정책)을 채택하였다. 이는 그가 영국에서 유람할 때 콥든(영국의 이름난 학자로 자유무역 정책을 주장하여 국회에서 설전을 벌이다가 마침내 그 뜻을 달성했다)에게 감화를 받은 것이다.

둘째, 전국에 철도를 개통하여, 영국, 프랑스, 벨기에[198] 등의 나라와 더불어 통상 조약을 체결하였다. 이는 모두 16년 동안 은둔하며 농사짓던 시기에 계획한 바였다. 그러나 카보우르의 큰 목적은 여기에 있지 않았다. 그가 뜻한 바는 사르데냐가 외국의 간섭과 굴레를 벗어나서 완전한 하나의 독립국이 되는 데 있었다. 또한 그가 뜻한 바는 사르데냐가 이탈리아 전역의 모든 소국과 연합하여 조국을 되찾고 유럽 열강 사이에 나란히 서도록 하는 것이었다.

이에 세 번째로는 급히 군비를 확장하는 데 몰두할 수밖에 없었다. 군대를 준비하려면 먼저 군사비를 준비해야 했다. 그래서 네 번째로는 증세를 논의할 수밖에 없었다. 아주 작은 나라가 그나마 전쟁으로 피폐해진 후라 증세는 실로 지극히 어려운 문제였다. 카

---

198) 벨기에(비리시, 比利時, Belgium)

보우르가 처음 내각에 들어왔을 때 나라 안에는 그를 적대시 하는 자가 적지 않았다. 그러나 그의 가슴에 가득한 뜨거운 애국심이 겉으로도 드러나서 사람들을 부지불식간에 감동시키고 반대하던 자들마저 동정하도록 만들었다. 그는 평생 결혼하지 않고 이탈리아가 나의 사랑하는 아내라고 말했다. 또 집안사람들의 생계를 돌보지 않고 이탈리아를 내 집 창고로 여겼다. 이 때문에 그는 지성으로 사람들에게 감동을 주었고, 국민 모두가 기꺼이 자신의 생명을 바쳐서 그의 계획을 돕고자 했다. 비록 [국가의] 원기(元氣)가 아직 소생하지 못했고 보는 곳마다 [전쟁의] 상흔이 가득한 때임에도 불구하고 증병과 증세의 의론이 털끝만큼도 막힘 없이 의회를 통과하였다. 아아! 큰 정치가는 반드시 백성과 신의를 쌓아야 함이 이와 같다. 이에 16년 동안 날지 못하고 울지 않던 자가 한 번 날아오르자 하늘에 닿으며 한 번 울자 사람을 놀라게 하는 것을 알겠다.

다섯 번째로 두드러진 개혁은 백성에게 언론의 자유, 집회의 자유, 출판의 자유를 주며, 모든 금기를 제거하여 천하를 새롭게 한 것이었다. 이에 모든 사람이 기쁘게 감복하고 백성의 지혜가 크게 진보하였다.

그러나 여섯 번째 과제는 카보우르의 내정에서 가장 어려운 과제였으니 곧 교인(敎人)의 치외법권 문제였다. 유럽에는 로마 교황이 있어서 중세 시대에는 전 유럽의 각국 제왕들이 그 발아래 절하지 않는 자가 없었다. 마르틴 루터[199]가 개신교를 창설한 이후에는

---

199) 마르틴 루터(마틘루터, 馬丁·路得, Martin Luther, 1483~1546)

그 권력 범위가 날로 줄어들었으나, 이탈리아는 로마 교황의 도읍이 있는 곳이라 그 위엄이 쇠퇴하지 않고 여전히 혁혁하였다. 사르데냐 인민은 오직 국왕에게만 다스림을 받는 것이 아니라 또한 교황에게도 신하와 종복이 되었다. 소위 성직자와 신자들은 각종 특권을 누리며, 나라 안에서 제멋대로 행동해도 누가 감히 어찌할 수 없었다. 심지어 죄를 범한 자가 있어도 정부에서 처벌하지 못하고 교황 치하의 법정에서 따로 재판을 받아 십수만 명의 인민이 치외법권 아래 놓여 있었다.

카보우르는 국민이 일치하지 못하면 안으로는 정책을 펼칠 수 없고 밖으로는 국권을 떨치지 못한다고 보았다. 한 나라 안에 두 개의 주권이 있으면 국민이 결코 일치할 수 없다고 여겼다. 이에 단호하게 개혁안을 제출하여 교회의 특권을 박탈하고 모든 백성과 동등하게 하려고 했다. 그러나 당시 교회의 세력과 인민의 미혹함 때문에 반대 의견이 벌떼처럼 일어나서 카보우르가 사면초가의 상황에 빠졌다. 당시 사르데냐 왕에게 카보우르는, 제나라 환공(桓公)에게 관중(管仲)과 같은 존재[200]였다. 그러나 왕태후와 왕후[201]는 다 미신이 매우 깊어서 왕의 곁에서 시끄럽게 굴며 꾸짖고 권하여 [교회의 특권을 폐지하지 못하도록 하였다.] 태후는 왕을 심하게 압박

---

200) 제나라 환공(桓公)에게 관중(管仲)과 같은 존재: 제나라의 제후인 환공은 관중의 말이라면 그대로 따랐고 그 덕분에 제나라는 강성해졌다. 마찬가지로 사르데냐 왕 에마누엘레 2세가 재상 카보우르를 신임해서 그의 말을 전적으로 따랐음을 의미한다.
201) 왕태후와 왕후: 왕태후(王太后)는 왕의 어머니를, 왕후(王后)는 왕의 부인을 일컫는다.

하면서 카보우르가 만약 끝내 [정책을] 바꾸지 않으면 장차 왕의 정사에 간섭하여 하나님을 위해 이 마귀[같은 카보우르]를 제거하겠다고 하였다. 왕은 효성이 지극한 사람이라서 이럴 수도 저럴 수도 없는 사이에 껴서 수많은 계책으로 중재하다가 지혜와 용맹이 모두 곤궁해져서 여러 날 동안 아무것도 먹지 않았다. 그러나 카보우르는 [교회의 특권 폐지가] 국가 전반의 안위와 관계되고 장래의 성쇠가 걸린 문제임을 반복해서 설득하였다. 이에 왕이 마침내 뜻을 정하고 의연하게 말하였다.

"내가 비록 사람의 아들이지만 동시에 한 나라의 임금이기도 하니, 국왕의 의무를 다하지 않으면 안 된다."

그리고는 카보우르를 해임하지 않고 이 정책을 강행하였다.

아아! 카보우르가 비록 백 번 꺾여도 굴하지 않는 영웅이라도 현명하고 과단성 있는 에마누엘레 왕을 만나지 못했다면 어찌 성공한 이름을 후세에 남길 수 있었겠는가? 이로써 사르데냐의 내치가 모두 정비되고, 날랜 천리마가 마구간에서 뛰쳐나오고 사냥용 매가 주인의 팔 위에서 날아오르는 것처럼 거침없는 기세를 얻게 되었다.

제12절 **카보우르의 외교 정책 제1단계 (크림 전쟁)**

카보우르는 19세기 유럽에서 최고 수준의 외교가였다. 그는 10여 년 전부터 지혜로운 눈으로 유럽 대세를 살펴보며, 오늘날 작은 나라가 통일이라는 큰 업을 이루려면 외교에 의지하지 않을 수 없는 형세라고 판단했다. 그래서 여러 나라를 유람할 때도 가는 곳마다 주의 깊게 살피고 [외교] 전략을 구상했다.

그 무렵 사르데냐는 제반 정치가 정비되고 나라가 날로 진보하여 주변 여러 나라로부터 시기의 눈초리를 받고 있었다. 당시에는 온 유럽에 전제정치의 물결이 최고조에 이르렀다. 프로이센과 오스트리아 같은 나라는 사르데냐의 개혁을 달갑지 않게 여겨 이런저런 핑계를 대며 간섭과 압제를 하려고 했다. 그들은 사르데냐 국왕에게 이렇게 말했다.

"전하, 깊이 생각해 보십시오. 민권이 강화되면 군권(君權)[202]은 쇠망하는 법입니다. 급진적인 개혁은 나라에 이롭지 않습니다. 전하는 어찌 이탈리아가 다른 나라들의 정책을 본받아 백성을 통제하도록 하지 않으십니까?"

그러나 사르데냐 왕은 이렇게 대답했다.

"[그대의 조언을] 정중히 사양하오. 내게는 내가 하고자 하는 바가 있소."

---

[202] 군권: 원문에는 '국권'으로 되어 있으나 중국어본의 '君權'으로 바로잡아 번역하였다.

이것은 실로 당당한 대답이었지만 또한 위험한 대답이기도 했다. 튀르키예와 그리스[203] 같은 나라는 다른 나라의 충고를 받아들이지 않았다가 결국 간섭을 당해 국난을 겪은 바 있는데, 이는 결코 먼 과거의 일이 아니었다.

카보우르도 이를 잘 알고 있었다. 지금 자력(自力)이 이렇게 미약하고 압제하는 힘은 저토록 강대하니 본국의 독립을 유지하기도 극히 어려운데 하물며 더 나아가 중원(中原)을 도모[204]할 수 있겠는가. 그런즉 이 목적을 달성하려면 반드시 유럽의 한두 강국으로부터 원조를 받아야 할 것이다. 그가 염두에 둔 곳은 바로 영국이었다. 영국은 자유를 가장 사랑하는 나라요, 카보우르가 오랫동안 머물면서 영국 고관 중에 현명한 자들을 많이 사귀어 둔 곳이기도 했다. 마치니도 이곳에 오랫동안 머물며 여러 신문에 글을 써 이탈리아 상황을 논해왔기에 영국인이 [이탈리아에] 깊은 공감을 지니고 있었다. [그런 점에서] 영국은 함께 할 수 있는 첫 번째 나라였.

프랑스의 경우에는 루이 나폴레옹이 새 정권을 잡은 후 야심이 일어나 은연중에 코르시카[205](나폴레옹이 태어난 땅이다) 늙은 영웅의 뒤를 따르고자 했다.[206] 카보우르는 [루이 나폴레옹의 야심 때문에]

---

203) 그리스(희랍, 希臘, Greece)
204) 중원(中原)을 도모: 중원(中原)은 일반적으로 중국의 중심 지역(황허 중·하류 평야)을 가리키며, 중원을 도모한다는 것은 중국의 통일을 이룬다는 의미로 사용되곤 했다. 이 글의 맥락에서는 사르데냐가 이탈리아 통일을 도모함을 뜻한다.
205) 코르시카(가살극, 哥悉克, Corsica)
206) 코르시카……따르고자 했다: 원문은 '가살극에 진보코자 ᄒ나 (나파륜데일의 난 짜이라) 늙은 영웅의 후진이라'인데 중국어의 '隱然欲步哥悉克(拿破崙第一産地也)

프랑스가 장차 반드시 오스트리아와 틈이 생기게 될 것을 예측하고, 이를 이용하여 '우리나라의 원수를 갚고 우리 대업을 이루리라'라고 생각했다. [그런 점에서] 프랑스는 [외교를] 함께 할 수 있는 두 번째 나라였다.

대개 동쪽으로 연결하고 북쪽을 막는다는 지략은 카보우르가 몸소 밭을 갈던 시절부터 마음에 품어온 지 이미 십여 년이 되었는데, 이에 이르러 점점 실행할 기회가 다가온 것이다. 과연 하늘이 이탈리아를 도우사 카보우르가 수상이 된 지 두 해 남짓 만에 크림 전쟁이 일어났다. 루이 나폴레옹은 프랑스 대통령으로 뽑힌 후 화심(禍心)[207]을 품더니 얼마 안 가 곧 국회를 짓밟고 자기와 [뜻이] 다른 자를 쫓아내면서, 드디어 왕위를 빼앗아 나폴레옹 3세라고 일컬었다. 이때 마침 러시아 황제 니콜라이 1세[208] 또한 비상하고 원대한 지략을 품고 표트르 대제[209]의 뜻을 이어 세계를 석권하고자[210] 했다. 그는 밤낮으로 튀르키예를 노려보며 [러시아가] 남쪽으로 내려갈 기회를 엿보았다. 나폴레옹이 이를 알고 말하였다.

"내가 새로 왕위에 올랐으나 국민이 아직 마음으로 복종하지 않

老雄之後塵'의 오역이다. 나폴레옹 3세가 코르시카 출신인 나폴레옹 1세처럼 대외 팽창 정책으로 국민의 인기를 얻어 황제로 등극하고자 했음을 뜻한다.
[207] 화심(禍心): 남을 해치려는 마음, 재앙의 근원을 뜻한다.
[208] 니콜라이 1세(이고자 예일, 尼古刺第一, Николай Ⅰ Павлович, 1796~1855)
[209] 표트르 대제(표트르 1세/큰 피득데, 大彼得, Пётр Ⅰ, 1672~1725)
[210] 세계를 석권하고자: 원문은 '우쥬 안을 자리 것듯키ᄒ여'. 중국어본의 '席捲宇內'를 직역했으나 의미가 잘 통하지 않는다. '석권'(席捲)은 돗자리를 말듯이 빠른 기세로 영토를 휩쓸거나 세력 범위를 넓힘을 이르는 말이다.

으니 국경 밖에서 군사력을 떨쳐 큰 승리를 거두지 않고서는 내 뜻을 펼칠 수 없을 것이다. 또 영국은 러시아에 대적하는 나라여서 내가 만일 영국과 연합하여 러시아를 치면 유럽에 반드시 큰 난리가 일어날 것이다. 내가 그 기회를 이용하면 백부 나폴레옹 황제의 큰 위업을 다시 볼 수 있으리라."

이에 은밀히 영국 및 튀르키예와 결탁하고 때를 기다리다가 [러시아를] 도발하기 위해 성인의 무덤을 보호한다는 명분으로 튀르키예에 예루살렘[211](예수의 무덤이 있는 땅이다) 땅을 요구했다. 과연 러시아 황제가 이를 듣고 역시 튀르키예를 향해 특권을 요구했는데, 튀르키예 내에서 그리스 정교를 따르는 인민은 다 러시아 치하로 귀속시키라는 것이었다. 러시아와 프랑스 사이의 이 교권 다툼이 실로 크림 전쟁의 원인이 되었다.

러시아 황제는 선수를 치고자 갑자기 15만 명의 군사를 일으켜 튀르키예 국경을 압박했다. 튀르키예가 프랑스에 위급함을 알리자 프랑스는 영국을 설득하여 공동 대응하기로 했다. 영국은 러시아의 남하를 경계하고 있었고, 또 워털루 전투[212] 이래 40년간 전쟁이 없었기에 인심이 [전쟁이라는] 격동을 원했다. 이에 튀르키예, 영국, 프랑스 세 나라 연합군이 러시아에 항거하여 크림 전쟁을 벌이니, 곧 1854년 3월이었다.

---

211) 예루살렘(례루살렘, 耶路撒冷, Jerusalem)
212) 워털루(왜타로, 倭打盧, Battle of Waterloo): 1815년 6월 엘바섬에서 돌아온 나폴레옹 1세가 이끈 프랑스군이 영국, 프로이센 연합군과 벨기에 남동부 워털루에서 벌인 전투로 프랑스군이 패배하여 나폴레옹 1세의 지배가 끝나게 되었다.

카보우르가 말했다.

"이는 천재일우의 기회다. 전 유럽인에게 우리 사르데냐국이 있음을 알리는 것이 장차 오늘에 달려 있다. 또한 백 년의 원수를 갚고 강국 오스트리아의 머리에 타격을 가할 수 있는 것도 장차 오늘에 달려 있다."

그리고는 튀르키예, 프랑스, 영국의 삼국 동맹에 참가하여 러시아에 항거할 의안을 국회에 제출하였다. 그러나 큰 붕새가 남쪽으로 날고자 함을 작은 뱁새가 비웃고,「하리파인」같은 저속한 노래나 부를 줄 아는 이들이「양춘백설」같은 명곡을 비웃는 법이다.[213] 국회가 술렁이며 "덕(德)도 생각하지 않고 힘도 헤아리지 않은 채 어찌 이렇게 하겠소"라고 하니, 카보우르가 당당하게 말했다.

"여러분, 여러분! 여러분이 이탈리아 전국의 앞날을 생각하지 않으십니까. 만일 러시아가 이기면 곧 콘스탄티노플[214](튀르키예의 수도)의 함락은 말할 것도 없이 다르다넬스[215] 해협과 보스포루스[216] 해협이 러시아인의 손에 들어갈 것입니다. 그렇게 되면 지중해의

---

213)「하리파인」……법이다: 원문은 '양춘에 흰 눈을 파촉 사람이 웃는지라'이고 중국어본은 '陽春白雪, 巴人嗤之'이다.「양춘백설」(陽春白雪)과「하리파인」(下里巴人)은 모두 노래 제목이다. 전국 후기 초나라 문인 송옥(宋玉)의 고사에서 유래해「양춘백설」은 고상한 문예 작품을,「하리파인」은 통속적이고 깊이가 얕은 문예 작품을 뜻하는 말로 전해졌다. 이러한 문맥을 살려 의역하였다.
214) 콘스탄티노플(칸스탄트노픔, 君士但丁奴不, (라틴)Constantinopolis): 오늘날 튀르키예 이스탄불의 옛 이름으로, 과거 로마 제국, 라틴 제국, 오스만 제국의 수도였다.
215) 다르다넬스 해협(달달리스, 達達尼士, (튀)Boğazı / (영)Dardanelles Strait)
216) 보스포루스 해협(타스불랍, 波士佛拉, (튀)Boğaziçi / (라틴)Bósp(h)ŏrus)

큰 권력을 길이 러시아가 갖게 될 터이니 여러분이 어찌 방관만 할 수 있겠습니까? 또한 우리 사르데냐는 어찌 망령되이 스스로 하찮게 여김이 이리도 심합니까? 스스로 중히 여기는 자는 다른 이들도 항상 공경하고 스스로 가벼이 여기는 자는 다른 사람도 항상 업신여기는 법입니다. 이제 [사르데냐도] 육해군 제도가 크게 정비되었으니 각국과 더불어 연합하여 호랑이와 승냥이[같은 적들을] 꺾고 일거에 천년의 굴욕과 오명을 씻을 때가 바로 오늘입니다."

아! 호걸이여, 호걸이여! 처사(處士)[217]로서 [자신을] 지키고 있다가 [세상에] 나갈 때는 뛰는 토끼처럼 [민첩]했다. 지난 10여 년 동안 온 나라 호걸이 바람 불듯 물 솟듯 들고 일어났을 때 벌레처럼 몸을 웅크리고서 하나도 한 일이 없으니, 천하에 이보다 더 비겁한 자가 누구인가. [그러나] 밝은 눈으로 단번에 큰 판을 꿰뚫어 보고 잡을 만한 기회를 만나면 즉시 쫓아가 붙잡으며 일세(一世)의 큰 적을 만나도 늠름하게 두려워하는 바가 없으니, 천하에 이보다 더 용맹한 자가 누구인가.

당시 국회는 주저하며 감히 결단하지 못했고, 정부 관료들도 그와 뜻을 같이하는 자가 하나도 없어 사직하고 뿔뿔이 떠나버렸다. [그러나] 카보우르는 굴하지도 않고 흔들리지도 않았다. 사르데냐 왕에게 청하여 혼자서 각부 장관의 직책을 다 겸하고, 여론을 억눌러 자기 뜻을 행하였다. 그리고는 곧 2만 5천 명의 대군을 일으켜 흑해로 파병했다.

---

217) 처사(處士): 벼슬하지 않고 초야에 묻혀 사는 선비를 말한다.

대군을 파병한 후 카보우르의 활발한 [외교] 수단은 더욱 놀랄 만했다. 그가 전(前) 재상 다젤리오를 설득해 함께 사르데냐 왕을 모시고 영국과 프랑스 두 나라를 순방했다. 영국 빅토리아[218] 여왕이 특별한 정성으로 이들을 환영하면서 "에마누엘레 왕은 참으로 이 시대의 장수가 될 재목이다"라고 [칭찬]하였다. 런던 시장도 시민들과 함께 가장 성대한 잔치로 사르데냐 왕을 접대했다. 프랑스에서도 나폴레옹 3세와 황후가 다 친절하고 정성스럽게 접대했다. 가는 곳마다 이탈리아와 프랑스 두 나라 국기를 함께 내걸고 동정을 표하였다. 이때 이탈리아 혁명당의 영수 마닌[219]이 마침 프랑스 수도에 있었다. 이전에 카보우르가 여러 번 불러 함께 일을 하려 했으나 선뜻 응하지 않았던 자였다. 그러나 이때 [프랑스와 이탈리아] 국기가 함께 내걸린 것을 보고는 감격하여 흐느끼면서 카보우르의 정책이 과연 이 나라를 구원할 수 있음을 믿게 되었다. 이에 왕과 [전직과 현직] 두 수상 앞에 나아와 알현하고 이렇게 말하였다.

"우리는 원래 공화주의자였습니다. 이 주의를 가진 목적은 이탈리아를 통일하는 데 있었습니다. 그런데 이미 [이탈리아 통일의 가능성을] 보았으니 우리가 어찌 다른 불만이 있겠습니까. 이제 마치니에게 편지를 보내 앞으로는 그대들과 대적하지 말라고 하겠습니다."

이렇게 되자 카보우르의 수완을 온 나라가 다 함께 인정하게 되었다.

---

218) 빅토리아(역다리아, 域多利亞, Victoria, 1819~1901)
219) 마닌(면령, 綿甯, Daniele Manin, 1804~1857)

제13절 **카보우르의 외교 정책 제2단계 (파리 회의)**

크림 전쟁에서 마침내 러시아 군대가 패배하였다. 이 전쟁에서 영국과 프랑스의 공이 비록 높으나 이탈리아 장군 라마르모라[220] 장군이 잘 싸웠다는 명성도 유럽 전역에 울려 퍼졌다. 러시아 황제는 패전 소식을 듣고 분노 속에서 죽었다. 이에 열국은 파리에서 회의를 열고 뒷일을 어떻게 하면 마땅할지 의논하였다. 이는 실로 카보우르의 일생에서 가장 큰 무대였다. 프랑스 황제 나폴레옹 3세가 동맹의 맹주가 되고 영국, 러시아, 프로이센, 오스트리아, 튀르키예의 외교 사절들이 다 모였다. 이때 카보우르도 친히 전권대사의 직임을 맡아 이 회의에 참석했다. 그가 단단히 벼르며 바야흐로 회의가 시작되기를 기다리고 있는데 오스트리아 대사가 문득 강경하게 말하였다.

"사르데냐는 반(半) 주권국일 뿐이니 그 사절이 회의에 동등하게 참여할 자격이 없습니다."

이는 뜻밖의 일이 아니라 예상했던 바였다. 사르데냐가 영국과 프랑스의 동맹에 참가한 것이 오스트리아에는 마치 마른하늘에 날벼락이 떨어진 것과 마찬가지였다. 그 뜻이 어디에 있는가? 이는 오스트리아인도 알고 프랑스인도 알고 있었다. 나아가 유럽 여러 나라 중 누가 그 뜻을 알지 못하겠는가. 그렇기에 지금 오스트리아 사신의 항의는 카보우르가 일찍이 미리 계산하고 헤아린 것이다.

---

[220] 라마르모라(마마랍, 馬摩拉, Alfonso Ferrero La Marmora, 1804~1878)

일전에 사르데냐 왕의 영국 및 프랑스 순방은 [이런 상황에 대비하려는] 계산에 따른 것이었다. [그때] 카보우르는 나폴레옹 3세와 비밀리에 긴밀히 논의하여 이미 다짐을 해놓은 것이 있었다. 이에 나폴레옹이 의장 직권으로 즉시 오스트리아 대사의 주장을 배척하고 이탈리아 전권대사가 회의에 참석할 수 있도록 조치했다.

 회의가 시작되었을 때 카보우르는 묵묵히 한마디도 하지 않았다. 논의가 점점 더 진행되는 중에도 카보우르는 다만 유유낙낙[221] 하다가 때때로 통찰력 있는 한두 마디 말을 던져 이곳에 한 인물이 있음을 알게 할 따름이었다. 큰 계획과 관련된 말은 끝내 꺼내지 않았다. 아아! 큰 지혜는 미련함처럼 보이는 법이니 카보우르가 정말로 미련했을까? 프로시아의 빌헬름 황제가 일찍이 "카보우르는 혁명적 인재가 아니다"라고 했으나 정말 카보우르는 혁명적 인재가 아니었을까? 카보우르는 진실로 호랑이처럼 맹렬하고 폭탄처럼 강렬한 사람이었다. 과연 그러했다. 회의가 막 끝나려 할 때쯤 [카보우르는] 골짜기에 바람이 한번 불면 온갖 짐승을 떨고 두렵게 만드는 듯한 기상을 크게 드러냈다. 그는 회의 기간에 여러 나라 대사들과 교제하며 자신이 불굴의 열정을 지닌 인물이며 망해가는 나라[를 구할] 큰 정치가임을 알게 하였다. 회의 안건이 마무리되어 갈 때 그는 의장(의장은 프랑스 외무대신 발레프스키[222])에게 이렇게

---

221) 유유낙낙(唯唯諾諾): 선악이나 시비(是非)에 상관없이 남의 의견에 조금도 거스르지 않고 따른다는 뜻이다.
222) 발레프스키(화리스기, 華利士忌, Alexandre Colonna-Walewski, 1810~1868)

요청했다.

"원하건대 제 나라 이탈리아 사람을 대표하여 한 말씀 드리고 싶습니다."

의장이 허락하니 오스트리아 대사가 비록 매우 분했으나 어찌 할 수 없었다. 카보우르가 도도히 흐르는 강물 같은 웅변으로 또박또박 수십 년간의 이탈리아 역사를 펼쳐 말하였다. 그 대략은 다음과 같다.

"우리 국민은 최근 몇 해 동안 폭동에 폭동을 거듭하고 혁명에 혁명을 반복하여 민생이 도탄에 빠지고 온갖 사무가 황폐해졌습니다. 이는 진실로 혁명가의 죄이니, 제가 저희 국민의 잘못을 말하지 않고 감출 수는 없습니다. 그러나 더 나아가 그 내부에서 주권자가 강포하고 억압하는 상황을 보면, 호랑이처럼 가혹한 학정 아래 살아가는 자들이 진실로 가련합니다. 백성이라면 누구인들 살기를 좋아하고 죽기를 싫어하지 않으며, 평안함을 좋아하고 위태로움과 혼란함을 싫어하지 않겠습니까. [그럼에도 불구하고] 수십, 수백만의 백성들이 기꺼이 머리와 피와 살을 던져 고통의 바다를 메우고도 후회하지 않는다면, 이것이 어찌 전적으로 이들 백성만의 허물이라고 할 수 있겠습니까."

나아가 이탈리아 여러 나라의 포학하며 참혹하고 억압적인 [정치] 상황과 [학정 아래에서] 신음하고 호소하는 인민의 상태를 묘사하였다. 좌석에서 이 말을 듣던 이들이 모두 눈물을 훔쳤다. 이어서 모든 열강의 대사들에게 다 함께 나폴리 왕 페르디난도 및 [이탈리아의] 여러 소국들에 개혁을 충고하는 편지를 써달라고 요청했다. 연설을 마칠 때쯤에는 더욱 정곡을 찔러 오스트리아 사신을 흘겨보며 목소리를 가다듬고 말하였다.

"내가 묘사한 여러 참혹한 형상의 근원이 어디 있겠습니까? 바로 오스트리아에 있습니다. 오스트리아는 우리의 쇠사슬이요, 자유의 적이요, 독립의 원수입니다. 오스트리아는 진실로 한 커다란 마귀이며 내가 대표하는 이탈리아 전국 자유민의 역사와 명예를 좀먹는 적입니다."

아아! 이 무슨 말인가? 이는 진실로 오스트리아에 대하여 전쟁을 선포하는 것과 다를 바 없었다. 실로 이 시골 출신의 늙은 농부가 얼마나 큰 담력을 지녔길래 감히 첩첩산중에서 호랑이 수염을 낚아챌 수 있었던 것인가. 당시에 오스트리아 대사는 눈이 휘둥그레지고 고개를 들지 못하였으며, 얼굴이 붉으락푸르락한 채로 거듭 항의했다.

"이것은 국가 간 교제에서 할 말이 아닙니다. 의장은 즉시 제재하시오!"

그러나 그 자리에 있던 모든 외교 사절은 이미 카보우르의 정성과 맹렬함에 크게 감동하여 한 사람도 오스트리아 대사에게 동정을 표하지 않았다. 오직 놀라움과 경탄을 담아 마음속으로나 입 밖에 내서 서로 말하였다.

"뜻밖에도 알프스산 아래 작은 나라에 이러한 인재가 있었구나!"

아아! 산에 사나운 호랑이가 있으면 [사람들이] 산나물도 함부로 캐지 못한다[223]고 한다. 진실로 큰 인물이 있으면 나라가 어찌 작다고 할 수 있겠는가. 군자가 카보우르 전기를 읽으면 소리가 막히고 눈물을 삼키지 않을 수 없다. 천 리 밖의 열강을 두려워하는 자들을 탄식하노니, 다시 무슨 면목으로 천지에 설 수 있을지 모르겠구나![224]

---

223) 산에 사나운 호랑이……캐지 못한다: 원문은 '밍호가 산에 잇으매 아옥 나물을 캐지 못한다'. 중국어본은 '猛虎在山, 藜藿爲之不采'이다. 강력한 존재가 나타나면 약한 존재는 자연스럽게 그 영향력 아래 놓여 함께 보호를 받게 된다는 의미다. 열강 오스트리아를 두려워하지 않는 카보우르 같은 맹렬한 위인이 있기에 작은 나라인 이탈리아(사르데냐)도 함부로 할 수 없는 존재가 되었다는 뜻이다.
224) 천 리나……모르겠구나: 카보우르가 이탈리아에 바로 인접한 열강 오스트리아를 두려워하지 않고 저항한 것에 비해 당시 중국인들이 천 리나 떨어진 서양 열강들을 두려워하여 저항하지 못함을 탄식한 것이다.

제14절 **카보우르의 외교 정책 제3단계 (이탈리아 – 프랑스 밀약)**

파리 회의를 거친 후 카보우르의 명성이 온 유럽에 굉장하였다. 이탈리아 본토 중에 롬바르디아, 베네치아, 로마, 나폴리, 토스카나 지역 모든 인민이 다 분주하게 사르데냐의 승전을 축하하였다. 또 대포 100문을 기증하여 사르데냐와 오스트리아 국경에 있는 알렉산드리아[225] 포대를 방어하도록 했다. 카보우르가 이미 오스트리아를 공공의 적으로 선포하였으니, 이는 오스트리아에 대한 선전포고나 다름없었다. 이미 선전포고를 한 이상 반드시 동맹을 구해야 했다. 영국이나 프랑스가 비록 이탈리아에 동정을 표하기는 했지만, 공수동맹을 맺을지는 믿을 수 없었다. 카보우르가 처음 나폴레옹 3세를 만났을 때 나폴레옹이 물었다.

"내가 장차 무엇으로 그대를 도우리오?"

카보우르가 천천히 대답하였다.

"폐하께 도움을 구할 것이 참으로 많고 많습니다."

비록 그러하나 [무엇을 도와달라고] 분명하게 말하지 않았다. 어째서 분명히 말하지 않았는가? 나폴레옹 황제가 매우 묘연한 태도를 보여 믿지 못할 사람임을 알았기 때문이었다. 그렇기에 [카보우르는] 프랑스와 친함이 영국과 친함만 못하다고 여겼다. 이에 사적으로 클라렌든[226] 경(영국이 파리 회의에 파견한 전권공사)에게 말했다.

---

225) 알렉산드리아(아력샨드리아, 亞曆山德利亞, (이)Alessandria / (영)Alexandria)
226) 클라렌든(격여렁돈, 格黎靈敦, George Villiers, 4th Earl of Clarendon,

"우리나라와 오스트리아의 전쟁은 마침내 피할 수 없게 되었습니다. 지금부터는 오스트리아의 완전한 노예국이 되든지 아니면 이미 1천 년 동안 실추된 명예를 회복하든지 둘 중의 하나일 뿐입니다. 당신께서 이를 도와주시길 바랍니다."

클라렌든이 수긍하고 돌아갔다. 그렇지만 영국은 본래 보수성이 강해서 결코 대륙 열강과 가벼이 분쟁을 일으키고자 하지 않았다. 워털루 전투나 크림 전쟁도 본국이 힘써 정복하고 경영하는 길이 가로막히는 것을 싫어해서 자국을 위한 계산 속으로 참전한 것에 불과했다. [반면] 지금 하루아침에 이탈리아를 도와 오스트리아의 원수가 되면 자신에게는 실오라기만큼도 이익이 없고 오스트리아의 크나큰 원망만 사게 될 터이니 영국인은 결코 그렇게 하지 않을 것이다. 더욱이 마침 다뉴브[227] 제후(諸侯)국들의 통합 문제[228]를 계기로 영국과 프랑스 사이가 벌어지면서 영국이 오스트리아와 제휴하려는 형세였다. 그래서 카보우르는 어쩔 수 없이 프랑스와 연맹할 방침을 취하였다.

계획이 채 무르익기 전에 갑자기 뜻밖의 사변이 일어났으니, 바

1800~1870)
227) 다뉴브(달츄포, 達紐布, (영)Danube / (루)Dunărea)
228) 다뉴브 제후국들의 통합 문제: '다뉴브 제후국'은 오늘날 루마니아의 전신인 몰다비아(Moldavia)와 왈라키아(Wallachia) 공국들을 지칭한다. 원래 오스만 제국에 종속되어 있었으나 크림 전쟁(1853~1856) 후 이 지역의 지위와 통합 여부를 두고 영국과 프랑스 사이에 외교적 대립이 벌어졌다. 프랑스는 민족주의를 내세워 통합을 지지했으나, 영국은 오스만 제국과 오스트리아의 균형을 고려해 통합에 반대했다. 이 문제는 전후 유럽 외교 구도에 영향을 주었고, 영국-프랑스 관계의 균열 요인 중 하나였다.

로 마치니 무리가 벌인 일이었다. 전에 마치니의 제자 중에 오르시니[229]라는 자가 있었는데, 일찍이 밀라노 봉기(1848년 혁명. 제8장을 보라)에 참여하여 전공을 세운 사람이었다. 그 후 영국으로 망명했는데, 당시 런던에서는 미국 영사관 샌더스[230]가 이탈리아 혁명당의 모임을 주선하고 있었다. 오르시니는 마치니, 가리발디, 파사기[231] 등 여러 호걸과 함께 이 모임에 참석하여 영국과 이탈리아에서 혁혁한 명성을 떨쳤다. 그 후 마치니가 남쪽으로 카라라[232]를 공격하고 북쪽으로 롬바르디아를 공격(모두 1840년 이후의 일이다)했으나 둘 다 성공하지 못하였다. 그러자 다시 80인의 결사대를 조직하여 오스트리아 장교의 저격을 모의하였다. 오르시니도 이 계획을 들었지만 무익한 일이라고 여겨 따르지 않았다. 그리고 홀로 파리에 가서 나폴레옹 3세 암살을 꾀하니 때는 1858년이었다. 나폴레옹 황제가 황후와 함께 연극장에 가는데 갑자기 마차 곁에서 큰 폭탄이 터지는 소리가 천지를 진동시켰다. [이 사건으로] 시종 열 명이 죽고 부상자가 160명에 달했지만, 황제와 황후는 다행히 죽음을 면했다. 오르시니는 체포된 후 이렇게 말했다.

"오늘 일은 나폴레옹을 죽여 프랑스에 혁명을 일으키고 그 열기가 우리 이탈리아 인민에게까지 퍼지도록 하는 데 그 뜻이 있다."

그는 감옥에서 나폴레옹 황제에게 글을 올렸다.

---

229) 오르시니(아시니, 阿西尼, Felice Orsini, 1819~1858)
230) 샌더스(상달스, 桑達士, George Nicholas Sanders, 1812~1873)
231) 파사기(파스긔, 巴士奇, Francesco Crispi, 1818~1901)
232) 카라라(ᄼ을아, 士乙兒, Carrara)

"그대는 일찍이 이탈리아인을 위해 힘쓴 바가 있지 않습니까? (나폴레옹 3세는 일찍이 한미[233]하였을 때 카르보나리당에 참여했었다.) 그런데 어찌 그렇게 빨리 변절할 수 있습니까? 경이 자신의 과오를 고쳐 스스로 속죄할 생각이 없으면 우리 당원 중 나처럼 [당신을 죽이려고] 할 사람이 얼마나 많은지 알 수 없으니, 경이 앞으로는 결코 편하게 잠들 수 없을 것입니다."

나폴레옹이 이 글을 보고 매우 놀라 평복을 입고 가만히 옥중에 가서 [오르시니를] 위로하며 타일렀다.

"짐이 반드시 경의 권고를 지켜 감히 잊지 않겠노라."

그리고는 얼마 안 되어 오르시니를 저잣거리에서 참수하니 그가 죽음을 앞두고 빙긋이 웃으며 말하였다.

"나폴레옹이 맹세한 바를 실천한다면 내가 죽어도 편히 눈을 감을 수 있겠다."

이때 카보우르는 프랑스와의 외교에 힘을 쏟고 있다가 갑자기 이 기별을 듣고 마음이 불안하여 당장 편지를 보내 지극히 간절하고 정성스러운 뜻으로 나폴레옹 황제를 위로하고 자국민의 무례함을 사죄했다. [그러나] 나폴레옹 3세는 오르시니를 만나본 이래 등줄기에 찬물을 끼얹은 듯 [모골이] 송연하여 저 나라의 인망(人望)을 얻지 못하면 제2, 제3의 오르시니가 또 나오게 되리라고 생각하였다. 그래서 급히 카보우르를 플롱비에르[234] 궁전에 불러 이탈리

---

[233] 한미(寒微): 가난하고 지체가 변변하지 못함을 말한다.
[234] 플롱비에르(포랑비리, 布郎比裡, Plombières-les-Bains)

아-프랑스 밀약을 맺었다.

오호라! 마치니와 카보우르 두 호걸이 비록 정치적 적이기는 했지만 마치니 당의 거동이 종종 직접적으로나 간접적으로, 혹은 순작용으로나 역작용으로 카보우르의 성취를 도우니, 이 일 역시 그 한 가지 경우였다. 군자는 이를 보고, 『주역』의 "다양한 길이 결국 하나로 통하며 백 가지 생각이 한뜻으로 귀결된다"[235]라는 말이 참됨을 더욱 감탄하게 된다.

이탈리아-프랑스 밀약은 공수동맹을 목적으로 삼았는데, 그 큰 뜻은 아래와 같다.

1. 전승 후에는 오스트리아 속지인 베네토[236]와 롬바르디아를 사르데냐에 합병함
2. 그런 까닭에 사르데냐는 그 속지인 사부아[237]와 니스 지역을 프랑스에 할양하여 보상함
3. 토스카나를 중심점으로 삼아 중부 이탈리아국을 건설함
4. 로마와 나폴리를 합하여 한 나라를 만들고 교황이 다스리게 함

---

235) 다양한……귀결된다: 이 구절은 『주역』(周易) 「계사전」(繫辭傳) 하편(下篇) 제5장(第五章)에서 공자(孔子)가 언급한 "天下同歸而殊途, 一致而百慮。天下何思何慮.."라는 구절을 인용했다. 다양한 길(殊途)과 생각(百慮)도 결국 하나의 진리나 목적으로 수렴(同歸, 一致)된다는 뜻이다.
236) 베네토(비리셔아/비리스, 俾尼西亞, Veneto): 이탈리아 북동부의 주(州, regione)로 베네치아(Venezia)는 베네토 지역 내의 수도다.
237) 사부아(사파, 沙波, Savoie)

5. 사르데냐 왕 에마누엘레의 딸을 나폴레옹 3세의 사촌과 결혼시킴

사부아와 니스의 할양은 진실로 사르데냐가 원하는 바는 아니었다. 그러나 그 땅이 본래 프랑스와의 국경 지역에 개 이빨처럼 박혀 있고 이곳 주민들 대다수가 프랑스에 속해 있었다. 이 작은 땅을 롬바르디아, 베네토라는 두 곳의 큰 땅과 비교하면 그 득실을 같이 논할 수 없을 정도였다.

[한편] 한 왕국을 세워 교황에게 다스리도록 하는 방침은 그 후환이 진실로 적지 않을 것이었다. 교황이 항상 프랑스에 의지함으로써 자신의 세력을 지켜왔기에 이는 실상 프랑스가 [이탈리아 지역에] 자신의 세력을 심기 위한 음모였다. 그런즉 오스트리아가 물러가고 프랑스가 옴이 마치 앞에 있는 호랑이를 막자 뒤에서 늑대가 덮쳐오는 것과 같았다. 카보우르의 지혜로 어찌 이를 알지 못했겠는가. 그러나 그는 이탈리가가 승전하여 롬바르디아와 베네토를 합병하면 토지와 인구가 지금의 세 배가 되기에 [이를 통해] 일단 왕성한 대국의 기초를 세워야 한다고 여겼다. 또 그 후 차차 중부 지역에 분쟁을 일으키면 그 지역민들이 프랑스의 멍에 아래 기꺼이 복종하지 않을 것이 분명하다고 생각했다. 카보우르가 이미 이런 계산이 섰기에 한 걸음 한 걸음씩 나아가 조금씩 얻어가는 전략을 취해서 프랑스의 요구를 따른 것이다.

제15절 이탈리아 – 오스트리아 전쟁 준비

플롱비에르 밀약은 나폴레옹 3세, 카보우르, 에마누엘레 세 사람 외에는 아무도 몰랐다. 그러나 에마누엘레는 항상 사람들에게 이렇게 말했다.

"내가 장차 오래지 않아 내 위치를 정할 텐데, 만약 전 이탈리아의 왕이 되지 못한다면 곧 사부아의 한 평민이 될 것이다."

이 말을 들은 사람들은 그가 일찍이 큰 뜻을 품었음을 알기에 이상하게 여기지 않았다. 얼마 후 에마누엘레는 1848년 노바라 전투[238]에서 선왕을 따르다가 국난에서 전사한 자들을 위한 기념비를 세웠다. 그 꼭대기에는 칼을 차고 오스트리아를 노려보는 한 용사의 동상을 조각했다. 나폴레옹 3세 역시 분주하게 전쟁 준비를 게을리하지 않으니, 꿈속에 빠져있던 오스트리아조차 묻지 않아도 그 까닭을 알 수 있었다.

카보우르는 모든 것을 걸고 마지막 승부수를 던지던 이 시기에 정신을 가다듬고 생각을 짜내며 잠시도 쉴 겨를 없이 분주했다. 안으로는 정부에서 다른 의견이 생기지 않도록 막기 위해 스스로 각부 장관을 겸하여 일국의 사무 권한을 하나로 집중시켰다. 밖으로는 혁명당이 분열을 일으킬까 두려워하여 그들과의 교섭과 주선에 힘썼고 비밀리에 큰 계획을 알려서 그들을 안심시키고 조급히

---

[238] 노바라 전투: 선왕 알베르토가 오스트리아에 맞서 싸우다가 대패하고 왕위에서 물러난 계기가 되었던 전투다. 이 책의 7절을 참조하라.

굴지 않도록 하였다. 또 영국의 지원을 받고자 파머스턴[239]경(당시 영국 수상이었다)에게 간청했다. 파머스턴은 동정을 표하면서도 병력은 지원하지 못한다고 분명히 밝혔지만, 이때는 이미 전쟁의 기운이 임박했다.

가리발디는 본래 공화주의를 지지하여 마치니와 같은 당이자 카보우르의 정적이었다. [그러나] 이때 카보우르는 오스트리아를 꺾는 것은 가리발디에게 맡기지 않으면 성공할 수 없음을 알고 편지를 써서 그에게 함께 일하자고 청했다. 가리발디는 하늘이 낸 사람이라 그 마음과 눈에 오직 국가가 있는 것만 알고 당파가 있음을 알지 못했다. 그렇기에 대세의 흐름을 통찰하고 기회가 무르익었음을 살펴 흔쾌히 허락하였다. 그는 카프레라 숲에서 몸을 일으켜 넓은 소매에 먼지로 찌든 붉은 외투를 입고 녹색 끈을 드리운 찌그러진 모자를 쓴 채 토리노 왕궁으로 곧장 나아갔다. 왕궁 문전에서 수상 알현을 청한 후 [문지기가] 그 이름을 물어도 도도하게 답하지 않았다. 문지기가 그의 모습이 괴이한 것에 놀라서 들어가 주인에게 아뢰니 주인이 말했다.

"그렇구나. 혹 내 고향에서 가난한 이가 무언가 청탁할 게 있어서 찾아온 걸지도 모르니 편하게 들라 해라."

이에 이탈리아의 대정치가와 대장군이 비로소 서로 연합하게 되었다. 역사를 읽다가 이 대목에 이르자 압제에 신음하고 자유를

---

239) 파머스턴(파미스돈/파미사돈, 巴彌斯頓, Henry John Temple, 3rd Viscount Palmerston, 1784~1865)

갈망하던 수천만 명의 이탈리아인을 위해 〔큰 술잔을 띄워〕[240] 만세를 부르지 않을 수 없다. 두 영웅이 만나니 그 장쾌함은 진실로 말할 나위 없었다. 카보우르가 곧 사르데냐 왕의 명을 받아 가리발디를 군단장으로 임명하고, 알프스산 아래에서 의용병을 모집한 후 기회가 오기를 기다렸다.

그러나 가리발디 장군은 [프랑스에 할양하기로 밀약한] 니스 출신이라 나폴레옹 3세의 미움을 받고 있었다. 카보우르도 이를 알기에 가리발디의 임용을 나폴레옹 3세에게 숨겼다. 나폴레옹 3세와의 외교 관계를 잃을까 염려했기 때문이다. 또 니스를 할양하기로 한 [밀약을] 가리발디가 모르게 숨기니 가리발디를 잃을까 염려해서다. 아아! 영웅의 깊은 속셈이 존경할 만하며, 영웅의 고심이 동정할 만하다.

1859년 1월에 나폴레옹 3세가 신년 하례를 할 때 오스트리아 공사를 접견하고 갑자기 이렇게 말했다.

"비록 오스트리아와 프랑스 양국 관계가 내가 기대한 것처럼 되지는 못했지만, 짐과 오스트리아 황제의 사적인 사귐은 예전과 다를 바 없다."

그 말이 애매하여 오스트리아 사신이 의아하게 여겼지만, 무언

---

240) 큰 술잔을 띄워: 중국어본의 '浮大白'으로 국문본에는 누락되었다. 『초사』(楚辭)·「초혼」(招魂)편에 나오는 "浮大白以娛酒兮, 酌玄酒以自慰"에서 유래한 표현으로 "큰 술잔을 띄워 술을 즐긴다"는 뜻이다. '大白'은 백옥으로 만든 큰 술잔 혹은 밝고 맑은 술을 가리키며, '浮'는 술을 따라 잔을 띄우는 행위를 의미한다. 전통적으로 호방한 음주 행위를 상징하며, 이후 문학에서 자유로운 생활과 풍류를 묘사하는 수사로 인용된다.

가 의도가 있다는 것은 알았다. 같은 시기 사르데냐 왕은 국회에서 이렇게 연설했다.

"우리나라여! 우리나라여! 땅덩어리도 작은 우리나라가 엄연히 유럽 열강 회의에 참가하여 신뢰를 넓히고 명예를 얻었다. 이로 보건대 우리나라가 땅은 비록 작으나 [우리가] 대표하는 이상에 [타국인들이] 느끼는 공감이 실로 크고 깊음을 알 수 있도다. 그러나 지금은 우리 군민 상하가 베개를 높이 베고 즐거워할 때가 아니다. 우리는 조약을 지키기를 몹시 원하나 우리 동포가 고통스럽게 슬피 부르짖는 소리가 이탈리아 곳곳에서 들려오니 내가 귀를 막고 듣지 않을 수 없다. 오오! 우리는 힘을 합쳐서 우리 권리를 바로 세워야 한다. 신중하고도 굳세게 황천(皇天) 상제(上帝)의 명령을 받들어야 한다."

국회가 이 칙어를 얼마나 환영했는가? 당시에 현장을 목격한 자가 그 실상을 이렇게 기록했다.

> 왕이 한마디를 할 때마다 번번이 '국왕 폐하 만세!'라는 함성이 터져 나왔다. '고통스럽게 슬피 부르짖는'이라는 구절을 언급한 순간 장내는 마치 전기 충격을 받은 것 같았다. 비분강개하고 격앙된 상태는 붓으로 능히 기록하고 말로 능히 전할 수 없을 정도였다. 상원의원들, 하원의원들, 방청객들이 모두 자리를 박차고 일어나 방방 뛰니 열정과 환성으로 온몸이 부서질 듯했다. 영국, 프랑스, 러시아, 프러시아의 모든 공사가 눈으로 이 모습을 직접 보고 간담이 서늘해졌다. 나폴리 대사는 홀연

안색이 창백해지면서 큰 소리로 부르짖다가 낮은 소리로 중얼 거리다가 했다.

"아아! 우리 기댈 곳 없는 유민들이여!"

"우리의 고통을 기억하는 국왕이시여!"

"이 나라를 우리 국왕에게 바치기로 약속하노라!"

감동하고 찬탄하여 횡설수설하며, 다 함께 어우러져 미친 듯이 손뼉을 치고, 서로 뒤섞여 조수처럼 밀려오고 폭포처럼 쏟아지는 눈물을 흘렸다. 이탈리아 각 지방의 대표자들은 깊은 감격에 사무쳐서 [에마누엘레 2세를] 이탈리아 전국 통일의 공통 군주로 가슴에 새겼다.

오스트리아가 이 소식을 듣자 가만히 침묵하고 있을 수 없었다. 이전에 이미 전사자 기념비를 세우고 이제 다시 이렇게 갈등을 일으키는 말을 하니 공사를 시켜 사르데냐 궁정을 질책하고 그 회답을 촉구했다. 영국이 [전쟁의] 시기가 임박했음을 보고 나서서 타국 전쟁을 조율하는 역할을 자임하니 그 조정의 대략적인 취지는 이러했다.

오스트리아와 프랑스 두 나라는 다 군사 장비를 철수하여 교황 속지에 머물지 말라.

오스트리아는 장차 모데나[241]와 파르마[242]에 대한 보호권을

---

241) 모데나(문덕라, 門的拏, Modena)

폐지하라.

　　오스트리아는 마땅히 이탈리아 모든 지역의 개혁을 허락하라.

　이는 실상 영국이 이탈리아 안에서 오스트리아와 프랑스 세력을 약화시키고 사르데냐에서 [영국의] 실권을 공고하게 하려는 의도에서 나온 것이다. 그러나 프랑스와 오스트리아가 어찌 허락할 수 있겠는가. 오스트리아가 이에 답하여 말했다.
　"먼저 사르데냐가 전쟁 준비를 그만두어야 다른 일을 논의할 수 있다."
　또 프랑스 황제 나폴레옹 3세도 사르데냐가 뜻을 이루는 것을 이롭게 여기지 않았다. [그는] 가리발디가 사르데냐 군대에 있다는 걸 듣고 전에 사르데냐와 맺은 밀약을 후회하고 번복하고자 했다. [그러나] 눈 밝고 민첩한 카보우르가 그런 줄 알아채고 급히 파리로 가서 나폴레옹 황제를 협박했다.
　"일이 이미 여기에 이르렀는데 하루아침에 물러서면 공든 탑이 무너지고[243] 폐하가 [유럽의] 중원을 석권하려던 영웅적인 계획도 물거품처럼 사라질 것입니다. 신은 어쩔 수 없이 플롱비에르 밀약을 세상에 공표하여 그 일이 폐하께서 벌인 것임을 알리겠습니다."

---

242) 파르마(파마/피이마, 巴馬/巴爾摩, Parma)
243) 공든 탑이 무너지고: 원문은 '공이 한 삼탐이 이에 묻어질지라'. 중국어본의 '功虧一簣'에 대응한다. 산을 쌓아 올리는데 한 삼태기의 흙을 게을리하여 완성을 보지 못한다는 뜻으로, 거의 이루어진 일을 중지하여 오랜 노력이 아무 보람도 없게 됨을 비유적으로 이르는 말이다. 『서경』(書經)·「여오」(旅獒)편, 『순자』(荀子)·「권학」(勸學)편 등에 나온다.

이에 나폴레옹 3세의 뜻이 결정되었다. 오스트리아는 나폴레옹이 주저한다는 소식을 듣고 이 기회를 잃으면 안 된다고 여겨 먼저 군사를 내서 적을 제압하고 사르데냐를 일격에 분쇄하고자 했다. 프랑스는 비록 돕고자 하나 끝내 수수방관할 우려가 있었다. 1859년 4월 23일 프란츠 요제프 1세[244]가 사르데냐 정부에 조서를 내려 사흘 안으로 군대를 해산하라고 명했다. 그러나 사르데냐가 응하지 않으니 마침내 전쟁이 시작되었다.

---

244) 프란츠 요제프 1세(애덕미돈, 哀的美敦, Franz Joseph I, 1830~1916)

제16절 이탈리아 – 오스트리아 전쟁과 카보우르의 사임

나폴레옹 3세는 카보우르의 질책을 받고 그달 26일에 오스트리아에 있는 공사(公使)에게 이렇게 통보했다.

"만약 오스트리아 군사가 티치노강[245]을 건너면 프랑스의 적국으로 간주하여 전쟁을 벌일 것이다."

29일에 오스트리아 군대가 과연 강을 건너니 이에 프랑스와 이탈리아가 동맹하여 오스트리아에 맞서는 국면이 되었다.

5월 2일에 사르데냐 왕이 그 부친의 무덤 앞에 맹세하고 조서를 내려 국내에 전쟁을 선포한 후 친히 전군을 이끌고 적군을 향해 나아갔다. 그는 출행하기 직전에 상자에 밀봉한 유서를 여러 신하에게 건네주면서 말했다.

"짐이 만약 살아 돌아오지 못하거든 뒷일을 이 [유서]에 따라 결정해 주시오."

프랑스 황제도 직접 근위병을 거느리고 제노바에 와서 집결했다. 가리발디[246] 또한 놀랍도록 불가사의한 운동을 일으켜 [5월 9일에] 별도의 의용병 3,700명을 거느리고 토리노에서 일어났다. 동맹군의 기세가 등등하여 한 달 사이에 파죽지세로 [몰아쳤다.] 6월

---

245) 티치노강(디서락 하슈, 志西諾河, Ticino River): 이탈리아 북부를 흐르는 주요 강 중 하나로, 당시 오스트리아령 롬바르디아와 사르데냐 왕국의 경계를 이루고 있었다.
246) 가리발디: 국문본에는 가부어(카보우르)로 나와 있으나 중국어본의 '加里波的' (가리발디)를 잘못 적은 것이기에 수정하여 번역했다.

4일 마젠타[247]에서 승리하고, 8일에 밀라노에 입성했으며, 24일에는 솔페리노[248]에서 전투를 벌였다. 이 전투에 동맹군이 15만 명이었고, 오스트리아 군사는 이보다 많았다. 그러나 가리발디도 에마누엘레도 나폴레옹 3세도 다 일세의 명장이라 결코 오스트리아가 당해낼 수 없었다. 이에 적군 사상자가 1만 5천여 명에 달했다. 이때 카보우르의 웅장한 마음은 문득 높은 하늘로 날아오를 듯하였다. 그가 수십 년 동안 소리 죽여 울고 눈물을 삼키며 밤낮으로 고심하던 사업이 하루아침에 눈앞에 나타나니 영웅의 마음이 어찌 이보다 더 기쁠 수 있겠는가.

[그러나] 달이 밝을 때 어찌 구름이 낄 것을 예측할 수 있었겠는가. 달이 둥글게 차오르는 순간 오히려 [기우는] 변고가 생기듯 아름다운 기약은 쉽게 어그러지고 좋은 꿈은 온전히 이루기가 어려운 법이다. 아아! 한갓 사사로운 개인의 몸으로 겪는 일도 종종 온갖 파도에 일백 번씩 꺾여서, 미끄러졌다 나아가고 일어났다가 엎어지곤 한다. 마치 조물주가 어린아이를 희롱하고 시험하여 쓴맛 단맛 다 보게 한 후에야 그 목적을 달성하도록 준비시키는 것처럼 보인다. 하물며 한 나라를 세우는 일에 있어서랴! 카보우르의 웅상한 마음이 가장 절정에 달했던 바로 그때 갑자기 뜻밖의 일대 파란이 일어났다.

전쟁이 한창 진행 중인데 홀연 나폴레옹 3세가 전장에서 사라졌

---

247) 마젠타(몌경달, 麥京達, Magenta)
248) 솔페리노(사비리라, 梭菲裡那, Solferino)

다. 안타깝구나! 이 사람이 어디로 갔는가? 나폴레옹 3세는 원래 이탈리아에 애정을 가진 게 아니었다. 그래서 '내가 오스트리아를 꺾으려 한 게 이쯤 이뤄졌으니 그것으로 충분하다. 만약 여기서 더 나가면 사르데냐가 큰 날개를 얻어 사해를 두루 날게 될 터이니, 다시는 그물로 옭아맬 수 없을 것이다'라고 생각했다. 이에 몰래 오스트리아 진영으로 가서 오스트리아 황제 프란츠 요제프 1세와 만나 사르데냐 왕과 카보우르를 배신하고 독단적으로 화친 조약을 맺었다. 이른바 빌라프랑카 조약[249]이니 그 대략은 다음과 같다.

- 오스트리아는 롬바르디아를 할양하여 사르데냐에 합병하도록 할 것.
- 이탈리아 중부에 로마 교황을 추대하여 연방을 설치할 것.
- 토스카나와 모데나 등의 모든 지역에서 혁명당을 쫓아내고 옛 군주를 복귀시킬 것.

이 조약에 따르면 베네토는 원래대로 오스트리아의 속지가 되고 교황도 여전히 중요한 권력을 잡게 된다. 그렇기에 속국 노예의 멍에를 벗고 자유의 천국으로 들어가고자 밤낮으로 목이 빠지도록 갈망해오던 이탈리아 중부 지역 인민들은 문득 이 기별을 듣고 탄식과 원통함으로 거의 절망에 빠졌다. 나폴레옹은 오스트리아 진영에서 돌아와 이렇게 사적으로 맺은 조약을 사르데냐 왕에게 보내

---

[249] 빌라프랑카 조약((영)Treaty of Villafranca / (이탈리아)Trattato di Villafranca)

승낙을 재촉했다. 그뿐 아니라 [자신이 베푼] 은혜의 대가로 사부아와 니스 두 땅을 요구했다.

카보우르가 이 기별을 듣고 터질 듯 분노하며 곧바로 군영에 달려 들어가 두 왕을 만났다. 그리고는 외교상의 예의나 신하로서의 절제 따위는 돌아보지 않았다. 옛날 상여(相如)[250]가 기둥을 노려보며 '내 머리와 구슬을 부숴 버리겠다'라고 한 것처럼, 또 원진(原軫)[251]이 조정에서 침을 뱉고 울부짖었던 것처럼, 거침없는 태도로 두 왕 옆에서 사자처럼 고함치고, 모욕과 질타의 말을 비처럼 쏟아냈다. 그리고 최후에는 왕에게 이렇게 요구했다.

"절대로 이 조약을 승낙하지 마십시오. 절대로 롬바르디아만 받[는 것으로 타협하]지 마십시오. 만약 그렇게 하시면 신은 머리털을 풀어 헤치고 산으로 들어가 다시는 왕을 위해 힘쓰지 않을 것입니다."

그러나 사르데냐 왕은 나폴레옹 3세의 뜻이 이미 변하여 돌이킬 수 없음을 알고, 또 사르데냐 혼자 힘으로는 오스트리아와 프랑스

---

250) 상여(相如): 전국시대 조(趙)나라의 인상여(藺相如, ?-?)를 가리킨다. 조나라 혜문왕(惠文王)이 화씨벽(和氏璧)이라는 귀한 구슬을 가지고 있었는데 진나라 소양왕(昭陽王)이 이를 탐내 15개의 성과 화씨벽을 바꾸자고 요구했다. 강국인 진나라의 청을 거절할 수 없으나 소양왕이 약속을 지키지 않을까 걱정했던 혜문왕은 지혜롭고 강단 있는 인상여를 사신으로 보냈다. 과연 소양왕이 구슬만 가로채고 성을 대가로 줄 생각이 없음을 눈치챈 인상여는 자신의 머리와 구슬을 함께 기둥에 부딪쳐 부수겠다고 협박하여 결국 온전한 구슬(完璧)을 갖고 조나라로 돌아갈 수 있었다. 『사기』(史記) 「염파·인상여열전」(廉頗藺相如列傳)에 나온다.

251) 원진(原軫): 춘추시대 진나라 장군 선진(先軫, ?~BC 627)을 가리킨다. 진양공(晉襄公)이 주색에 빠져 국정을 제대로 돌보지 않자 그 얼굴에 침을 뱉으며 질타했다고 한다.

에 항거할 수 없다고 여겼다. 그래서 카보우르의 말을 듣지 않고 결국 오스트리아와 화평 조약을 맺었다. 이에 카보우르는 관직을 떠나 다시 레리의 한 늙은 농부로 돌아갔다.

카보우르 일생의 역사를 통틀어 보아도 의기(意氣)에 [치우쳐 감정적으로] 일을 처리하고 자제하지 못한 것은 이때가 유일했다. 이 일에 대해서는 대개 에마누엘레의 판단력이 진실로 카보우르보다 뛰어났다.[252] 그러나 이는 카보우르의 잘못이라고 할 수 없다. 그는 전쟁을 시작하기 전부터 근심, 걱정, 생각, 염려, 지혜, 지모(智謀), 수고와 시름을 거듭해왔으니 천하 고금의 역사상 인물 중에 이에 견줄 자가 없다. 그는 온 나라의 원한과 증오가 가장 깊고, 감정이 가장 격렬하고, 의협의 기세가 가장 다그쳐오고, 소요가 가장 극적이고, 곤궁이 가장 심했던 소용돌이 한가운데 있었다. 그 와중에 홀로 서서 안으로는 끓어오르는 듯한 혁명을 억누르고, 밖으로는 호랑이와 늑대 같은 큰 적들을 노려보며, 옆으로는 귀신과 물여우[253] 같은 뭇 나라들에 대처해야 했다. [천하의] 대세를 헤아리고 [마침내] 천재일우의 기회를 붙잡아 수중(手中)에 넣었다. 지극한 고요함으로 천하의 지극한 동요를 억제하고, 지극한 부드러움으로

---

[252] 이 일에……뛰어났다: 국문본에서는 '이 한 싸홈에 대개 영마로이의 판단ㅎ는 힘이 진실로 가부어에게 넉넉지 못ㅎ지라'로 되어 있는데 중국어본의 뜻과는 반대이기에 바로잡아 번역했다.

[253] 물여우: 원문은 '깔다귀'(깔다구). 중국어본에서는 '蜮'이 쓰였다. 깔다구는 모기와 비슷하게 생긴 곤충이고 '蜮'(물여우 역)은 물속에서 모래를 쏘아 사람을 해친다는 상상의 동물이다. '귀역'(鬼蜮)은 음험하여 남몰래 남을 해치는 사람을 비유적으로 이르는 말로 쓰인다.

천하의 지극한 강함을 억제하여, 시종일관 침착, 신중, 온화, 인내의 태도를 보였다. 침착, 신중, 온화, 인내는 실로 카보우르 일생에서 성공의 으뜸가는 가르침이었다.

이때 카보우르는 변변찮은 일신(一身)에 총리, 외무장관, 군무장관, 내무장관의 각종 요직을 겸임하고 있었다. 군무부 안에 침실을 만들어두고 밤에는 잠옷을 입은 채 이 부서에서 저 부서로 오가며 경찰 업무를 처리하고 외교 문서를 검토하고 전쟁 준비를 지휘했다. 옷끈을 풀지 못하고 눈을 붙이지 못한 채 거의 반년을 이렇게 지내왔다. 그래서 당시 사르데냐 사람들이 "우리에게는 한 정부가 있고, 한 국회가 있고, 한 헌법이 있으니, 그 이름은 모두 카보우르다"라고 하였다. 아아! 이토록 굳세게 참고 각고의 노력을 기울이며 고달프게 애써 오다가, 오늘에서야 큰 희망을 품고 좋은 결과를 거두어 막 성공을 이루려는 순간 하루아침에 실패하였으니, 비록 공자 같은 성인과 석가 같은 부처라도 오히려 실망이 없을 수 없고 분노가 없을 수 없을 것이다. 하물며 불타오르는 우국지정을 지닌 카보우르는 어떠했겠는가!

군자가 이를 보면서 결코 외세의 힘에 의존할 수 없음을 더욱 탄식하게 된다. 카보우르 같은 열성과 임기응변 능력과 세찬 용맹을 가진 자도 남에게 이용당하는 걸 면하지 못했다. 이제 이탈리아 전체 인민의 실력이 뒷받침되지 않는다면, 이 전쟁은 1848년 [실패한 독립 운동]의 지속에 불과할 것이다. 아아! 두렵고 또 두렵구나!

제17절 **가리발디의 사직**

　카보우르가 떠난 후 왕이 그를 위로하고 만류했으나 듣지 않았다. 이에 그 대신 라타치[254]를 [수상으로] 임명했다. 라타치라는 자는 일정한 주의도 없고 정견도 없으며 구습에 얽매인 고식적인 인물로 난세의 재상감은 아니었다. 그는 임명을 받은 후에 곧 사르데냐 의용병(의용병은 애국 인민이 보국(報國)을 위해 자발적으로 모여 가리발디의 지휘를 받고 있었다)의 철수를 명령했다. 그러나 가리발디는 이를 받아들일 수 없었기에 군중(軍中)에 다음과 같은 명을 내렸다.
　"정치의 방침은 우리 군인들이 알 바 아니다. 그러나 오늘이 어떤 날이며 지금이 어떤 때인가. 지금은 결코 우리가 갑옷을 벗고 오랜 염원을 포기할 때가 아니다. 나는 다른 것은 모르겠다. 내가 아는 것은 다만 우리 영민하고 용맹하신 폐하를 받들어 우리 군의 내실을 더욱 다지고 유럽 모든 나라에 우리 이탈리아 사내들이 한 번 엎어졌다고 좌절하는 소인배가 결코 아님을 알려야 한다는 것뿐이다. 아아! 여러분의 회포도 이와 같은가. 나는 감히 권토중래의 기회와 경천동지할 기적이 결코 멀지 않다고 믿노라."
　얼마 후 가리발디는 사르데냐 왕의 명으로 피렌체[255]에 가서 중부 이탈리아 군대의 총사령관이 되었다. 가리발디가 이곳에 이르자 그의 위엄과 명성을 우러르며 소문을 듣고 찾아와 복종하는 이

---

[254] 라타치(랍달지, 拉達志, Urbano Francesco Rattzi, 1808~1873)
[255] 피렌체(불라령, 佛羅靈, (영)Florence / (이)Firenze)

들이 끊이지 않았다. 그 결과 순식간에 토스카나, 모데나, 파르마, 그리고 교황의 속지 일부가 그의 수중에 떨어졌다. 이때 가리발디 장군의 위엄과 명성이 중천에 뜬 해와 같았다. 그러나 나무가 뭇 수풀보다 높이 자라면 바람이 꺾으려 하는 법이다. 신임 군무장관 판티[256](라타치 내각의 군무장관) 등이 그의 능력을 미워하고 그 공로를 시기하여 음험하고 비열한 수단으로 그가 대업을 성취하지 못하도록 방해했다. 대개 1849년 이래 사르데냐의 암흑시대는 이 수개월 사이에 가장 심했다. 가리발디가 이에 길게 탄식하며 말했다.

"이제 그만이다. 내가 다시 카프레라 섬의 늙은 농부가 되겠다."

사르데냐 왕이 온갖 방법으로 위로하고 달래며 부드럽게 만류하였으나 그를 붙잡을 수 없었다. 그리하여 왕은 그에게 자신이 항상 차고 다니던 금장식이 찬란한 수렵용 창을 끌러주면서 애모의 정을 표했고, 마침내 가리발디 장군이 물러갔다.

장군이 떠나자 이탈리아 전역에 탄식과 고통스러운 소리가 가득 퍼지고, 그 부하 장교들 역시 사직하고 뿔뿔이 흩어졌다. 장군이 이를 듣고 카프레라 섬에서 글을 써서 위무하였다.

> 아아! 중부 이탈리아의 동지 여러분. 여러분은 비루한 제가 잠시 사직했다고 하여 신성한 신념을 잃지 마시고 끓어오르는 열심을 식히지 마십시오. 나는 공경하고 사랑하는 이탈리아 자유의 대표자인 그대들과 이별한 후 슬픔을 이길 수 없습니다.

---

[256] 판티(복안치, 福安治, Manfredo Fanti, 1806~1865)

그러나 나는 우리가 반드시 다시 손 맞잡고 힘을 모아 꿈에도 잊지 못하던 큰 사업을 이룰 날이 올 것을 압니다. 이렇게 자신을 믿고 스스로 위로합니다. 여러분! 여러분! 완악하고 더러운 외교가와는 진실로 국가 대사를 함께 말할 수 없습니다. [외교가들은] 여러분더러 조급하고 무모하다고 합니다. 그러나 저 외교가들의 휴전 조약은 결코 오래 지속되지 못할 것입니다. 우리는 진실로 외국을 침범하고 노략하려는 것이 아닙니다. [다만] 우리 조종(朝宗)과 우리 형제의 고유한 땅을 한 자, 한 치라도 남에게 내주지 않겠다는 것입니다. 우리가 이런 결심으로 천지간에 우뚝 섰으니 우리에게 대적하는 자가 있으면 우리가 자유를 위해 죽는 것을 가장 큰 영광으로 여길 것입니다. 저 공적(公敵)에게, 우리 땅은 비록 힘으로 빼앗을 수 있어도 우리 백성은 결코 위력으로 굴복시킬 수 없다는 것을 알게 할 것입니다. 여러분! 여러분! 우리가 진실로 이 신념을 굳게 지키면 우리는 비록 중도에서 죽더라도 [상관없습니다]. 원수에 대한 적개심이 우리 자손에게 전해지고 우리의 창과 대포와 독립심도 자손에게 전해질 것이기에, 우리나라의 원수와 백성의 적은 결코 베개를 높이 베고 편히 눕지 못할 것입니다.

제18절 카보우르가 다시 재상이 되고 북이탈리아가 통일되다

　1820년 카르보나리당의 혁명 이래 [격동의 세월이 흘러] 이제 1860년이 되었다. 이때 마치니는 55세, 가리발디는 53세, 그리고 카보우르는 50세였다. 이 40년 동안 소란과 소란이 계속 이어지고 좌절과 좌절이 거듭되었으며 이탈리아 지사들은 피와 뇌수를 쥐어짜며 [분투해왔다.] 대업을 막 성취하려는 순간 간웅 나폴레옹 3세에게 배신당하고, 명재상과 명장군이 잇따라 사직하니, 이탈리아의 깜깜한 어둠이 이때 가장 극에 달했다. 비록 그렇지만 수십 년 동안 쌓아온 수많은 지사의 헌신이 결코 아무 결과 없이 끝나지는 않을 터였다. 이때 이탈리아 통일 대업은 벽에 그린 용이 이미 비늘과 발톱까지 갖춰져 있고, 눈동자만 찍으면 날아오르는 건 시간문제인 것과 같았다. 과연 두어 달 후에 카보우르가 다시 총리로 복귀했다.

　그러나 빌라프랑카 조약 이후 큰 판세가 일변하여 이미 옛날 파리 조약 시대와는 달랐다. 프랑스는 빌라프랑카 조약을 굳게 지키려고 힘썼으며, 중부 이탈리아 소국 왕들이 모두 예전[의 지위로] 복귀하도록 했다. 오스트리아도 프랑스와 뜻을 같이하여 사르데냐에 이를 실행하도록 촉구했다. 반면 영국은 점점 이탈리아의 실상을 이해하게 되면서 반드시 백성이 원하는 바를 따라 정치를 베풀어야 한다고 말했다. 이탈리아 인민은 통일을 간절히 바라면서도 1849년의 전철을 밟을까 매우 두려워하며 불안에 떨었다. 이러한 상황에서 카보우르가 다시 총리가 되었을 때 어쩔 수 없이 치욕을 삼키고 굴욕을 참아야 할 일이 하나 있었다. 무슨 까닭인가? 카보우르는 당시 정책상 오스트리아와 프랑스의 연합을 막는 것이 가장 시급했기 때문이다. 이를 위해서는 사부아와 니스 땅을 프랑스에 양도하여 그 환심을 사지 않을 수 없었다.

이때 사르데냐의 지사 다젤리오와 파리니[257] 등의 무리가 사방으로 분주하게 돌아다니며 인민을 고무했다. [이들이] 볼로냐,[258] 모데나, 토스카나, 파르마, 로마냐[259] 등 여러 땅에 가서 백성을 설득하여 자립을 도모하도록 하니, 각지에서 [사람들이] 구름처럼 모여들고 메아리처럼 호응하였다. 이들은 모두 창과 방패를 잡고 허수아비 군주를 쫓아낸 후 사르데냐에 합병하는 걸 목표로 삼았다. 그때 사르데냐의 위정자가 이들을 어떻게 대할지도 역시 곤란한 문제였다. 이들을 받아들이면 간접적으로 빌라프랑카 조약을 무시하는 것이 되어서 강적에게 [침략의] 구실을 주게 될 터였다. 이들을 거부하면 그들이 [사르데냐에 합병하러] 오는 것이 본래 카보우르 등의 장려에 의한 것이었기에 과거의 언약을 어기는 것이 될 터이고, 사르데냐의 위신을 땅에 떨어뜨릴 것이다. 카보우르가 이에 나폴레옹 3세를 설득하며 말했다.

"이제 사태가 이렇게 되었으니 장차 어찌하겠습니까? 우리가

---

257) 파리니(비리이, 菲裡尼, Luigi Carlo Farini, 1812~1866)
258) 볼로냐(파라격라, 波羅格拿, Bologna)
259) 로마냐 (로마, 羅馬格拿, Romagna): 국문본에는 '로마'로 표기되었으나 로마냐를 로마와 같은 도시로 착각한 것으로 보인다. 로마냐는 오늘날 이탈리아 북부에 있는 Emilia-Romagna에 해당하는 지역을 가리켰던 옛 지명이다.

사부아와 니스 두 땅을 귀국에 할양하였으니 귀국은 우리가 저들을 자유롭게 처분하도록 허락해 주시겠습니까?"

나폴레옹이 망설이며 응하지 않자 카보우르가 또 말했다.

"사태가 어떻게 변하고 끝이 어떻게 될지는 아직 알 수 없습니다. 여러 지역의 오스트리아에 대한 미움이 극에 달했으니 이제 사르데냐와 합병하지 않으면 프랑스와 합병하려 할 것입니다. 지금은 혁명당이 세력을 얻고 있고 그 지도자들의 뜻이 대개 사르데냐로 향하고 있지만, 민심은 아직 정해지지 않았습니다. 그러하니 각지의 여론을 조사해보지 않겠습니까? 인민 각자가 한 표씩 던져서 프랑스를 따를지 사르데냐를 따를지 선택하도록 하여 2/3 이상의 다수결로 정하고 [그 결과는] 천운에 맡기는 것이 좋지 않겠습니까?"

나폴레옹이 허락하자 전국적인 보통선거가 시행되었고, 대다수가 사르데냐에 합병하는 것을 택했다. 나폴레옹 3세는 이 결과에 매우 놀랐지만, "이탈리아 만세! 만세! 만세!" 소리가 천지를 진동시켰다.

1860년 4월 2일은 이탈리이 제1회 국회[260]가 열리는 날이었다. [새로 합병된 여러 나라가] 모두 대표를 선출하여 토리노에 모이니, 카보우르의 기쁨을 가히 알만하다. 이때 사부아와 니스가 비록 프랑스에 할양되었으나 아직 실행은 되지 않았기에, 마치니는 자

---

260) 이탈리아 제1회 국회: 이는 전국 통일 후 1861년 2월 18일에 열린 첫 국회와는 별도로, 통일 이전 북중부 이탈아의 1차 확대 국회를 가리킨다.

기 고향인 제노바에서, 가리발디도 고향인 니스에서 의원으로 선출되었다. 니스의 할양은 원래 카보우르도 원했던 바는 아니지만, 가리발디로서는 더욱 통분할 일이었다. [가리발디는] 4월 16일 국회에서 책상을 치며 큰 소리로 카보우르가 함부로 이런 짓을 했다고 통렬히 꾸짖었다. 카보우르를 개 같은 놈, 여우 같은 놈, 비열한 노예, 이탈리아의 적이라고 부르며 마지막에는 거리낌 없이 이렇게 말했다.

"카보우르가 비정한 수단으로 나라를 외국에 팔아먹고 동족상잔의 화를 불러일으켰다. 만약 이 정부가 나에게 그와 손잡고 함께 일하라고 한다면 차라리 죽을지언정 결코 할 수 없다."

또 마치니 등도 거듭 이에 호응하여 [카보우르를 향해] 포효하고 무례히 구는 모습이 실로 형언할 수 없을 정도였다. 카보우르가 처음에는 악담을 듣고 분한 마음을 참을 수 없었으나 이내 예전의 침착한 태도를 되찾고 온화하게 대답하였다.

"내가 가장 경애하는 가리발디 장군과 나 사이에는 심연이 있어 우리 두 사람을 갈라놓는 것을 압니다. 내가 영토 할양을 왕께 권하고 국회에 고한 것은 내게도 가장 가슴 아픈 의무였습니다. 그러나 내 평생의 모든 의무를 완수하기 위해서는 그렇게 하지 않을 수 없었습니다. 그날의 제 경험과 회한(카보우르가 그해에 사직한 일을 가리킨다)은 가리발디 장군보다 덜하지 않을 것입니다. 바라건대 저는 이로써 장군에게 저를 해명하고자 합니다. 그러나 만약 장군께서 결코 저를 이해하거나 용서하지 않는다고 해도 제가 장군을 경애하는 마음은 조금도 변하지 않을 것입니다."

그러나 가리발디의 분노는 끝내 풀리지 않았다. 그날 국회의사당에서 분분한 소란이 그치지 않자 의장이 정회를 명하였다. 그 후로도 여러 뜻있는 자들이 각기 화해를 권하였지만 두 사람 사이에 놓인 깊은 골을 끝내 없애지 못했다.

국왕이 이를 염려하여 마침내 토리노 성 바깥의 별궁으로 두 사람을 불러 밀담을 나눴다. 가리발디에게 국운의 내외 실정을 상세히 설명하고 이전에 정부가 취한 방침이 부득이했던 까닭을 해명했다. 카보우르도 속을 터놓고 충심을 다하여 가리발디 장군에게 화를 풀고 큰 국면을 돌아보도록 청하였다. 이에 제일 큰 정치가와 제일 큰 장군이 다시 그 존경하고 사랑하는 국왕 폐하 앞에서 손을 맞잡고 일제히 "이탈리아 만세!"를 부르며 함께 힘을 다하여 장래를 도모하였다.

제19절 당시 남부 이탈리아의 형세

북부 이탈리아의 통일 대업은 이미 반 이상 이뤄졌다. 그러나 카보우르가 파리 회의 선언에서 특별히 나폴리의 참상을 언급하여 대중의 분노를 격동시키고 동정을 널리 퍼뜨렸음에도 불구하고 나폴리는 여전히 외족의 압제를 받고 있었다. 당시 이탈리아 소국들의 학정은 여러 나라가 모두 개탄하는 바였으나 나폴리만큼 심한 곳도 없었다.

1851년 영국의 명재상 글래드스턴이 그 지역을 여행한 후 자신이 본 바를 기술하고 신문에 공표하였다.[261] [그는 이 글에서] 나폴리 정부의 실정을 강하게 비판하고 그곳의 지사들이 날마다 폭동을 꿈꾸고 있음을 힘주어 말하였다. 여기에는 이유가 없지 않았으니 곧 유럽 열강들이 도움의 손길을 뻗어 이 절박한 상황을 해결해야 한다는 뜻을 시사한 것이다. 당시 나폴리 정부도 문서를 공포하여 그를 논박했으나 논박하면 할수록 오히려 그 말이 진실임을 증명하는 꼴이었다. 글래드스턴의 글을 읽어보면 당시 나폴리 인민이 정부에 대해 쌓이고 눌린 한을 풀려는 것이 결코 윗사람에게 반역하기 좋아하는 무리와 비교할 수 없음을 알 수 있었다. (글래드스턴의 문장은 매우 뛰어나서 다른 책에도 많이 번역되어 있고 그 본문이 매우 길기에 여기서는 기록하지 않는다.)

---

[261] 윌리엄 글래드스턴(William Gladstone)이 1851년에 발표한 「나폴리 왕국에 관한 편지」(Letters to the Earl of Aberdeen on the State Prosecutions of the Neapolitan Government)를 일컫는다.

이때 나폴리 왕은 시칠리아 왕을 겸하고 있었는데, 실제로는 부르봉[262] 왕조(프랑스의 루이 14세가 바로 부르봉 왕조에 속한다)를 대표했다. 오스트리아와 프랑스라는 두 강국에 의지하고 오스트리아의 원조를 받고 있었다. 유럽 중세 말기에 자유주의의 맹아가 유럽 남부에서 처음 일어났을 때 남부 이탈리아의 자유 도시들이 가장 앞장섰는데, 시칠리아나 나폴리도 이 자유 도시들 중 하나였다. 그들이 역사상 일찍부터 자유를 획득한 명예를 지녔다가 지금은 도리어 외족의 허수아비 정권에 압제를 받아 전 유럽에서 가장 호소할 데 없는 백성이 되었으니 이를 설욕하려는 절박한 생각을 품는 것도 당연했다.

그리하여 이탈리아와 오스트리아가 북부에서 전쟁을 벌이고 있을 때, 시칠리아와 나폴리 인민은 만약 일을 도모하지 않은 채 이 기회를 놓치면 훗날 다시는 자립할 기회가 없을 것이라고 여겼다. 그래서 막 거사를 일으키려 할 때 북쪽에서 갑자기 [이탈리아-오스트리아] 화의가 정해졌다. 또 [거사 계획이] 나폴리 정부에게 알려져 갑자기 기세가 확 꺾이고 동지들도 꼼짝없이 결박당할 처지에 놓이게 되었다. 이에 마치니 당의 호걸 크리스피[263]가 기선을 제압하기 위해 앞장서 난을 일으켰다. 그는 팔레르모,[264] 메시나,[265] 카타니아[266] 등 여러 곳에 의로운 깃발을 세우고, 한편으로는 마치니,

---

262) 부르봉(비방, 波旁, Maison de Bourbon)
263) 크리스피(격리스비쟈, 格裡士比, Francesco Crispi, 1818~1901)
264) 팔레르모(파랍마, 巴拉摩, Palermo)
265) 메시나(멸스리/미셔로, 蔑士拿, Messina)

가리발디 두 호걸에게 원조를 청하는 급보를 보냈다. 때는 1860년 봄이었다.

266) 카타니아(아들이라, 卡達尼亞, Catania)

제20절 가리발디의 남부 이탈리아 평정

당시 가리발디는 고향인 니스가 프랑스에 할양되었다는 소식을 듣고 가슴에 울분이 맺혀 종종 남몰래 탄식했다.

"이제 내가 고향에서 도리어 외국인이 될 줄은 생각도 못 했다."

가리발디는 카보우르에게 깊은 불만을 품었다. 〔앞의 18절에서 가리발디가 국회에서 카보우르를 통렬히 비판한 후 사르데냐 왕이 이들을 화해시키기 위해 나섰다고 기록한 내용은 1861년 남북 이탈리아가 다 통일된 이후의 일이었다. 앞에서 다른 책을 잘못 인용하여 그 부분에 적어 넣었기에 여기서 바로잡는다.〕[267] 가리발디는 그때 남부 이탈리아의 반란 소식을 듣고 자신을 던져 자력으로 그 뜻을 달성하겠다고 결심했다. 그가 출행에 앞서 에마누엘레 왕에게 편지 한 통을 올렸다.

"신이 지금 계획하는 바는 지극히 위태롭고 지극히 위험한 사업임을 신도 알고 있습니다. 그러나 신은 감히 피하지 않으려 하옵니다. 만일 신이 뜻하는 바가 이뤄지면 원하건대 찬란한 새 보옥으로 왕의 면류관을 다시 장식할 수 있기를 바라옵니다. 신이 더욱 원하는 바는 폐하께서 건단(乾斷)[268]을 내리셔서 조정 신하의 용렬한 정

---

267) [앞의 18절에서⋯⋯여기서 바로잡는다]: 중국어본에서 저자 량치차오가 괄호 안에 주석(案)으로 달아 놓은 내용인데 국문본에는 누락되었다. 이에 따르면 1860년 국회 개설 이래 가리발디가 카보우르에게 적대적인 태도를 유지하다가 1861년 남북 이탈리아 통일 후에야 화해가 이뤄졌음을 알 수 있다.

268) 건단(乾斷): 군주의 결단. 성단(聖斷)이라고도 한다.

책을 물리쳐 주시는 것입니다. 제가 노래도 하고 통곡도 하고 낚시도 하고 놀기도 하던 이 한 조각 고향 땅을 돌려주옵소서. 그리하여 신이 그 땅에서 타족의 노예가 되는 일이 없게 하여 주옵소서. 누누이 다 말씀드리지 못하[고 이만 줄입니다.]"

가리발디가 이런 상서를 올린 후 왕의 허락을 기다리지 않고 원래 그 휘하에서 동고동락해온 '천인(千人) 부대'를 이끌고 제노바 해안을 출발하여 남쪽으로 향했다. 아아! 누가 가리발디 장군을 한갓 용맹하다고만 하는가? 당시 그의 뜻은 사르데냐 정부와 관계를 맺으면 안 된다는 것이었다. 서로 관계를 맺으면 공을 이루기도 전에 사르데냐를 가시나무밭 한가운데 빠트리는 셈이었다. 또한 [일을 이룬] 후에는 사르데냐 정부와 관계를 맺지 않을 수 없으니, 서로 관계를 맺지 않으면 통일 이탈리아의 목적이 끝내 달성될 수 없기 때문이다. 이에 토끼가 뛰고 송골매가 [먹이를 향해] 내리꽂듯 민첩한 수단으로 표연히 긴 바람을 타고 떠난 것이다. 때는 1860년 5월 5일이었다.

이때 카보우르는 어떻게 했는가? 이를 허용했는가? 이웃 나라의 반란을 이용하여 자국 백성을 선동하여 돕게 함은 정부가 해서는 안 되는 일이었다. 그러면 이를 금했는가? 동지의 대업을 방해하고 도탄에 빠진 동포를 방임하는 것은 정부가 더더욱 하고자 하지 않는 바였다. 이에 카보우르는 외교 수단을 발휘하여 그 중간에 섶나무처럼 서기로 했다.[269] 카보우르는 마치 가리발디의 음모 따

---

269) 그 중간에 섶나무처럼 서기로 했다: 『장자』(莊子) 외편(外篇) 「달생」(達生)편에

원 듣지 못한 듯이 그를 제지하지 않았고, 그가 스스로 떠난 후에야 그 소식을 들은 것처럼 행동했다. 이어서 각국을 향해 선포하기를 [사르데냐가] 엄중하게 중립을 지키고 폭민(暴民)을 진압하겠다고 소리를 높이면서 해군 함대를 파견해 가리발디를 뒤쫓아가도록 했다. 명분은 가리발디를 쫓아가 진압하겠다는 것이었지만, 실제로는 그를 후원하려는 것이었다. [해군 함대의] 출행에 앞서 카보우르가 해군 제독에게 〔지극히 간단한 한 마디로〕 훈령을 내렸다.

"이 [배]는 마땅히 가리발디 함대와 나폴리 함대 사이에서 항해해야 한다. 그대가 이 말뜻을 이해하기를 바라노라."

페르사노[270] 제독도 아주 간단하게 대답하였다.

"제가 이미 공의 뜻을 알았습니다. 만약 제가 오해를 했다면 저를 옥에 가두십시오."

가리발디가 떠난 후 그 소식이 각국에 전해지자 외교계의 격앙은 가히 상상할 수 없을 정도였다. 이때 오직 영국 하나만 도탄에 빠진 나폴리 [백성의] 고통을 근심하여 이 거사는 어쩔 수 없는 일이라고 옹호했다. 그러나 나머지 나라들이 [가리발디를] 해적이나 광인으로 매도하고 멸시하며 꾸짖는 말은 차마 들을 수 없을 정도였다. 다행히 가리발디의 지위는 외교적 간섭이 미칠 수 없는 것이었다.[271] 그리고 카보우르는 노련하고 민활한 정략으로 [상황에 대

나온 "無入而藏 無出而陽 柴立其中央"라는 구절을 인용한 것이다. '안쪽만을 중시하여 은둔하지 말 것이며 밖으로만 나가 너무 지나치게 드러내지 말고 안과 밖의 한가운데에 섶나무처럼 서야 한다'라는 뜻이다.

270) 페르사노(바이살나/비이살라, 比爾薩那, Carlo Pellion di Persano, 1806~1883)

처하며] 비난과 공격의 한가운데에서도 흔들리지 않았다.

아아! 가리발디가 남쪽으로 갔을 때 남부는 깊은 물 뜨거운 불속 같은 참혹함이 수백 년 쌓이고 더욱더 심해진 때였다. [이러한 때] 백전(百戰) 명장의 위엄과 영명함을 갖춘 가리발디 장군이 오자 하늘의 잔 구름을 걷어가듯 하며 바람이 낙엽을 쓸어가는 듯하였다. [가리발디가] 동쪽을 정복하면 서쪽 사람들이 왜 우리 땅을 먼저 정복하지 않느냐고 원망[272]하였고, 백성들은 왕께서 우리를 소생하러 오신다며 가리발디가 오기를 고대하였다.[273]

이때 나폴리 정부에는 훈련받은 군사가 비록 2만 명이나 있었지만, 가리발디가 온다는 소식만으로도 두려워하지 않는 자가 없었다. 바람 앞에 줄줄이 무너져 달아나니 며칠 지나지 않아 시칠리아가 모두 평정되었다. [가리발디 군대가] 포학한 임금 프란체스코 2세[274]를 사파적빈[275]에서 내쫓고 9월 7일에 나폴리에 입성했다. 나

---

271) 다행히……것이었다: 외교 관계란 국가들 사이의 조약들로 이뤄진 국제법적 관계인 반면 국가와의 공식적 관계를 끊고 독자 행동을 한 가리발디 부대는 국제법적 외교 관계 너머의 '해적' 내지 무법자로 간주되었음을 뜻한다.

272) 동쪽을……원망: 원문은 '동으로 치며 션편이 위에 옴을 원망ᄒᆞ여'이고 중국어본은 '東征而怨'이다. 『맹자』(孟子) 「등문공」(滕文公) 하편의 "東面而征, 西夷怨"라는 구절을 인유했다. 왕도 정치를 행하는 탕왕이 정복 전쟁을 벌일 때 백성들이 서로 앞다퉈 따르기에 동쪽을 정벌하면 서쪽의 백성들이 왜 우리를 먼저 정벌하지 않느냐고 원망했다는 뜻이다. 이런 뜻을 살려 의역하였다.

273) 백성들은……고대하였다: 원문은 '우리 후가 소성식히러 온다 ᄒᆞ더라'이며 중국어본은 '徯后蘇來'이다. 『상서』(尙書) 「중훼지고」(仲虺之誥)의 "徯我后, 后來其蘇"에서 온 것으로 『맹자』(孟子) 「양혜왕」(梁惠王) 하편에도 인용되어 있다. 폭도 아래 신음하는 백성들이 왕도를 베푸는 임금이 와서 자신들을 소생시키기를 기원하는 내용이다. 이런 뜻을 살려 의역하였다.

274) 프란체스코 2세(불란셔스 데이, 佛蘭西士第二, Francesco II di Borbone,

폴리는 궁지에 몰린 짐승이 오히려 죽을힘을 다해 싸우는 기세로 항거하였다. 가리발디 장군의 부장(部將) 빅시오[276]가 말했다.

"위태로우니 잠시 퇴각하여 그 칼날을 피해야 합니다."

가리발디 장군은 곧장 그 앞으로 가서 그의 입을 막으며 말했다.

"아아! 그런 말은 하지 말게. 우리는 어디서나 죽을 수 있으니 어찌 죽을 곳을 가려 선택하겠는가!"

마침내 결사적으로 싸워 적을 꺾고, 며칠 지나지 않아 가리발디와 그 동지들의 부대가 드디어 남부 이탈리아 전체의 주인이 되었다.

아아! 장부의 몸으로 떨쳐 일어나[277] 삼군(三軍)을 이끌고 불과 20일[278] 만에 만승(萬乘)[279]의 권세를 잡았구나! 이는 실로 유사 이래 가장 경천동지할 큰 공적이다. 훗날 누군가 공적을 이룬 자가 있다고 해도 능히 [가리발디]와 어깨를 나란히 하지는 못할 것이다.

이 소식이 빠르게 퍼져 세상을 뒤흔드니, 사람들은 눈이 휘둥그레지고 입이 딱 벌어져 다물지 못했다. 꿈인가 생시인가, 서로 분

1836~1894)
275) 사파적빈(사파덕, 斯巴狄賓): 가리발디가 시칠리아 정복 과정에서 큰 승리를 거둔 곳은 Calatafimi, Palermo, Gaeta 등이 있으나 '사파적빈'과는 발음의 차이가 크다. 나폴리 입성 전에 가리발디군의 선봉대가 Salerno를 점거하고 부르봉군이 철수했기에 살레르노를 가리킬 가능성도 있으나 확실하지 않기에 그냥 한자음대로 적었다.
276) 빅시오(비기지라, 比奇志那, Nino Bixio, 1821~1873)
277) 장부의 몸으로 떨쳐 일어나: 원문은 '칠척의 칼을 썰쳐'이나 중국어본의 '奮七尺以'의 '七尺'은 흔히 장부의 몸을 일컫는 표현이기에 수정하여 번역했다.
278) 20일: 원문은 '두 달'이지만 중국어본의 '兩旬'에 따라 수정하여 번역했다.
279) 만승(萬乘): '만 대의 병거(兵車)'라는 뜻으로 천자(天子) 또는 천자의 자리를 비유하기도 한다.

주히 소식을 전하며 말하였다.

"가리발디는 하늘이 낸 사람이다. 평범한 피와 살을 가진 사람이 아닐 거다."

아아! 이때 카보우르가 얼마나 기뻐했는지 알 만하다. 카보우르는 평소에 가리발디의 경솔하고 극렬한 수단을 걱정하면서 머리카락 하나를 뽑으면 온몸이 움직이는 것처럼 [가리발디의 급진적 행동이] 큰 판 전체를 그르칠까 두려워하였다. [그러나] 이런 시기 이런 장소에서 이처럼 경천동지할 대활극이 펼쳐질 때는 비록 카보우르 같은 재상이 백 명 있어도 가리발디 장군 한 사람의 손가락 발가락에 미치지 못할 것이다. 이로써 나폴리와 시칠리아의 구 정부가 무너지고 가리발디는 단번에 두 나라의 섭정관이 되었다.

제21절 **남북 이탈리아의 합병**

마치니는 이때 가리발디의 군중(軍中)에 머물며 온갖 사무에 참여하고 있었다. 그는 대업이 이미 이루어졌는데도 가리발디가 스스로 섭정관이라고 칭하며 독립할 뜻이 없는 것을 보고 책망하였다.

"어째서 공화정을 선포하지 않습니까?"

가리발디 장군은 진실로 공화정을 사랑하는 자다. 그러나 공화정에 대한 사랑이 이탈리아를 향한 사랑보다 크지 않았다. 가리발디 장군의 뜻은 이러했다.

"통일이 없으면 곧 이탈리아가 없다. 그렇기에 공화제를 통해 통일을 이룰 수 있으면 모든 것을 희생해서라도 공화제를 따를 것이요, 반대로 공화제를 하지 않아야 통일을 이룰 수 있다면 모든 것을 희생해서라도 공화제를 하지 않는 쪽을 따르겠다. 내가 추구하는 바는 오직 '통일'이라는 목적일 뿐이니, 그 수단이 무엇인지는 신경 쓰지 않겠다. 오늘날 하나의 이탈리아가 없어서는 안 되며, 두 개의 이탈리아가 있어서는 안 된다. 지금 사르데냐가 이미 통일할 자격을 갖추고 북방에서 일이났고, 우리 또한 통일할 자격을 갖추고 남방에서 일어났으니, 이는 두 개의 이탈리아인 셈이다. 진실로 이탈리아를 사랑하는 마음이 있으면 반드시 하나를 굽혀서 다른 하나를 펴지 않으면 안 된다. 그런데 지난 수십 년 동안 정신을 가다듬어 내치에 힘쓰고, 부국강병을 이루었으며, 영명한 임금과 어진 신하를 갖춘 사르데냐가 하루아침에 그 이룬 바를 버리고 나를 따르는 것은 물론 불가능하다. 설령 가능하다고 해도 공화정의 앞날이 그 [사르데냐 왕국]보다 더 낫다는 것을 어떻게 보장할 수 있겠는가?"

이에 가리발디 장군은 남부 이탈리아를 굽히고 북부 이탈리아를 펼 뜻을 정하니, 그 결심이 확고하여 꺾을 수 없었다. 마치니도 이를 반박할 수 없어서 마침내 가리발디가 하는 대로 따랐다. 비록 그렇지만 가리발디와 마치니는 둘 다 옛 로마를 숭배하여 수십 년 동안 밤낮으로 [로마를 향해] 품은 마음을 떨치지 못하였다. 그들의 생각에는 만약 로마가 없다면 이탈리아는 끝내 [온전한] 이탈리아가 될 수 없었다. 그리하여 그들은 사르데냐 왕이 스스로 만족하고 [현 상태에] 안주할까 두려워했다. 이에 글을 올려 왕에게 요청하였다.

"신이 이제 섭정관의 권좌(權座)에 올라 임시로 일을 처리하고 있습니다. 그러나 우리 왕께서 로마에 도읍을 정하는 날이 오기 전까지 신은 감히 왕의 어떤 명령도 따르지 않겠습니다."

이것이 당시 남부 여러 호걸이 파악한 형세였다.

카보우르는 가리발디가 남부를 평정했으며 또 마치니가 그 군중에 머물고 있다는 소식을 듣고, 기쁘고도 놀랍고도 두려웠다. 그래서 페르사노 제독에게 급히 명을 내렸다.

"이탈리아가 외족의 모욕과 핍박, 전제의 속박, 광인(狂人)의 날뜀이라는 세 가지 고해(苦海)를 벗어나지 못하면 능히 자존할 수 없을 것이다."

이른바 광인의 날뜀이란 마치니의 무리를 가리킨 것이다. 어째서 [마치니 무리를] 광인이라고 지목하였는가? 카보우르의 첫 번째 우려는 가리발디가 마치니의 공화주의에 대한 미신에 감화되어 서로 양보하지 않다가 마침내 분열될 수도 있다는 것이었다. 두 번째는 그들이 한 번 승리한 기세를 타서 자기 힘을 헤아리지 못하고 곧장 로마를 공격할까 염려했기 때문이다. 그렇게 되면 반드시 프랑스의 간섭을 부르게 될 터인데, 이 구구한 민간 의용대는 강국의 오래 단련된 군사에 적수가 되지 못하여 결국 멸망하게 될 것이다. 그러니 그 초조하고 조급한 마음이 이루 헤아릴 수 없었다. 이것이 당시 북부 여러 호걸이 파악한 형세였다.

이때 이탈리아가 천 길 하늘과 천 길 심연의 경계선에서 [어느 쪽으로 향하게 될지는] 머리카락 한 올 차이에 달려 있었다. 카보우르의 필생 사업이 여기에 달렸고, 마치니의 필생 사업이 여기에 달렸으며, 가리발디의 필생 사업이 여기에 달려 있었다. 역사를 읽는 우리는 이 대목에 이르러 흥겨워 노래하고 일어나 춤추며 탁자를 두드리고 술을 들이켜겠지만, [당시 이탈리아의] 여러 호걸은 한창 뇌수를 짜내고 심혈(心血)을 토하며 전전긍긍 침잠하고 두려워하였다.

바로 이때 카부우르는 자신의 노련한 징략을 발휘하여 지극히 어렵고 크나큰 책임을 저 거칠고 호기만 앞선 협사(俠士)들의 수중에서 침착하고 온건한 정치가의 수중으로 옮겨오려고 힘썼다. 이에 로마로 대군을 파견하여 기선을 제압함으로써 가리발디의 운동을 막겠다고 결정하였다. 그러나 각국은 가리발디의 남벌(南伐)에 대해 그 장군이 원래 사르데냐의 장군이요, 그 병사가 모두 사르데냐 백성이니 이는 분명 사르데냐 정부가 사주한 것이며 입이 백

개라도 할 말이 없다며 분분히 비판하였다. 이러한 때에 [카보우르가] 대군을 거듭 로마에 파병하니 여러 나라가 어찌 침묵할 수 있겠는가. 이에 카보우르의 외교 정략이 다시 발휘되었다. 카보우르는 각국에 주재하고 있는 본국 공사들에게 이렇게 알렸다.

"만일 우리 군대가 가리발디군이 볼투르노[280] 강에 이르기 전에 칼라브리아[281]를 선점하지 못하면 우리나라는 분명 망할 것이다. 이탈리아는 반드시 혁명의 고해(苦海)에 빠지게 될 것이다."

프랑스 황제 나폴레옹 3세가 이를 듣고 말했다.

"너희 사르데냐가 이미 이런 위험을 알고 있으며 또 오늘날 [그 위험에서] 스스로를 구해야 함을 알고 있지 않은가. 그렇다면 모든 것을 걸고 운명의 도박을 해서 저 선동가들을 스스로 제압해야 할 것이다."

이때 나폴레옹 3세는 흔쾌히 이렇게 말했으나 바로 이 한 마디야말로 카보우르가 원했던 바임을 알지 못했다. 이에 카보우르는 의연하게 모든 책임을 자신이 다 짊어지겠다고 말했다. 마침내 사르데냐 군대가 9월에 남쪽으로 출병했다. 사르데냐군은 카스텔피다르도[282]에서 로마교황의 군대를 만나 크게 격파하고[283] 앙코나[284]를 점령했다.

---

280) 볼투르노(하덕텬라, 荷的天那, Volturno)
281) 칼라브리아(개덕니아, 喀德裡卡, Calabria)
282) 카스펠피다르도(아ᄉ덕비달라, 卡士的菲達羅, Castelfidardo)
283) 크게 격파하고: 원문은 '크게 패ᄒ고'이나 중국어본과 맥락을 참조하여 수정하였다.
284) 앙코나(안가라, 安哥那, Ancona)

[남북 이탈리아의 분열이라는] 카보우르의 첫 번째 우려는 대개 기우에 불과했다. 가리발디는 이미 일찍부터 [이탈리아 통일을] 염두에 두고 있었기 때문이다. 그러나 [가리발디 군대가 로마로 진격하리라는] 두 번째 우려는 과연 생각한 대로였다. 만약 카보우르가 급히 따라잡지 않았다면 앞날이 어찌 될지 모를 일이었다. 마치니는 가리발디에게 말했다.

"우리 군사가 20일 이내에 로마나 베네치아에 들어가지 못하면 우리의 뜻은 끝내 달성되지 못할 것입니다."

가리발디 장군도 이를 수긍하였고 급히 군사를 정돈하고 말을 먹여 [로마를 향해] 행군하였다. 다행히 하늘이 이탈리아를 도우사 나폴리가 남은 군졸을 수습해서 볼투르노 강 북안에서 가리발디 부대를 막아섰다. 10월 1일 양군이 비로소 결전을 치르니 나폴리 군대가 크게 궤멸되고 그 왕은 가에타[285]로 패주했다. 그러나 사르데냐 군대는 이미 강을 건너 남하했다. 이때 에마누엘레 왕은 가리발디 장군의 뜻이 어떠한지 아직 알지 못해서 두 군사가 혹시 충돌할까 봐 깊이 염려하였다. 그러나 어찌 알았겠는가. 가리발디 장군이 이미 대오를 정돈한 후 넓은 소매에 때로 찌든 붉은 이투를 걸치고, 손에는 녹색 끈을 늘이뜨린 찌그러진 모자를 들고, 활짝 웃으며 왕을 영접하러 나올 줄을!

"신이 폐하를 기다린 지 이미 오래입니다."

왕 역시 그의 손을 붙잡고 위로하며 말하였다.

---

285) 가에타(기달, 基達, Gaeta)

"경의 현명한 노고에 감사하노라."

아아! 그 호쾌하고 씩씩한 태도가 천년 후에도 눈에 보일 듯하다. 군자가 역사를 읽다가 이 대목에 이르러 이탈리아가 흥한 이유가 여기에 있음을 보고 감탄하노라.

가리발디 장군이 피와 땀으로 얻은 토지를 그 왕에게 헌납하고자 하여 그 전날 고별 선언문을 발표하였다.

여러분! 여러분! 내일은 실로 우리 국민의 일대 기념일입니다. 무슨 까닭입니까? 우리 공통의 군주이신 에마누엘레 왕께서 수백 년 동안 우리 국민을 갈라놓았던 장벽을 무너뜨리고 친히 이 땅에 임하시기 때문입니다. 우리가 정성을 다하고 공경을 다하여 우리 왕을 영접합시다. 우리가 정성을 다하고 공경을 다하여 상제가 내리신 우리 왕을 환영합시다. 우리의 사랑이 능히 왕을 감동시킬 것입니다. 우리가 '협동'이라는 꽃을 왕의 길에 뿌림으로써 왕을 기쁘게 해드릴 수 있을 것입니다. 지금부터 다시는 정치상의 이견이 없을 것이며 지금부터 다시는 당파도 없을 것입니다. 지금부터 다시는 경쟁도 없을 것이요, 불화도 없을 것입니다. 지금부터는 [아름다운] 비단 같고 [왕성한] 찻잎 같은 우리 이탈리아가 총명하고 용감하고 인자하고 지혜로운 에마누엘레 왕 치하에서 통일될 것입니다. 이탈리아 만세! 만세! 에마누엘레 만세! 만세!

11월 7일에 왕이 가리발디 장군과 말고삐를 나란히 하고 나폴리에 들어갔다. 이 담박하고 평온한 장군은 모든 군사와 모든 땅을 왕께 헌납하고 훈장이나 작위도 일절 받지 않았고 상도 일절 받지 않았다. 시종 한 명도 데려가지 않고, 짐 하나도 챙겨가지 않은 채, 몸 하나만 훌훌 떠나 곧장 카프레라 섬에 돌아가 은거했다. 오호라! 동서고금 수천 년의 역사를 두루 읽고 장군과 같은 한 사람을 구하고자 해도 어찌 얻을 수 있겠는가. 그나마 북미합중국의 국부 워싱턴[286]이 그에 가깝다고 할 것이다.

---

286) 워싱턴(화성돈, 華盛頓, George Washington, 1732~1799)

제22절 **제1대 국회**

　에마누엘레가 나폴리와 시칠리아를 얻었으나, 나폴리의 옛 왕 프란체스코는 이를 달가워하지 않았다. 그래서 사르데냐의 왕과 가리발디의 무도함을 각 나라에 호소하고, 오스트리아와 프랑스에 원조를 구하였다. 오스트리아 왕은 비록 구원하고 싶은 마음은 있으나 메테르니히의 전제정치 이후에 국내에 반대가 심해졌고 대군을 움직이면 혁명의 참화를 면하지 못할까 염려하여 감히 국외에서 무력을 쓰지 못하였다. 나폴레옹은 곧바로 군함을 파송하여 구해주겠다고 공언했으나 이는 빈말에 불과할 뿐 꼭 구원해야겠다고 결심한 것은 아니었다.
　카보우르는 왕께 글을 올려 아뢰었다.
　"이제 열강들의 [개입하지 않겠다는] 의향을 알 수 있으니, 하늘이 주는 것을 취하지 않으면 반드시 재앙을 받게 될 것입니다. 그러나 일에는 순서가 있는 법입니다. 청컨대 이전 북부에서의 전례를 따라 전국에 보통선거를 실시해 주십시오."
　왕이 이 말을 따랐다. 결국 [투표를 통해 나폴리 등이] 대다수의 찬성으로 사르데냐에 합병되었다. 프란체스코 왕은 매우 분개하며 전쟁을 일으켰으나 단번에 패하고 항복을 구했다.
　1861년 2월 18일 제1차 국회가 열렸다. 로마와 베네치아 두 곳을 제외한 이탈리아 전 국민이 모두 국회의원을 선출했고 이들이 민의(民意)를 대표하여 일제히 토리노에 모였다. 국회는 승전가가 우렁차게 울려 퍼지는 가운데 열렸으니 그 기쁨과 경축의 [분위기가 어떠했을지] 알 만하다.

그러나 아름답지만 부족한 점도 있었다. 무엇이 부족한가? 로마와 베네치아 두 곳은 실로 이탈리아의 옆구리에 해당하는데, 지금 옆구리에 해당하는 곳에 두 개의 상처가 길게 벌어져 있는 셈이었다. 로마는 이탈리아 지사들이 숭배하는 [우상이다.] 가리발디의 세력도 여기서 일어났고, 마치니의 세력도 여기서 일어났다. 저 두 호걸이 모두 로마를 얻지 못하면 비록 죽어도 눈을 감지 못한다는 결심이었다. 어찌 저 두 호걸뿐이겠는가. 침착하고 신중한 카보우르조차 늘 이렇게 말했다.

"이탈리아가 로마에 도읍을 정하지 않으면 강국으로서의 통일은 불가능하다."

또 어찌 저 세 호걸뿐이겠는가. 전 이탈리아의 피와 눈물을 가진 남아들이 진실로 로마를 노래하고, 로마로 인해 울고, 로마를 숭배하고, 로마를 꿈꾸지 않는 자가 없었다. 그렇기에 이탈리아는 몸체는 갖춰졌으나 아직 우두머리가 없는 뭇 용들과도 같았다. 그렇기에 아름답지만 아직 부족함이 있다고 한 것이다.

제23절 **카보우르의 서거와 미완의 뜻**

제1차 국회가 열린 지 몇 개월 후에 카보우르 수상이 마침내 영면에 들었다. 그가 평생 뜻한 일이 열에 여덟, 아홉은 이뤄졌다. 그렇지만 나라의 진보에는 끝이 없고 사람의 희망도 끝이 없기에 애국지사의 책임과 회포와 아쉬움 또한 끝이 없다. 카보우르도 무수히 많은 미완의 과업이 남아있음을 자각하며 뜻을 다 이루지 못한 채 죽었다. 그 가운데 가장 큰 과업이 두 가지 있었다.

첫째는 나폴리의 사후 처리 문제였다. 나폴리가 비록 합병되었으나 그 백성이 능히 다 동화되지 못했다. 나폴리 백성은 오랫동안 전제 정부 아래에서 복종하며 살았기에 법률이 있음을 알지 못했다. 근래에 민기(民氣)가 크게 격동한 이후로는 방자하게 날뛰면서 걸핏하면 정부가 하는 일에 반대를 일삼았다. 이에 조정에서는 엄중한 수단으로 다스리고자 하는 논의가 있었다. [그러나] 카보우르는 이를 크게 우려하여 사람들에게 항상 이렇게 말했다.

"함부로 계엄령을 선포하여 위력으로 나라를 다스리고 군정(軍政)으로 백성 위에 군림한다면 아무리 지혜로운 자라도 그 뒷일을 수습하지 못할 것이다."

카보우르는 자신이 죽은 후 정사를 맡은 자가 이렇게 [계엄령을 선포]하여 자신의 과업을 무너트릴까 매우 염려하였다. 병상에 누워서도 마치 악몽을 꾸듯 갑자기 혼잣말로 중얼거렸다.

"계엄령을 내려서는 안 된다. 계엄령을 내려서는 안 된다."

그러기를 하루에도 수십 차례나 반복하니, 그의 근심이 얼마나 깊었는지 알 수 있다.

　두 번째는 교황의 권한 문제였다. 로마 교황은 일천 년 동안 이탈리아의 대권을 장악해왔기에 그 권세가 한갓 종교와 교육에 국한되지 않고 정치에까지 미쳤다. 만일 교황이 이 반도(즉 이탈리아)를 자신의 관할 영토로 인식한다면 이탈리아 왕은 결코 국민 정부의 수장이 될 수 없을 것이다. 사리가 그러함은 쉽고 분명히 알 수 있었다. 그러나 교황의 존엄은 진실로 나폴리 왕에게 했던 [무력의] 방법으로 다룰 수 없었다. 그렇다고 교황이 기꺼이 스스로 물러나 천 년간 누려온 고유한 권력을 공손히 이탈리아 왕에게 넘겨주는 것도 기대하기 어려운 일이었다. 이탈리아 조정으로서는 난처하지 않을 수 없었다.

　1860년 로마냐 지역이 이탈리아에 합병되자 교황이 크게 노하여 그곳 백성을 교회에서 파문하겠다고 선언했다. 에마누엘레 왕이나 카보우르가 교황에게 절연을 당한다고 해도 그 두 사람에게 손해될 것은 없었다. 그러나 이 왕과 신하처럼 교회에 열심인 사람도 없었다. 그렇기에 그들은 항상 조심조심하며 [교회에 잘못을] 범하지 않으려고 했다. 그러나 일국(一國)의 대계를 위해서라면 어찌 끝내 참고만 있을 수 있겠는가. 카보우르는 개혁의 대업이란 전국에 두루 퍼지지 않고는 성공할 수 없음을 잘 알고 있었기에 늘 이렇게 말했다.

　"무릇 한 나라의 도읍을 선택하는 것은 인민의 감정에 따르지 않을 수 없다. 로마는 실로 대국의 수도로 적당하다. 역사상으로 보나 지식상으로 보나 도덕상으로 보아도 그러하다. 지금의 계획을 위해서는 교황이 정치 권력에 의존하지 않더라도 교회의 위력이 독립할 수 있음을 깨닫게 해야 한다. 교황이 정치 권력에서 벗어난 후에야 교회는 날로 더 영광을 얻게 될 것이다. 내가 한 주의를 이탈리아에 선포하고자 한다. '자유로운 국가에 자유로운 교회를 건설하라!'"

카보우르는 이런 신념을 품고서 로마 교황청과 여러 차례 성심껏 협의하였지만, 일은 뜻대로 되지 않았다. 이탈리아가 한 걸음 나아갈 때마다 교황의 집요함은 한층 더 심해졌다. 대정치가가 이러한 이상을 머릿속에 품은 지 십수 년이나 되었지만, 결국 이 이상을 품고 무덤으로 향했다. 아! 슬프구나!

카보우르는 삼십여 년의 [공적] 생애 동안 인간이 능히 기울일 수 없는 수고를 기울이고, 인간이 능히 짊어질 수 없는 근심을 짊어졌다. 말년에는 더없이 기쁜 승리와 더없이 슬픈 실패를 잇달아 반복하여 겪었다. 그리하여 쇠와 돌처럼 단단하고 금과 옥보다 빛나던 그의 몸도 모두 소진되고 말았다.

에마누엘레 왕은 그가 임종하기 열흘 전부터 한 걸음도 떨어지지 않고 그 곁을 지켰다. [카보우르가] 임종 시 외친 것은 다름 아닌 이런 말뿐이었다.

"나폴리에 계엄령을 내리는 것은 절대로 아니 되옵니다. 절대로 아니 되옵니다. 오직 그들을 정화(淨化)하십시오. 그들을 정화하십시오. 그들을 정화하십시오.[287]"

---

[287] 그들을 정화하십시오: 원문은 '저들을 말키소서'. 중국어본은 '淸彼等'이다. 중

최후의 순간에는 그 곁을 지키고 있던 아우를 돌아보며 말했다. "아우야, 아우야, 자유로운 나라에 자유로운 교회!"

1861년 6월 6일[288] 이탈리아 독립의 대정치가이자 수상인 카보우르 백작이 죽었다. 위로는 왕부터 아래로는 사대부, 농민, 상인, 아이, 군졸에 이르기까지 부모상을 당한 것처럼 슬피 통곡하지 않는 이가 없었다. 조정에서는 관청의 문을 닫고 민간에서는 시장 문을 닫은 채 이탈리아 온 국민이 몇 달 동안 깊은 슬픔의 바다에 잠겼다.

아아! 이탈리아인의 질곡을 카보우르가 벗어나게 했으며, 이탈리아인의 가시덤불을 카보우르가 제거했다. 이탈리아인의 상식을 카보우르가 가르치고 이탈리아인의 자유를 카보우르가 찾아주었다. 이탈리아는 카보우르의 처가 아니라 카보우르의 아이였다. 카보우르가 이탈리아를 떠났을 때 나이는 겨우 51세였다. 다시 10년만 더 있었더라면 그가 못다 한 과업을 다 마치고, 그가 이루지 못한 바람을 다 이룰 수 있었을 것이니, 내가 감히 말하건대 이탈리아의 세력이 오늘에 그치지 않았을 것이다. 카보우르가 이탈리아를 만듦은 비스마르크[289]가 독일을 만든 것과 뜻이 같은데, 비스마르크의 죽음은 카보우르의 죽음보다 30여 년 후였다. 이것이 독일

국어본에는 괄호 안에 'Lilavi, lilavi, lilavi'가 병기되어 있는데, '그들을 씻겨주십시오'를 뜻하는 이탈리아어 'Li lavi'를 붙여 쓴 것이다.
[288] 1861년 6월 6일: 중국어본, 국문본 모두 5일로 잘못 표기되어 있으나 역사적 사실에 따라 바로잡았다.
[289] 비스마르크(비스믹, 俾斯麥, Otto Eduard Leopold Fürst von Bismarck-Schönhausen, 1815~1898)

이 지금의 독일이 될 수 있었던 까닭이며, 이탈리아가 겨우 지금의 이탈리아가 된 까닭이다. 이것이 내가 이탈리아인들을 위해 거듭 슬퍼하지 않을 수 없는 까닭이다.

그러나 카보우르는 죽어서 눈을 감을 수 있었을 것이다. 링컨[290]은 노예 해방을 일생의 대사업으로 삼아 남북전쟁이 겨우 평정된 후에야 세상을 떠났다. 카보우르가 이탈리아 통일을 일생의 대사업으로 삼아 제1회 국회가 겨우 열린 후에야 세상을 떠났다. 아아! 카보우르 또한 눈을 감을 수 있었을 것이다.

---

[290] 링컨(임금, 林肯, Abraham Lincoln, 1809~1865)

제24절 가리발디가 투옥된 후 영국으로 건너가다

　이때 이탈리아는 실로 카보우르 한 사람이 없어서는 안 될 상황이었다. 그러나 카보우르가 서거하자 온 나라가 실망에 빠져 어찌할 바를 몰랐다. 다행히 나폴레옹 3세가 오히려 동정을 표하며 6월 하순 마침내 이탈리아의 독립을 공인하고 이탈리아 수도에 공사(公使)를 파견하였다.

　카보우르의 뒤를 이은 것은 리카솔리[291] 남작이었는데, 소하(蕭何)가 제정한 법규를 조참(曹參)이 따르듯 옛 정책을 답습할 뿐,[292] 인망을 얻을 만한 별다른 수완이 없는 자였다. 그해(1861년) 7월에 이탈리아 정부가 로마 교황과 교섭할 법안을 초출하여 프랑스를 통해 교황 피우스 9세에게 전달했다. 교황이 정치적 권력을 포기한다면 막대한 금액을 보상하고 또 교권(敎權)에 무한한 자유를 보장하여 정부가 절대로 간섭하지 않겠다는 내용이었다. 그러나 피우스 교황은 고집을 부리며 응하지 않고, 천 년 동안 역대 교황이 집권해 왔던 귀속 영토를 한 치도 할양할 수 없다고 선언하였다. 그러자 정부는 마땅히 대응할 방책이 없었고, 이탈리아 국민은 크게 격앙되었다. 혁명당 또한 다시 여기저기서 봉기를 일으켰다.

---

291) 리카솔리(이아사리, 利卡梭裡, Bettino Ricasoli, 1809~1880)
292) 소하……답습할 뿐: 원문은 '쇼하의 규모를 조참이 쌀앗으니'이며 중국어본의 '蕭規曹隨'에 대응한다. 한나라 건국 공신인 조참(曹參)이 소하(蕭何)의 뒤를 이어 2대 상국(相國)이 되었는데 소하가 정한 법규가 훌륭하니 그대로 따르기만 하면 된다고 한 데서 유래하여 예전부터 사람들이 쓰던 제도를 그대로 따르거나 이어나가는 것을 이르는 말이다. 이런 뜻을 살려 의역하였다.

이에 가리발디가 쟁기를 내던지고 카프레라에서 다시 궐기하여 1,500명의 의용병을 이끌고 시칠리아에 상륙하였다. 이어서 불과 한 달 만에 메시나[293] 해협을 건너 교황의 영지로 진입하였다. 이탈리아 정부는 [이 사태가] 물의를 일으켜 열강의 간섭을 야기하고 사직을 위태롭게 할까 봐 두려워 급히 군사를 파견하여 [가리발디 의용군의 진로를] 막았다. 8월 29일 두 군대가 아스프로몬테[294]에서 마주쳐 충돌이 일어났는데, 가리발디 장군이 부상을 입고 국왕군의 포로가 되었다. 이때 가리발디는 위로는 왕부터 아래로는 백정, 보부상, 어린아이, 심부름꾼에 이르기까지 모두에게 우상으로 숭배받고 있었지만, [정부는] 외교상 혐의 때문에 어쩔 수 없이 그를 바리냐뇨[295]에 구금하였다.

그러나 유럽 각국의 여론은 더욱더 [가리발대에게] 경도되어 거의 불가사의한 지경에 이르렀다. 장군이 바리냐뇨에 머물러 있을 때 무심코 시종에게 이렇게 말했다.

"영국인의 음성을 가장 듣고 싶구나."

이 말이 나온 후 각 신문사에서 다투어 이를 보도하고 전파하였다. 그러자 영국의 이름난 여성과 신사 중에 [가리발디의] 헛기침 소리라도 직접 들어 명예로 삼겠다는 자, 자신의 한마디 말로 그의 적막함을 위로하여 크나큰 공덕을 쌓겠다는 자가 귀천과 노소와

---

293) 메시나(미서로, 眉西奴, Messina)
294) 아스프로몬테(아스보라문, 亞士뽐羅門, Asprómonte)
295) 바리냐뇨(파력라라, 巴力拿羅, Fortezza del Varignano): 이탈리아 라스페치아(La Spezia) 근처의 해군 요새로 가리발디가 체포된 후 유폐된 곳이다.

도농(都農)을 불문하고 마치 늦을세라 분주히 모여들었다. 바리냐뇨의 숙소는 갑자기 영국 손님들로 가득 찼다. 그중 한 노파는 사랑하는 어린 딸을 데리고 본국에서 만 리 바다를 건너 가리발디 장군이 수감된 지역으로 찾아왔다. 그리고는 자신이 간호부가 되어서 장군에게 매일 말소리를 들려줘 기쁘게 해드리고 싶다고 청하였다. 장군은 겸손히 사양하였지만, 그 모녀는 타국 언어를 하나도 알아듣지 못하는 데다 여비도 거의 떨어져서 돌아갈 길이 막막했다. 이탈리아 정부의 구조를 받아 간신히 고향으로 돌아갈 수 있게 되었지만, 오히려 반드시 그 목적을 달성한 후에야 돌아가고자 했다. 이런 뜻이 가리발디 장군에게 전해져서 마침내 [모녀가] 잠깐이나마 감옥 안에 들어갈 수 있도록 허락받았다. 거기서 장군이 친히 쓴 글 한 장과 반백의 머리털 한 올을 얻고 미친 듯이 기뻐하며 돌아갔다. 아아! 이는 비록 작은 일이지만, 가리발디 장군의 열정이 한 시대를 얼마나 매료시켰으며, 서방 인민의 풍속에서 영웅을 숭배하고 우상처럼 신앙하던 기상이 얼마나 컸는지 보여준다.

 오래지 않아 가리발디 장군이 옥에서 나와 마치니가 제2의 고향이라고 했던 영국을 두루 돌아다녔다. 영국인의 로마 문제에 대한 열정을 불러일으키고자 한 것이다. 영국인은 본래 손님맞이를 좋아하기로 천하에 유명하지만, 환대의 간절한 정성과 극렬한 격동이 이때보다 더 심했던 적이 없었다. 장군의 배가 사우샘프턴[296]에 도착하여 뭍에 오를 때 강가에 개미 떼처럼 모여든 영국인이 수만

---

[296] 사우샘프턴(사승보톤, 梭僧蔀頓, Southampton)

명이나 되었다. [가리발디 장군은 이들] 한 사람 한 사람과 악수를 하고, 한 사람 한 사람과 입을 맞추느라 하루의 절반이 지나도록 한 걸음도 내딛지 못했다. 칼을 휘두르던 장군의 활달한 손이 [악수로] 부어 올라 움직일 수 없을 정도요, 전쟁의 먼지에 찌든 장군의 얼굴에는 [입맞춤으로 묻은] 침이 흘러내릴 지경이었다. 장군이 수십 년 동안 출입할 때마다 입고 다니던 붉은 외투는 열광적으로 숭배하는 자들이 잡아채고 낚아채서 백 수십 조각으로 찢어졌으며, 저마다 그 옷의 한 조각 한 오라기를 보물처럼 여기며 자랑하였다. 영국 전 사회가 조정에 있는 자나 재야에 있는 자나, 노인이나 젊은이나 모두 생각하는 힘도 마음의 힘도 잃은 것 같았다. 그 마음과 생각 가운데 직업도 없고, 학문도 없고, 번뇌도 없고, 〔즐거움도 없이〕, 오직 가리발디 장군이 있는 것만 알았다. 아아! 대장부이자 참된 남자라면 마땅히 이러해야 하지 않겠는가! 마땅히 이러해야 하지 않겠는가!

    나폴레옹 3세는 원래 가리발디 장군을 좋아하지 않았다. 그런데 그가 영국에서 이토록 극렬한 환영을 받는다는 소식을 듣고 유럽 전역이 그 영향을 받을까 두려워하였다. 이에 영국 재상 파머스턴에게 몰래 이 손님을 귀국시키도록 권하니, 머지않아 가리발디 장군이 [이탈리아로] 돌아가게 되었다.

제25절 가리발디의 로마 재입성. 두 번째로 패하고 두 번째로 붙잡히다

1864년 에마누엘레 왕이 다시 로마 문제로 나폴레옹 3세와 협의하여 그해 9월 양국이 조약을 체결하였다. 프랑스는 로마에 주둔한 수비병을 철수시키고 이탈리아 왕은 [로마 교황의] 정치 권력을 침범하지 않는다는 내용이었다. 이는 점진적인 외교 정책으로서 부득이한 조치였다. 그러나 터질 듯한 열정을 지닌 가리발디 장군은 [사태가] 이에 이르자 참으려 해도 도저히 참을 수 없었다. 그가 젊었을 때부터 품고 있던 공화주의가 다시 발현되어서 이렇게 구습에 젖은 제정(帝政) 아래에서는 끝내 이탈리아 통일의 대업을 이룰 수 없으리라고 여기게 되었다. 이에 대중에게 선언하였다.

"오늘 우리는 반드시 바티칸[297] 궁전 위에 공화국 국기를 세워야 한다. 아! 공화주의여! 하루도 더 늦출 수 없다. 아! 공화주의여! 하루도 더 늦출 수 없다."

당시 이탈리아 왕은 침착하고 영민한 총리 [카보우르]를 잃고, 여기서는 공화당의 급진 운동에, 저기서는 산악당(산악당은 교황의 정치 권력을 주상하는 자들이다)의 절대적인 반대에 부딪혀 있었다. [더욱이] 밖으로는 프랑스 황제 나폴레옹 3세가 시기하며 흘겨보고 있었다. 이렇듯 사면초가의 상태에 놓인 이탈리아 왕이 얼마나 애태우며 고심했을지 헤아릴 수 없을 정도다.

---

297) 바티칸(파덕간, 巴的幹, vatican)

1867년 가을 정부는 갑자기 다시 명을 내려 가리발디 장군을 체포하고, 카프레라 섬에 구금시킨 후 지방관에게 감독하도록 했다. 얼마 지나지 않아 장군의 아들 메노티[298]가 밖에서 의용대를 조직해서 다시 교황의 영지를 침략했다. 노장 가리발디는 이 소식을 듣자 불끈거림을 참을 수 없어 마침내 10월 14일 카프레라를 탈출했다. 그는 가는 곳마다 열렬한 호응을 받고 거센 바람과 소나기 같은 기세로 로마냐에 이르러 아들과 상봉하였다. 노장군과 [젊은 장군이] 말고삐를 나란히 하여 로마에 입성한 후 몬테로돈토[299]에서 적군과 격전을 벌여 대승을 거두니, 로마가 두 번째로 거의 가리발디의 수중에 들어갔다.

그러나 피렌체 정부(이탈리아는 1865년부터 토리노에서 피렌체로 수도를 옮겼다)는 [이 일로 열강들에게] 트집을 잡혀 일이 어그러질까 염려하였다. 그래서 기선을 잡고자 군대를 로마에 급파했고, 프랑스 군대도 그 뒤를 따랐다. 이에 가리발디 장군이 삼면에서 적을 맞아 진퇴양난이 되었다. 그는 부하들을 모아 다음과 같이 경고하였다.

"우리는 귀중한 피를 대가로 이 로마를 이탈리아 공적(公敵)의 손에서 빼앗아냈다. 이제 피렌체 정부가 병력을 보내 이곳에 들어오고자 하니 우리는 지극한 사랑으로 우리 동포(왕과 정부군을 가리킨다)를 환영하며, 서로 힘을 다해 저 잔학한 용병(프랑스군을 가리킨

---

[298] 메노티(미라치, 美那治, Menotti Garibaldi, 1840~1903)
[299] 몬테로돈토(문덕랑, 門的郞, Monterotondo)

다)을 국경 밖으로 쫓아내기를 바란다. 이것이 구구한 지난 10년 동안 내가 품어왔던 본래 뜻임을 여러분도 잘 알 것이다. 그러나 비열하고 나약한 정치가들이 이도 저도 아닌 모호한 정책에 따라 소위 9월에 체결된 괴이한 조약(1864년 이탈리아 왕이 나폴레옹 3세와 정한 조약)을 계속 유지하고자 하며, 우리에게 무기를 버리고 저 요사스러운 여우와 교활한 악마(나폴레옹 3세와 교황을 가리킨다)에게 굴복하도록 강압한다면, 나는 '자기 칼로 자기 영토를 보호한다'(서양의 속담이다)라는 권리를 지킬 따름이며 다른 말은 듣지 않을 것이다. 로마 정부는 반드시 로마 인민의 공공의 뜻을 모은 투표로 선출해야 한다. 여러분! 여러분! 천 년간 우리 조상들이 거주해왔던 이 수도, 그 위에 자유로운 통일 이탈리아를 건설할 마음이 있는가? 그렇다면 우리 신(新) 이탈리아가 모호주의[300]의 폐허를 떠나 양심과 자유의 천국에 도달할 때까지, 또 천 년간의 공적(公敵)과 난폭한 군대를 우리 국토에서 완전히 몰아낼 때까지, 우리는 결코 무기를 놓고 즐길 수 없도다!"

여기서 당시 가리발디 장군의 입장이 어떠했는지를 볼 수 있다. 국왕군이 만약 그와 같은 뜻을 갖고 같은 수단을 취한다면 정당한 방법으로 서로 힘을 다해 로마를 탈취할 것이다. 그러나 국왕군이 [의용군의 싸움을] 방관하거나 심지어 반대한다면, 그는 혼자 힘으로 반드시 로마가 로마인의 로마가 되게 할 것이다. 대개 가리발디

---

300) 모호주의: 원문은 '모룽 업는 쥬의'로 중국어본의 '模棱主義'에 대응한다. '模棱'은 태도나 견해 등이 애매하고 불명확하다는 뜻이다. 이탈리아 정부가 외세의 눈치를 보느라 이탈리아 통일에 모호한 태도를 취하고 있음을 비판한 것이다.

장군의 사업이 로마에서 시작해서 로마로 끝난다고 할 수 있다. [그러나] 불행히도 나폴레옹 3세가 프랑스 수호를 명분으로 이미 대군을 파견하여 국경으로 진군 중이었다. 그로서는 이것저것 돌아볼 겨를도 머뭇거릴 겨를도 없이, 이미 중과부적인 상태로 적과 대치하게 되었다. 가리발디 장군의 휘하는 모두 훈련도 받지 못하고 무기도 없이 맨주먹으로 싸우던 군사로, 다만 장군의 명성과 마력(魔力)에 이끌려 급히 모여든 이들이었다. 비록 의롭고 용감하다 해도 어찌 수많은 전투를 치러온 프랑스군을 대적할 수 있겠는가. 멘타나[301] 인근의 한 작은 마을에서 양측 군대가 마주치니, 기리발디 장군이 대패하고 전사자도 절반 이상이나 되었다.

이 소식을 들은 에마누엘레 왕은 애간장이 마디마디 끊어지는 듯하여 사흘 동안이나 통곡하며 식음을 전폐하였다. 그가 가까운 신하에게 말했다.

"아아! 슬프구나! 저 샤스포 소총이라는 강력한 무기[302]가 내 사랑하는 아이를 죽이고 내 자랑스러운 아이를 해쳤구나! 이 고통이 내 사지에 총알을 맞는 것보다 더 심하도다. 아아! 슬프다! 백번 죽어도 속죄할 수 없으니, 만 가지 원통함을 누구에게 하소연하랴. 나는 슬퍼할 겨를도 없고 다만 침통할 뿐이다. 분노할 겨를도 없이

---

301) 멘타나(면달리, 綿達尼, Mentana)
302) 샤스포 소총이라는 강한 무기: 원문은 '선후 당의 맹렬훈 창으로', 중국어본의 '螺旋後膛之烈槍'인데 문맥상 샤스포 소총(Chassepot rifle)을 가리킨다. 샤스포 소총은 총구 뒤에서 장전하는 후장식(後膛式)으로 총신 안에 나선형 홈(rifling)을 파서 탄환이 회전하며 날아가게 만들었다. 1866년 프랑스에 도입된 최신식 무기로 멘타나 전투에서 프랑스군의 승리에 결정적인 역할을 했다.

다만 참회할 뿐이다."

그러나 에마누엘레는 카보우르에게 오랫동안 가르침을 받아온, 침착하고 단련된 사람이었다. 그렇기에 애통하고 절박하여 창자가 끊어질 듯한 상황에서도 밖으로는 프랑스를 향해, 안으로는 본국의 봉기 의병을 향해, 모두 적절한 위엄을 지켰다. 그는 서두르지 않고 나폴레옹에게 이렇게 말했다.

"그대가 덕을 끝까지 베풀지 않았으니, 이전의 성의는 모두 허사가 되었습니다. 이제 이탈리아 전 국민 가운데 그대가 예전에 베푼 덕을 기억하는 자는 단 한 사람도 없습니다. 아마도 더 이상 정부의 힘만으로 양국 동맹의 우의(友誼)를 유지할 수 없을 것입니다. 아아! 어찌하여 샤스포 소총의 탄환을 동맹국 국민의 머리 위에 함부로 퍼부었습니까."

그러나 에마누엘레는 이 봉기를 일으킨 자들도 가차 없이 처벌하였다. 이에 가리발디는 다시 체포되어 카프레라 섬에 구금되었고, 그의 사업도 마침내 종결되었다.

제26절 이탈리아가 로마에 도읍을 정하고 대통일을 이루다[303]

이탈리아 건국은 로마를 얻음으로써 비로소 마치게 되었다. 그러나 로마를 얻었을 때는 이미 저 삼걸 중 누구도 직접적인 영향을 미치지 못했다. 그때 마치니는 이미 [정치에서] 물러났고,[304] 카보우르는 죽었으며, 가리발디도 구금 중이었다. 이전에는 뇌수를 짜내고 피를 뿌려가며 바꾸고자 해도 수십 년이 지나도록 얻을 수 없던 것이, 이제는 그저 손바닥에 침을 뱉듯 쉽게 성공을 거두었다.[305] 식견이 얕은 자는 혹 말하기를 이는 하늘의 뜻에 달렸으니 인력으로 할 수 있는 게 아니라고 한다. 그러나 [그들이] 어찌 알겠는가. 인사(人事)를 다 하여 그 정점에 도달함은 마치 벽 위에 그린 용이 단지 눈동자 하나만 더 그려 넣으면 날아가길 기다림과 같음을. 눈동자를 찍는 것은 진실로 [하늘이 정한] 때가 있으나, [그 이전까지 용을 그려온] 화가의 심력(心力) 또한 헤아릴 수 없이 큰 법이다.

가리발디 장군의 거사 이후로 이탈리아 정부는 항상 열방을 향해 정당한 근거를 제시하며 본국 국민의 [통일과 독립] 의향을 표명

---

303) 국문본에는 26장의 제목이 누락되어 있기에 중국어본에 따라 삽입하였다.
304) 마치니는……물러났고: 마치니는 1867년 이탈리아 의원직을 사임하고 1870년 시칠리아에서 봉기를 일으키려다가 투옥되었다.
305) 손바닥에……거두었다: 원문은 '손에 춤밧터 그 거두고 일우엇지라', 중국어본의 '唾手以收其成'에 대응한다. '唾手'(손에 침을 뱉는다)는 기운을 내서 일을 다시 시작함을 비유적으로 이르는 말이며, '唾手可決'은 손바닥에 침을 뱉는 것처럼 일이 어렵지 않게 이뤄짐을 뜻한다.

하였다. 또 열방들도 이탈리아 인민의 용맹을 두려워하고 그 열성에 감복하여 동정을 표하는 자가 날로 늘어났다. 그리하여 하늘을 놀라게 하고 땅을 뒤흔든 이 활극도 점차 대단원의 막을 내릴 때가 가까워졌다.

 1870년 프로이센-프랑스전쟁이 일어나 모진 바람과 거센 비가 내리는 듯하더니, 이내 [전쟁의] 판도가 정해졌다. 이로 인해 유럽 형세는 크게 변하였고, [이탈리아가] 울분을 삼키며 굴욕적 조약을 맺었던 프랑스가 더 이상 교황의 보호자 노릇을 할 여력이 없게 되었다. 이에 이탈리아 국왕은 다시 진심 어린 성의를 다해 교황에게 [정치 권력을] 양보하라고 설득했지만, 교황 피우스 9세는 여전히 듣지 않았다. 결국 어쩔 수 없이 1870년[306] 9월 20일 국왕군이 로마에 진입하여 가장 높은 신전 위에 [이탈리아 국기인] 삼색기를 올렸다. 다음날 [로마] 지역에 포고령을 내려서 그 인민이 각자 왕을 따를지 교황을 따를지 자유롭게 투표하도록 하였다. 투표함을 열어 보니 왕을 따르겠다는 자가 40,788명이요, 교황을 따르겠다는 자는 겨우 46명이었다. 이듬해인 1871년 6월 2일 사르데냐 왕 에마누엘레가 드디어 이탈리아 황제가 되고 로마에 국회를 열었다. 왕은 국민이 뽑은 내의원들에게 다음과 같은 조서를 내렸다.

 "아! 나의 동포들이여! 우리가 수십 년간 만 번 죽어도 살기를 바라지 않고 경영해왔던 사업이 이제 이뤄졌도다. 한량없는 고생

---

[306] 1870년: 량치차오의 중국어본부터 1879년이라고 나와 있지만 오기인 것으로 보여 역사적 사실에 따라 바로잡았다.

과 고통, 위험과 좌절을 겪고 마침내 이탈리아를 이탈리아로, 로마를 로마로 되돌아오게 하였다. 수백 년 동안 흩어지고 쪼개지고 떨어져서 마치 간과 쓸개[처럼 가깝다가] 진나라와 월나라[307][처럼 멀어진] 부모 형제가 이제 대의원이라는 명예를 얻어 이 자리에 모였으니, 감격과 기쁨의 눈물을 훔치며 우리가 꿈에도 그리던 고향을 [되찾았음을] 확인하노라.

아! 이 같은 경험은 실로 장엄함과 신성함, 의무 관념을 우리 뇌수 가운데 깊이 새겨서 잊지 않게 하였다.[308] 우리가 자유를 사랑했기에 오늘이 있는 것이다. 지금부터는 우리가 자유와 질서 가운데 살아가며 힘과 평화라는 두 가지 덕목을 생명 유지에 필요한 도구로 삼아야 할 것이다.[309] 우리 앞날의 행복은 바다처럼 [넓고] 희망은 조수처럼 [밀려오는구나.] 우리는 세계 대국(大國) 국민 사이에서 이탈리아의 명예와 로마의 명예를 대표할 책임을 지니고 있다. 우리가 이런 책임을 지려면 마땅히 그 책임에 상응하는 실력을 양성하지 않으면 안 된다. 아아! 장하도다! 이탈리아 만세! 만세! 이탈리아 국민 만세! 만세!"

이에 이르러 신생 이탈리아 통일의 대업은 마침내 완성을 고했

---

307) 진나라와 월나라: 춘추(春秋) 시대 진(秦) 나라는 지금의 산시(陝西)성에 있고 월(越) 나라는 지금의 장쑤(江蘇)성·저장(浙江)성 일대에 있었는데 두 나라 사이가 너무 멀어서 서로 전혀 관계치 않았고 관심도 갖지 않았다는 데서 나온 말이다.
308) 중국어 원문에는 에마누엘레 왕의 연설 중간에 '중략' 표시가 있으나 국문본에는 생략되었다.
309) 중국어 원문에는 에마누엘레 왕의 연설 중간에 '중략' 표시가 있으나 국문본에는 생략되었다.

다. 이때는 카보우르가 세상을 떠난 지 이미 10년이 된 시점이었다. 그 이듬해인 1872년 3월[310]에는 마치니가 67세의 나이로 생을 마쳤다. 다시 10년이 흐른 1882년 6월 가리발디가 눈을 감으니 향년 75세였다.

---

310) 1872년 3월: 중국어본, 국문본, 국한문본 모두 마치니의 사망을 1872년 2월로 적었으나 실제로는 1872년 3월 10일에 사망했다.

해설

이태리 건국 삼걸전
: 마치니, 가리발디, 카보우르의 이탈리아 건국담

윤영실

1. 발행사항과 제목

국문본 『이태리건국삼걸젼』은 1908년 6월 박문서관에서 발행되었다. 판권지에는 1908년 6월 1일 인쇄, 1908년 6월 13일 발행, 발행자 노익형, 인쇄소 탑인사, 발매원은 서울 남문안 상동 박문서관 및 경향 각 유명 서관으로 기재되어 있다.

그런데 이 책에는 몇 가지 엇갈리는 정보들이 공존한다. 우선 제목은 네 가지의 서로 다른 표기로 제시된다. 표지 가운데에는 큰 글씨의 한글로 『이태리건국삼걸젼』이라고 적혀 있으나, 그 오른쪽에는 한문으로 『伊太利國三傑傳』(이태리국삼걸젼)으로 쓰여 있다. 본문의 첫 장 첫머리와 각 장의 상단에는 한글로 『의태리국삼걸젼』이라고 되어 있다. 또 책의 뒷부분에 삽입된 박문서관 특별 광고에는 『伊太利三傑傳』(이태리삼걸젼)으로 기재되었다. 요컨대,

한 책을 두고 이태리건국삼걸전, 이태리국삼걸전, 의태리국삼걸전, 이태리삼걸전이라는 네 가지 제목이 병존하고 있는 것이다. 여기서는 관례상 표지의 큰 제목을 기준으로 『이태리건국삼걸전』으로 지칭하고자 한다. 신채호가 번역한 국한문본 역시 『伊太利建國三傑傳』이라는 제목을 취했고, 국문본과 국한문본의 번역 저본인 량치차오의 중국어본 제목도 『意大利建國三傑傳』으로 '건국'이 들어가 있다는 점을 참조했다.

2. 번역자와 번역의 양상

번역자에 관해서도 두 가지 정보가 엇갈린다. 표지와 판권지에는 각기 '飜譯 周時經', '번역자 쥬시경'으로 명기되어 있으나, 본문 첫 장에는 '대한국 리현석 번역'이라는 또 다른 정보가 나와 있기 때문이다. 최근까지 국문 『이태리건국삼걸전』의 번역자는 일반적으로 주시경으로 알려져 왔으나, 이현석이라는 또 다른 번역자의 존재를 고려하지 않을 수 없다.

이현석에 대해서는 크게 알려진 바가 없다. 우선 『이태리건국삼걸전』의 '리현석'은 1904년 이준(李儁), 정순만(鄭淳萬) 등과 함께 의연금 사건에 연루된 이현석(李玄錫)과 동일 인물일 것으로 추정된다. 이들은 러일전쟁 초기 의연금을 모아 일본 적십자사에 기부하려다가 법에 저촉되어 장형을 선고받은 바 있다.[1] 이 사건을 주

---

1) 「義捐設所」, 『황성신문』, 1904.3.23; 「四人被捉」, 『황성신문』, 1904.3.25; 「照

도한 정순만²⁾은 을사조약 이후 일본의 동양평화론과 '정의'라는 구호에 기만당했음을 깨닫고, 포츠머스 강화 조약에 한인 대표를 보내기 위한 또 다른 의연금 모집을 주도했다.³⁾ 이때 정순만이 『황성신문』에 보낸 「기서」에는 상동청년회 서기(書記)라는 직함이 달려 있었다. 의연금 모집에 기반이 된 조직도 바로 상동청년회였다. 이현석은 상동청년회의 주요 직책을 맡은 것 같지는 않지만, 상동청년 학원 연조금 명단⁴⁾에 이름이 오른 것으로 보아 일정한 관계가 있었을 것으로 추측된다.

상동 감리교회의 전덕기 목사가 1904년 11월 설립한 상동 청년학원은 '한글의 이치와 그 보급'을 교육 목표 중 하나로 뚜렷이 내세웠다. 실제로 교사 주시경을 중심으로 한글 운동을 활발히 전개해서 주시경의 활동 대부분이 상동 청년학원을 바탕으로 이뤄졌다.⁵⁾ 국문본 『이태리건국삼걸전』을 발행한 박문서관 창업주 노익형 역시 주시경 등과 친분이 두터워 상동 청년학원 설립에 찬조금을 냈다. 주시경의 국문 『월남망국사』도 노익형의 박문서관에서 출간했다. 이런 맥락을 종합적으로 고려할 때, 이현석은 상동청년회를 매개로 주시경 및 박문서관의 노익형과 일정한 관계를 맺고

律不服」, 『황성신문』, 1904.4.6.
2) 정순만에 대해서는 한규무, 「을사조약 전후 상동청년회의 민족운동과 정순만」, 『중원문화연구』, 충북대 중원문화연구소, 2011 참조.
3) 「寄書: 尙洞青年會書記鄭淳萬」, 『황성신문』, 1905.9.5; 「媾和를 傍聽ᄒᆞ고 獨立을 鞏固케홈」, 『대한매일신보』, 1905.9.7.
4) 「漢城尙洞青年學院捐助金廣告」, 『황성신문』, 1905.2.13.
5) 이응호, 「상동 청년학원과 한글 운동」, 『나라사랑』 97, 외솔회, 1998.

있었던 것으로 짐작된다.

그렇다면 주시경과 이현석 두 명 중 누가 이 책을 번역했을까? 정승철[6]은 이 질문을 검토하면서 번역자는 주시경이 아닌 이현석이라고 결론 내린다. 표지 서명에 주시경이라는 번역자 이름과 함께 등장하는 '건국'이라는 단어가 본문에서는 쓰이지 않았고, 본문에서만 유독 '의태리(국)삼걸전'이라고 칭하는 것으로 보아 본문에 기재된 이현석이 실제 번역자일 가능성이 크다는 것이다. 또한 주시경 전집이나 주시경 자신의 이력서에 『이태리건국삼걸전』이 포함되지 않은 점, 주시경의 번역이 확실한 『월남망국사』와 고유명이나 어미 표기 등이 다른 점도 근거로 들고 있다.

실제로 국문본 『이태리건국삼걸전』의 번역 양상을 살펴보아도 온전히 주시경의 번역으로 간주하기 어렵다. 주시경이 번역한 『월남망국사』에 비해 가독성이 크게 떨어지기 때문이다. 『월남망국사』는 현채의 국한문본을 번역한 것이고, 『이태리건국삼걸전』은 신채호의 국한문본이 아닌 량치차오의 중국어본을 번역했다는 차이를 고려해도, 번역 문장의 차이가 크다는 점은 문제적이다. 주시경의 번역 원칙은 번역어로서의 국문의 가능성을 최대한 시험하는 것이었고, 이를 위해 무리한 직역보다는 국문으로 잘 읽힐 수 있는 번역을 택했다. 반면 『이태리건국삼걸전』의 경우 일상적인 한자어는 무리하게 국문으로 풀어놓았고(舞臺: 춤출 땅, 選擧法: 뽑아 드는

---

6) 정승철, 「純國文『이태리건국삼걸전』(1908)에 대하여」, 『어문연구』 132, 어문교육연구회, 2006.

법, 自主: 스스로 주장한 바), 난해한 한자 표현은 한자음 그대로만 적어 의미를 해독하기 어렵다(彼無所雌黃焉, 無所躐進焉: 쟝황ᄒ는 바도 업고 텹진ᄒ는 바도 업스매). 그에 더해 오식과 오역도 적지 않아서 번역서로서는 그리 높게 평가할 수 없을 듯하다.

그럼에도 불구하고 표지와 판권지에 기재된 번역자 주시경의 존재를 완전히 무시하기는 어렵다. 적어도 세 가지 가능성이 있을 것이다. 권위자인 주시경의 이름만 빌고 실제로는 이현석 혼자 번역한 것이거나, 이현석이 초벌을 하고 주시경의 감수를 받은 것이거나, 혹은 주시경과 이현석이 공역을 한 경우도 있을 수 있다. 만약에 공역을 하였다면 어느 부분이 각자의 번역인지를 파악하는 것도 필요하다. 이 책에서는 이런 난점과 한계를 고려해서 『이태리건국삼걸전』의 번역자로 주시경과 이현석의 이름을 함께 올려놓았다.

3. 번역 연쇄의 저본들[7]

국문 『이태리건국삼걸전』의 직접적인 저본은 중국 량치차오(梁啓超, 1873~1929)의 『意大利建國三傑傳』이다. 1902년 6월에서 12월까지 『신민총보』(新民叢報)에 총 8회(9, 10, 14, 15, 16, 17, 19, 22) 동안 연재되었다. 서론과 결론, 본론 26장으로 구성되어 있으며, 마치니, 가리발디, 카보우르라는 이탈리아 건국 영웅 3인의

---

[7] 『이태리건국삼걸전』의 번역 연쇄에 대해서는 손성준, 『중역한 영웅: 근대전환기 한국의 서구영웅전 수용』, 소명출판, 2023 참조.

사적을 시대순으로 서술하였다. 량치차오가 이 세 명의 인물을 중심으로 이탈리아 건국사를 기술한 것은 히라타 히사시(平田久)의 『伊太利建國三傑』의 영향을 받은 것이며, 이 책은 다시 메리어트의 *The Makers of Modern Italy*를 번역한 것이다. 그러나 메리어트와 히라타의 책이 세 인물을 각 챕터별로 나누어 서술하는 복합시계열의 방식을 취했다면, 량치차오는 이를 단선적인 시간의 흐름으로 바꿔 새롭게 재구성하고 있다. 또 히라타의 저작 이외에도 기시자키 쇼우(岸崎昌)와 마츠무라 카이세키(松村介石)의 저작과 글에서 각기 가리발디와 카보우르에 관련된 내용을 뽑아 자신의 책 안에 버무려 놓았다.[8] 이처럼 여러 책의 정보를 조합하여 새롭게 재구성했으며, 중간중간 량치차오 자신의 의견을 적은 부분도 상당하기에 『이태리건국삼걸전』을 량치차오의 저작으로 보아도 무방할 것이다.

한국에서는 신채호가 1907년 10월 15일 국한문 혼용체로 번역한 『이태리건국삼걸전』을 출간하였다. 량치차오 책의 기본 내용과 구성을 따르되 신채호의 독자적인 표현, 논평, 첨삭도 많이 보인다.[9] 반면 국문본 『이태리건국삼걸전』은 량치차오의 원문에 더 충

---

[8] 번역 연쇄의 각 책에 대한 서지정보는 다음과 같다.
梁啓超, 『意大利建國三傑傳』, 『新民叢報』(9, 10, 14, 15, 16, 17, 19, 22), 1902. 6~12.; John Arthur Ransome Marriott, *The Makers of Modern Italy: Mazzini, Cavour, Garibaldi*, London: Macmillan & Co., 1889.; 平田久, 『伊太利國三傑』, 東京: 民友社, 1892.; 岸崎昌, 中村不折 畵, 『ガリバルヂー』(世界歷史譚; 第11編), 博文館, 1900.; 松村介石, 「カミロ, カブール」, 松村介石 等著, 『近世世界十偉人』, 文武堂, 1900.

[9] 량치차오 본과 신채호 본에 대한 구체적인 비교는 등옥룡·고석주, 「'意大利建國三傑傳'在東亞地區的譯本特點研究-以梁啓超譯本和申采浩譯本爲中心-」, 『한중

실하여, 거의 모든 어구와 내용을 빠짐없이 번역하고자 했다. 다만 량치차오 책의 결론은 국문본에서 생략되었는데, 결론이 중국 국민의 각성을 촉구하는 내용이기 때문일 것이다. 그러나 그밖에는 대개 원문에 충실하고 독자적인 첨삭을 거의 수행하지 않았다는 점에서 번역자의 주관도 거의 드러나지 않는다. 히라타가 메리어트의 책을 번역하면서 이탈리아 건국담을 메이지 '혁명'과 연결시키고, 량치차오와 신채호가 각기 청말 중국과 대한제국의 상황에 비추어 강조점을 달리 한 것과는 비교되는 지점이다.

4. 망국의 위기와 『이태리건국삼걸전』

근대 초기 외세로부터의 자주독립과 내적 통일에 기초한 국민국가를 건설해야 했던 동아시아에서 서양 여러 나라의 건국사는 좋은 참조점이었다. 특히 마치니, 가리발디, 카보우르라는 세 영웅의 활약에 초점을 맞춘 이탈리아 건국사는 인기 있는 소재였다. 인물 중심의 건국사이다 보니 더 생생한 구체성을 띠었고 서사적 감동을 줄 수 있었기 때문이다. 난세에 영웅을 갈망하던 시대적 분위기도 영웅 서사 형식의 이탈리아 건국사가 인기를 끈 요인일 것이다.

『이태리건국삼걸전』은 대략 카르보나리당이 조직되었던 1820년 전후 세 영웅의 소년기부터 시작하여 1871년 로마를 포함한 이탈리

인문학연구』 82, 한중인문학회, 2024 참조.

아 통일의 대업이 완성된 시점까지를 다루고 있다. 19세기 초의 이탈리아는 로마 제국의 영광을 뒤로 한 채 천 년간 온갖 외세의 속박을 받았고, 여러 봉건적 제후국들로 조각조각 분열되어 있었다. 프랑스 혁명과 나폴레옹 지배의 영향으로 비로소 근대적 민족의식이 싹트면서 리소르지멘토(Risorgimento, 부흥)라고 불리는 통일운동이 본격적으로 전개되었다. 그러나 내부의 분열과 오스트리아, 나폴레옹 3세의 프랑스, 교황의 권력이라는 삼중의 속박에 맞선 이탈리아 통일 운동은 결코 쉽게 이뤄질 수 없었다. 『이태리건국삼걸전』은 그리 길지 않은 분량에도 불구하고 반세기에 걸친 이탈리아 건국사의 온갖 우여곡절과 점진적인 성취 과정을 요령 있게 그려내고 있다. 특히 공화주의 사상가인 마치니, 무력 투쟁에 앞장선 군인 가리발디, 외교 전략에 의지해 입헌왕정을 세우려고 했던 정치가 카보우르, 근대적 개혁 군주 에마누엘레가 각기 다른 입장에 서서 때로는 갈등하고 때로는 협동하며 이탈리아 통일을 이룩해 가는 모습이 인상적이다.

   강대국들에 둘러싸여 도무지 희망이 보이지 않는 상황 속에서도 마침내 독립과 통일을 달성한 이탈리아의 사례는 1908년 망국의 위기에 처한 대한제국의 지식인들에게 남다른 감동을 주었을 것이다. 특히 이 책이 출간되었던 때는 1907년 고종의 강제 퇴위로 자강을 통한 '보호국'(통감부 통치) 탈피라는 전망이 어두워지면서 정치적 노선이 다양하게 분기하던 시점이었다. 마치니의 도덕심에 기초한 국민정신 배양, 가리발디의 저돌적인 무장 독립 투쟁, 카보우르의 노련하고 현실적인 외교 정략이 제각기 대한제국의 독립을 꿈꾸는 이들에게 하나의 전략적 모범이 되었을 수 있다. 이들이 때로는 서로 대적하면서도 결국은 '모든 것이 합하여 선을 이룬' 것처럼 다양한 노선들이 독립이라는 궁극적 목표 아래 공존하고 협력할 수 있다는 교훈을 주었을 수도 있다. 무엇보다 이탈리아 건국사는 민족의 독립이 1, 2년이 아닌 수십 년, 수 세대의 노력을 통해 이뤄질 수 있으며, 중요한 것은 그 시간을 견뎌내는 꺾이지 않는 마음과 끊임없는 분투라는 점에 대한 생생한 실례를 제공했을 것이다.

5. 이 책의 번역에 대하여

국문본 『이태리건국삼걸전』의 번역은 쉽지 않은 과정이었다. 국문본만으로는 해독되지 않는 부분이 많아서 중국어본을 더듬더듬 참조하지 않을 수 없었다. 더욱 난감한 것은 중국어본에 근거해 명료한 의미를 전달하면서도 원래의 '국문' 문체를 최대한 살리는 것이었다. 그렇지 않다면 결국 중국어본을 한국어로 번역하는 것과 다름없을 것이기 때문이다. 그러나 결국은 이도 저도 아닌 절충이 되고 말았다는 아쉬움이 남는다. 초반에는 국문본과 중국어본을 비교하여 일일이 주석을 달기도 했으나 결국은 현대의 독자들에게 최대한 가독성 있게 전달한다는 목표에 따라 별도의 설명 없이 의역한 부분이 많다. 엄밀한 학술적 목적에는 합당하지 않은 방식일 수도 있으나, '풍문'으로만 접해 왔던 텍스트를 더 많은 독자가 쉽게 접할 수 있는 디딤돌이 되기를 바랄 뿐이다.

원문 텍스트를 아낌없이 제공해주신 박진영 선생님께 특별히 감사드린다. 이 책만이 아닌 〈근대계몽기 서양영웅전기 번역 총서〉 전체의 기획에 박진영 선생님의 도움이 컸다. 또 인명과 지명의 원어를 찾는 과정에서 국한문본 『이태리건국삼걸전』의 현대어 번역본[10]에 큰 도움을 받았기에 번역자분들께도 감사를 전하고 싶다.

---

10) 량치차오, 『이태리건국삼걸전』, 류준범·장문식 역, 지식의 풍경, 2001.

영인자료

이태리건국삼걸젼

여기서부터는 영인본을 인쇄한 부분으로 맨 뒷 페이지부터 보십시오.

特別廣告 博文書舘
(특별광고 박문셔관)

本人이 書舘을 營業한지 未過一年에 業務가 廣張하야 新舊書籍과 耶蘇敎書籍과 學校敎科書類와 文房具 及 學校用品 等 雜貨를 廉價로 大發賣하오며 本舘의 目的은 漢文不足한 션비와 婦人社會를 爲하야 內外國史 記와 家庭에 合當한 小說 等을 純國文으로 翻譯하야 出板하고

○○諸자지 못한 病○虛汗증 못하는 션이와 不足症○落胎 印刷하오니 第一 神效한 諸病에 만히 買去하심을 厚望홈 身體가 健康치 못한 病○積病 속병○痢疾 뇌점病 名예도

●●● 法皇寧巴倫傳 一册 十錢
越南亡國史 一册 二十錢
噶蘇士傳 一册 十五錢

●● 瑞士建國誌 一册 十二錢
伊太利三傑傳 一册 廿五錢

本舘은 地方各敎會와 學生의셔 請求하시는대는 郵稅도 本舘에셔 自當書籍代金은 郵便換錢으로 付送하시면 卽時 請求하신 書籍을 付送홈

皇城南大門內會堂前
(칙파는집)

博文書舘 盧益亨

륭희이년륙월일일인쇄
륭희이년륙월십삼일발힝

판권
쇼유

번역자 쥬시경

발힝자 로익형

인쇄쇼 탑인샤

定價二十五젼
정가이십오젼

발태원 셔울남문안샹동 박문셔판

경향각유명셔판

의태리국삼걸젼 종

일십이빅 젼걸삼국

와 구티 셰계 큰 나라 빅셩 가운딕 서서 의태리 명예와 로마 명예를 대표
홀 최임이 잇느니 우리가 이런 최임을 지고 불가불 일언 책임의 덕당흥
실샹흠을 길을 지라 알음답고 슬프다 공경홀진져 의태리 만셰 만셰 의태리
국민 만셰 만셰
의 이에 일을어 새 의태리 동일흔 큰 업이 이믜 일움을 고흥매 이 쌔에 가부어
죽은 데십년이요 그 이듬해는 일쳔 팔빅 칠십 이년 이월이니 마시니가 졸흥
리 니년이 륙십 칠이요 다시 십년을 지내니 진실로 일쳔 팔빅 팔십이년 륙월
이라 가리발디가 졸흥니 년이 칠십오러라

빅이십 의 태 리 국 삼 결 젼

기저의 뜻으로 왝날 좃고자홈은 쟈와 교황을 좃고자홈은 쟈로 좃유로 표를 더지고 표 모힌 궤를 여니 왕을 좃는 수는 수만 칠빅 팔십 팔이요 교황을 좃는 수는 겨우 스십 륙이라 이듬해 일쳔 팔빅 칠십 일년 륙월 이일에 살덕 니아 왕 영마 로 해 가 드듸어 의태리 황뎨가 되어 국회를 로마에 열고 칙령을 국민의 썸은 대의 소에게 고호여 가라대

오히라 우리 동포들아 우리가 수십년뒤로 일만 번 죽어도 한 번 살기를 돌아 보지 안이호고 경영호 스업이 이제 이믜 일우엇으니 한량업는 군난 과 신고를 지내고 위틱홈과 험훈뒤를 잘기호여 맛춤내 의태리로 호여금 의태리에 돌아 오고 로마에 돌아 와서 우리의 수빅년뒤에 탕패호고 류리여 간과 담이 진나라와 월나라 구티 난호인 부즁 형뎨가 이제 되의 소의 일홈으로 한 집 가운되 모혀 늣기고 깃거운 한 줌 눈물을 시쳐 우리 의 성각호며 고향을 알앗으니 아름답다 슬푸다 일연 지낸것은 진 실로 우리들의 씩씩호고 엄호 신당에 고호며 또한 의로 힘써 보고 성각호 것을 우리들의 손 가운디 삭여 능히 잇지 안이 홀지라 우리들이 조유를 사랑홈으로 이제 날이 잇으니 이제로 가며 우리들이 불가불 조유와 차례 가운뒤 살지니 험과 평화 두 가지 덕으로 성명의 죵요로히 갓츰을 안보 홀지라 우리의 압길이 그 다힝훈 복이 바다와 굿고 그 바라는 뜻이 조슝

이 적온쟈 혹 일으되 이것이 하늘에 잇다ᄒᆞ며 사람의 힘으로 능히 ᄒᆞ지 못

의 ᄒᆞᆯ것이라 ᄒᆞᄂᆞ니 엇지 사람에 일이 다ᄒᆞ매 이믜 극흔 졈에 달흠을 알리오

태 룽을 벽 우에 그리 엇으매 나라 가지 못ᄒᆞ는 깃은 다못 흔 동긋를 다톰과

국 구티 동긋 흔 졈이 진실로 ᄯᅢ가 잇ᄂᆞ니 그림 거러는 쟈의 마음과 힘이 대개

삼 더욱 셩각ᄒᆞ고 의론처 못ᄒᆞᆯ지라 가장 군의 일을 든 후로 의졍부는 항샹 좌단

걸 흠으로 본국 나라 빅셩의 의향읏는바를 표ᄒᆞ여 밝켜 여러 나라에 펴여 고ᄒᆞ

젼 리 녀러 나라가 ᄯᅩ 흔 의민의 용망과 과단을 두려워 ᄒᆞ며 그 ᄯᅳᆺ이은 졍셩을

어엿버 ᄒᆞ여 동졍을 표ᄒᆞ는쟈가 날로 더욱 만흔지라 이런하ᄂᆞᆯ을 놀내며 ᄯᅡᆼ

이 움쟈이는 크게 활농ᄒᆞ고 극렬흠이 두렷흔 시졀을 가지히 당ᄒᆞ엿으니 일

빅 쳔 팔빅 칠십년에 보로샤와 법란셔에 모진 바람과 사나온 비

십 가 잣최를 두릿기지 못ᄒᆞ여 졍ᄒᆞ니 유롭바의 형셰가 크게 변흔

구 지라 소릭를 삼기고 한을 마시어 셩 알에 드되여 빌란셔가 이믜 남은

용빙이 다시 교황의 보호ᄒᆞ는 주인이 되지 못ᄒᆞ는지라 이제 일을어 의태리

왕이 두 번재 창ᄌᆞ에 가득 흔 셩의로 교화을 달내여 길음을 사양케ᄒᆞ니 피아

소 계구가 오히려 완만ᄒᆞ여 듯지 안이ᄒᆞ거ᄂᆞᆯ 마지 못ᄒᆞ여 일쳔 팔빅 칠십

구년 구월 이십일로 왕의 군ᄉᆞ가 드듸어 로마에 들어 가서 삼쇡기들 가쟝

노픈 신의 궁면에 셰우고 이른날 령을 부죵에 나려 그 빅셩으로 ᄒᆞ여 곰 각

빅 홀이 결홀이 업스니 내가 오직 스스로 누우칠지라 ㅎ니 비록 그러나 영마로에
섭 는 진실로 오래 가부어에 가라 침을 바다 참잠ㅎ고 련숙한 사람이라 저가 비
팔 록 이동음이 박졀ㅎ여 창자가 아홉 구부로 쓴어지나 박게로 법란서를 디ㅎ
고 안으로 분국에 창란한 의민을 틴ㅎ여 다 그 덕당한 위엄으로 안보ㅎ며
의 셔셔히 나파륜에게 고ㅎ여 가라대 군이 덕 베풀기를 맛치지 못ㅎ여서 젼으
태 로온 셩훈 뜻이 다 동으로 홀으는 물에 부쳐 간지라 이제 의태리 온 나라
리 국민 즁에 군의 옛 덕을 싱각홀쟈가 다시 한사람도 업는지라 양국 동맹호
국 의 가 다시 정부의 힘으로 밋지 못홀가 두려워ㅎ노니 오호라 엿지ㅎ여 그라
삼 의 션 탄환으로 외람이 도당훈 나라 빅셩의 머리 우에 더졋는뇨 ㅎ나 비록 그
걸 러나 영마로애 스스로 슈두로 일훈 사람을 즁게ㅎ이 거짓훌바가 업서 어
젼 에 가리발디를 다시 잡아 두번재 명ㅎ여 아 보살랍셤에 침복ㅎ여 거ㅎ라ㅎ니
가쟝군이 수업이 드듸어 맛치엇더라
의태리에 나라 세움이 로마를 어듬으로 맛침이 되는니 그로마를 어들때에
는 저 삼걸이 일즉 쳐졉으로 효력이 잇지 못ㅎ엿으니 그때에 마시니는 이
믜 폐ㅎ엿고 가부어는 이믜 죽엇고 가리발디는 이믜 갓치엿는지라 견에 이
들이 노속에 골이 말라 다 ㅎ고 목에 피를 흘려 악구어서 수십년을 지내도
능히 엇지 못훈쟈를 이제 안연히 손에 춤밧터 그 거두고 일우엇는지라 식졉

이로 볼진티 가리발디의 당시 디위를 가히 보겟도다 곳 왕의 군수가 우리와
의 더 죵지를 한 가지 ᄒᆞ고 ᄉᆞ단을 한 가지 ᄒᆞ면 곳 졍당한 방법으로 서로
거나 이에 심ᄒᆞ여 반티 ᄒᆞ면 ᄯᅩ한 반듯이 혼자 힘으로 로마는 맛춤ᄂᆡ 로마인
되음을 다ᄒᆞ여 로마를 취홀것이오 글읏치 못ᄒᆞ여 왕의 군수가 만일 것ᄅᆞᆯ셔 보
의 로마가 될지니 대개 가장군의 수업이 실상 로마로 비롯ᄒᆞ엿다가 로마로
국 맛천쟈라 불ᄒᆡᆼ히 나파룐 대삼이 법국을 호위ᄒᆞᆫ다 ᄒᆞ고 일즉 이믜 대병을 패
리 송ᄒᆞ여 디경을 물러 오매 액겨 돌아 볼바도 업고 머줄바도 업서 저 만코 적
삼 은 슈가 이믜 서로 달리ᄂᆞᆫ지라 가장군의 취ᄒᆞᄂᆞᆫ 다 훈련홈도 업고 병긔 도
걸 엄시 번 쥬먹으로 싸호ᄂᆞᆫ 군소요 한갓 대장의 위평과 렬력으로 분주히 모히
젼 어 비록 의용이라 ᄒᆞ나 성각ᄒᆞ면 엇지 족히 일빅 번 싸혼 법국을 당덕ᄒᆞ리
오 이에 면달리 한 젹은 마을 거래서 두 군병이 서로 맛나 가장군이 크게
박 패ᄒᆞ니 소졸의 죽고 도망ᄒᆞᆯ쟈 반에 지나더라 왕 영마로에 듯고 간쟝이 마되마
칠십 되ᄭᅥ저 통곡ᄒᆞ여 션후 당의 맹렬훈 창으로 나의 고통ᄋᆞ히ᄅᆞᆯ 삼일에 가직히 잇ᄂᆞᆫ 신하 드려 가라대
호 어엿분 오희를 엇어으니 나의 몸과 사지를 참과 더욱
심ᄒᆞ도다 오호ᄭᅳ처라 담ᄇᆡ 물을 속ᄒᆞ지 못ᄒᆞ나 일만 원통홈을 뉘와 의론ᄒᆞ
리오 ᄂᆡ가 슬피 늑길 결ᄒᆞ이 업스니 ᄂᆡ가 오직 슬픔에 잠기고 ᄂᆡ가 분히 한

빅 로호여 들어오니 우리 무리는 기피 원호여 다시 우가 업는 사랑호는 정으로
십 우리 동포를 깃거히 마자 (이를보면 왕과 정부의 군소를 가라침이라) 서로 힘을
륙 다호여 잔학혼 품드는 군병을 (이는법군을 가라침이라) 다경 박게 말아 내쏫
츰이니 구구혼 십년이리로 품은바 본리 쏫이니 제군은 한가지 들을 바라 비
의 룩 그러나 저 용렬호고 잔약혼 정치가들이 그 둥굴게 둘다 올타 호는 정칙
올 씨서 그일 은바 구월에 톄결된 괴이혼 죠약을 이어 유지호고자 호는자가
태 (이는일천팔빅륙십亽년에의왕이나파륜파 정호바약죠라) 강악히 우리를 핍박호
리 여 병리를 버리고저 요망혼 여호와 간활혼 마귀의 물읍 알에 (이는나파륜과
교황을 가라침이라) 굴항여 황복호게 호지니 이때를 당호여 내가 오쥭 스스로
국 아노니 내 몸에 갈로 내 몸의 부터 잇는 땅을 보호홀 권리쌀음이오 쵸를 달은것
삼 들을바가 안이라 로마 정부는 불가불 인민의 공번된 쏫으로 초를 더져
쌈을지니 재군아 제군아 그 성각아 우리의 쳔년리로 죠종의 정신 근본 도음
걸 에 죠유로 통일혼 의태리를 그 우에 셰우고자 호는쟈가 잇느냐 만일 잇을진
다 곳 우리 시의태리에 모릉 업는 쥬의의 폐혼 터를 기드리지 안이호고 량
전 심으로 조유혼 뎐국의 뒤를 달호며 쳔년리로 나라 도젹 사나은 군소를 그
자최가 우리 국토에 쓴어진 뒤를 기드리지 안이호면 우리들은 결단코 군병
을 노아 질기지 못홀지로다

의 태래리 국 삼 걸 전 빅섭오

잇으매 공화당의 급격한 운동이 잇고 저긔 잇으매 산악당의 절디흔 반디가 잇으며 (산악당은 교황의 정권을 쥬장흔쟈라) 박게 잇으매 다시 법대 나파륜의 엿보고 싀긔흠이 잇어 의왕이 수면으로 쵸 나라 노략 가운딕 서서 라게 고성 흠을 가히 의론치 못흘지라 일쳔 팔빅 륙십년 가을에 정부의 명으로 훌 연이 쟝군을 잡아서 아보렬랍에 침복ᄒ여 살게ᄒ고 디방관에게 낫속ᄒ며 관 활ᄒ니 미구에 교황의 아돌 일홈은 미라 차라 ᄒ는쟈가 박게 잇서 발발히 스스로 금 용병을 불러 다시 교황의 다경을 참로ᄒ니 로쟝군이 듯고 스스로의 쳐 못ᄒ고 삼십월 십스일로 아보렬랍에서 도망ᄒ여 나오니 일으는 바에 소리를 응호고 모두 구티 모여 부쳐 달리는 바람과 비의 형셰로 문득 로마 라에 달ᄒ여 그 아돌로 더부러 맛나 로쟝군이 말 곳비를 아울러 로마에 들 어가 덕군으로 문덕랑에서 밍렬히 싸화 크게 이기니 로마가 두번쟤 가쟝군 의 손에 쩔어졋는지라 불라령정부 (의래리가일쳔팔륙십오년으로부터초령 으로불라령에도읍ᄒ다) 는 흔단을 잡아 일을 패흘가 두려워ᄒ여 이믜 몬져 긔를 졔어ᄒᆯ새 급히 군수를 로마에 파송ᄒ고 법란셔 군병도 쏘흔 쌀아 일 으는지라 이에 가쟝군이 삼면으로 도젹을 바다나아 가나 몰려가나 오직 골이 라 이에 취하를 모아 거듭 경고ᄒ여 가라대 우리들의 귀즁흔 피로 이 로마 를 의태리 나라 도젹의 손에셔 사앗을지라 이제 불라령 정부가 병력으로 침

뎨이십오졀 가리발디의 지립

빅쳔팔빅륙십 소년에 왕 영마로애 가 다시 로마 문뎨로 나파륜과 일부러 의론을 협도ᄒᆞᆫ바가 잇어 그 해 구월에 두 나라가 언약을 톄결ᄒᆞ엿으니 법인 온로마에 수자리 ᄒᆞ는 군ᄉᆞ를 것고 의왕은 그 정권을 침범치 안이ᄒᆞ기로 ᄒᆞ이는 진실로 의파ᄒᆞ는 졍칙이 졈졈 나아 감이니 부득불 그러ᄒᆞᆯ지라 셩이 씨어짐 그른 가쟝군은 이에 일을 울어 더욱 참고 자ᄒᆞ여도 가히 참지 못ᄒᆞ니 져가 ᄒᆞ엿어 옴으로 씨고 잡은바 공화쥬의가 다시 나타나는지라 가라대 이련언수ᄂᆞᆫ 넘군의 졍부알에 잇어 맛츰내 통일ᄒᆞᆫ 큰 업을 일우지 못 ᄒᆞᆯ지라 ᄒᆞ고 이에 뭇사ᄅᆞᆷ에게 션언ᄒᆞ되

오날날 우리가 불가불 공화국 국지로 파뎍간 궁뎐 우에 셰울지니 돌탄ᄒᆞᆫ다 공화쥬의ᄂᆞᆫ 한 날이라도 가히 ᄂᆞ질ᄭᅥᆯ에 못ᄒᆞᆯ것이오 한 날이라도 가히 ᄂᆞ질업 이ᄯᅢ에 의왕은 이믹 침장ᄒᆞ며 련슉ᄒᆞ고 민첩ᄒᆞ며 통달ᄒᆞᆫ 지상을 일코 이에

뎨이십륙졀 삼국걸젼

나파륜대삼이 본릭 가쟝군의 위인을 것거히 안이ᄒᆞ는지라 그 영국에 환영 흠을 바듬이 이ᄀᆞ라 극흠을 듯고 유롭 온판에 영향이 될가 져어ᄒᆞ여 이에 가만히 영국 졍승 파미사돈에게 권ᄒᆞ여 샹등 손으로 고국에 돌아 가기를 쳥 ᄒᆞ니 미구에 가쟝군이 돌아가다

흑흐는 긔샹을 다 가히 성각ᄒ여 보리로다

미우에 욱여셔 나와 가쟝군이 마시니일은 둘재 고향되는
아 쟝ᄎᆞ 영인으로 마에 뒤흔 렬졍을 불너 일으키려ᄒᆞ니 영국에 한만히 놀

의 조하ᄒᆞᆷ으로 텬하에 들리는지라 그 깃거히 뒤졉ᄒᆞ는 군졀ᄒᆞᆫ 졍셩이 경동ᄒᆞ여
태 극렬ᄒᆞᆫ딕 일음이 이째에 심흉이 업는지라 쟝군의 탄배가 사슴보론에 일을어
겨우 륙디에 을으매 영인이 강가에 모힌 쟈가 문득 일관으로 셰 알일자라
셔로 손을 잡고 다시 손을 잡으며 서로 입을 대고 다시 입을 대어 반일이

국 되도록 능히 츄보를 힝ᄒ지 못ᄒ더라 쟝군의 갈을 시험ᄒ던 얼골이 이믜 춤이
삼 의 뼛ᄉᆞᆼ여 능히 움직이지 못ᄒᆞ는지라 쟝군이 수십년리로 츌립ᄒᆞᆯᄯᅢ 활발ᄒᆞᆫ 손이 이
결 ᄡᅡ여 흘러 나리고자 렬셩나셔 ᄉᆞᆼ빅ᄒᆞ는 쟈들의 창고에 얼골이 이의 춤이

젼 붉은 외투가 찌어져 각각 한처와 한실이라도 서로 빗나기가 보화로 역역
십 쏘각에 샤회가 죠뎡이나 시골이나 늙은이나 졀은이나 업시 다 그
영국은 나라에 힘이 업고 그 마음과 뇌 가운ᄃᆡ 다시는 젹업이

에 잇유을 알지 못ᄒᆞ며 학문이 잇음을 알지 못ᄒᆞ며 번뇌ᄒᆞᆷ이 잇음도 알지 못ᄒᆞ
고 오쥭 한 가리발디 쟝군이 잇는 것만 알더라 오호라 대쟝부 참 남즛가 맛
당히 이그티 안이ᄒᆞ며 맛당히 이긋티 안이ᄒᆞ리오

이십빅 이태리 건국 삼걸젼

의론홀 결을이 업는지라 장군이 파력라에 잇으매 일쪽 모시는 쟈에 매우
연이 만항여 가라태 영인의 소리를 내가 장 듯기를 질거항는 바라 이
이 한 번 나매 각신문들에 다토아 긔슐항여 파젼항는지라 영국에 일홈 잇는
게짐과 일홈 잇는 션븨들이 한 번 그 기침항는 소리라도 친항여 명예가 되
고자 안이항는 쟈가 업논지라 한 말로 그 잠덕홈을 위항여 스스로 한량업
는 공덕을 삼고자 항는 쟈 귀항이나 쳔항이나 늙은이나 졂은이나 촌인이나 셩
아나 업시 다 분쥬히 달아 모히매 뒤에 올가 져어항너 파력라에 여관들이
문득 영국 손님의 다 뎜령홈바 되엇더라 그 가운딕 한 로구가 잇어 그 사랑
항논 졂은 쌀을 다리고 또한 본국에셔 만리 바다를 건너 가장군의 가친 샹
에 일을어 간호부가 되어셔 쟝군으로항여곰 날로 그 소리를 듯고 깃거히 항
기를 빌거눌 쟝군이 구지 수양항여 모녀가 타국 말
을 한발도 아는 바가 업시 로비가 이미 다항매 외로히 돌아 갈수가 업는지라
의국 졍부의 구조홈으로 겨우 고로에 돌아와 오히려 반둣이 그 목덕을 달홀
뒤에 말고자항여 이뜻을 쟝군에게 달항고 맛참내 일각 사이라도 가쳔집에
들어가 쟝군의 천히 쓴 글즛 한아와 흰 털 한줄기를 빌어 허락항면 밋치배
깃거히 돌아가겟다 항논지라 오호라 이것이 비록 젹은 일이나 가쟝군의 렬
셩이 한 셰샹을 호흡홈과 쏘한 셔방에 인민의 풍쇽이 영웅을 노피고 영웅을

의 바가 되엿디라 그해 (일쳔팔빅륙십일년) 쳘월에 의태리 졍부에서 로마 교황으로 더불어 교셥하는 한 범안을 쵸출하여 법국에 부탁하고 교황 피아소 대구에게 보내어 허락함되 교황이 만일 졍권을 노아 버리면 긔만금으로 셔로 주고 또한 그 교권에 무한한 즈유를 엇게하여 졍부는 결단코 간셥지 안이하기로 함되 피아소가 고집하여 듯지 아니하고 셔언하되 쳔년이린로 력퇴에

태리 교황들이 그 졍권을 잡고 거느려 부린 도디를 비록 쳑촌이라도 스양하여 버히지 못할지라 혁명이 쏘벌 긔러 일어 나서 잇는 바에 츌몰한지라

국 크게 겨양하여 졍부에 부틸쇠가 자못 궁한지라 이에 의태리 가리발디크에 긴 호무를 더지고 긴 칼을 잡아 다시 아 보렬랍에서 일어나 의용병일쳔 오빅을 거느리고 셕셕리로 부터 길에 올으니 겨우 한 달만에 미셔로

길 바다가를 건너 교황의 경닉에 들어가니 의태리졍부는 여러 의론이 일어나며막으니 간셥이 잇어 스직에 위래함이 될가 두려워하고 급히 군스를 발하여

전 렬국의 간셥이 잇어 스직에 위래함이 될가 두려워하고 급히 군스를 발하여 군이 팔월이십구일에 두 군스가 셔로 아스보라 문에 맛나 츙돌할새 가장

삼 디는 우에로 님군과 알에로 상고와 오동과 군졸이라도 노피어 졀항기를 우십 막으니 님군의 군스가 사로잡은바 된지라 이셰에 가리발

일 상과 그리 한이핮는쟈가 업는지라 그러나 한갓 외교 우에 혐의가 되으로 부빅 득불 파력라라에 가두니 유둡 렬국에 모든 의론이 더욱 경도하여 싱각하고

십박 의 태리 삼국 걸전

고 의태리 사람의 조유를 가부어가 주엇스니 의태리는 가부어의 안히가 안이오 가부어의 으히라 가부어가 의태리를 버리고 가매 나가 겨우 오섭일계라 다시 십년만 빌려주면 다 맛치지 못홀 업을 가히 맛칠것이오 그 갑지 못훈 원을 가히 가풀지니 나는 감히 의태리의 국셰가 오날에 근치지 안이홈을 미들지라 가부어의 의태리를 지옴이 비스믹이 덕국을 지옴과 뜻이 굿트니 비스믹의 죽음은 가부어의 삼십년 후라 이러홈으로 덕국은 능히 져 구른 바요 오국은 거우 이 구든바라 이것이 나의 부득불 의태리 사람을 위ᄒ여 슬퍼홈도다 비록 그러나 가부어는 의태리의 동일홈으로 일성에 큰 소업을 삼아 대일 국회가 거를 노음으로 일성에 큰 소업을 삼아남 북미의 란리가 겨우 뎡ᄒ민 임공이 가고 가부어는 의태리의 돌일홈으로 일성에 큰 소업을 삼아 대일 국회가 우열매 가부어가 가니 오호라 가부어는 쏘한 가히 눈을 감을 지로다

대이십소졀 가리발디의 하옥과 류 영국

이ᄯᅢ에 의태리는 진실로 한 가부어가 길이 가니 온 나라가 바람을 일어 홀바를 아지 못ᄒ더니 다힝이 나파륜 데삼이 오히려 동졍을 표ᄒ여 류월 금음에 의태리 독립을 공번되이 인허ᄒ고 공소를 파송ᄒ여 의국 셔울에 멋쥬베 ᄒ니 가부어의 뒤를 이은 쟈는 남쟉 이아사리 쇼하의 규모를 조ᄎ이 짤앗으니 특별훈 슈단은 업스나 족히 사람의 바라는

의 가부어 삼십여년에 싱이가 사람의 능히 못 지낼 부즈런과 슈고를 지내고 사
태 람의 능히 당치못홀 근심과 걱정을 당하엿는지라 그 만년에 지낸바는 지극
리 히 가히 깃분 승리와 지극히 가히 슬픈 실패함이 슌환하여 서로 이으니 저
쇠와 돌의 구듬에 비하고 금은 옥에 빗을 엎은것 그는 몸이 쪼한 녹아서 다
혼지라 왕 영마로애가 그 병이 극히 기전 열흘에 촌보도 거테쩌나지
안이항고 명이 섣어질때에 한 발도 달은 일이 업고 오즉 쌀리 불러 가라대
국 게엄흔는 령을 이포스에 나림은 신이 기어히 괴필코 가치 안이항오니
삼 쥭거의 때를 말기고 저들을 말기소서 저들을 말기소서
건 가장 뒤에 한참 잇다가 오히려 그 거레 모시는 아우를 돌아보고 말하여
전 나의 아우야 나의 아우야 죳유국 중에 죳유 교회나라 헝더라
일천 팔빅 륙십 일년 륙월 오일에 의태라를 독립한 큰 정치가 지상 빅작 가
부어가 훙하니 우에로 님군과 알에로 ㅅ대부와 농소하는 빅셩과 상고와 오
히들과 군죤들이라도 저즐 등곡항기를 부모의 초샹 긔타흥여 쥬뎡에는 죠회
를 파등고 들에는 저즐 파항여 온 의태리 나라 빅셩이 번뇌하여 바다에
구븨 자긴지 두어달이라 오호라 의태리 사람의 질둑을 가부어가 시들고 의태리
사람의 혁국을 가부어가 호무질하고 의태리 사람의 지식을 가부어가 가르처

팔빅을 교 박그로 내쏫기를 션언ㅎ고 영마로애와 가부어로 ㅎ여금 곳 교황에게
문참을 당ㅎ니 또한 죡히 두 사람의 덜림을 위홈이 안이라 져 군신 ᄃ른 이
가 업스니 다 교회에 렬심ㅎ는 사람이라 그럼으로 항샹 조심 조심ㅎ여 범홀
바가 잇을가 ㅎ나 비록 그러나 일국의 큰 셰를 통ㅎ지 못ㅎ면 능히 공이
예를 쌀으리오 가부어는 키혁ㅎ는 업이 온 판을 통ㅎ매 또 엇지 먹음고 참아
되지 못홀것을 긔피 아는지라 저가 항샹 가라대 므릇 일국의 도읍을 가릴 진
딘 가히 인민의 감졍이 업지 못홀지라 로마가 진실로 대국의 도읍될 썅에
졍당ㅎ니 모든 력스 우에나 자식 우에나 덕의 우에 즁거ㅎ여도 다 그러ㅎ자
라 이제를 위ㅎ여 씨홀진딘 맛당히 교황으로 ㅎ여금 교회에 위력이 반듯시
졍슝ㅎ는 권셰를 의지홀지 안이ㅎ고 능히 독립홈을 알게 홀지니 교황이 졍
스 권셰를 벗어 버린후에야 교회가 더욱 빗나고 영화로울지라 내가 한 쥬의
가 잇어 의태리에 션포ㅎ고자 ㅎ노니 곳 즈유 교회를 즈유국에 셰움이 이것
이라 ㅎ엿으니 가부어는 이런 쥬의를 품어 루초 로마 궁뎡에 군졀히 의론의
협동ㅎ되 일과 원ㅎ이 억이어 의태리가 매양 한 거름을 나야가매 곳 교황의
잡은바가 들의 뇌속에 싁임이 더욱 한 층이 기픈지라 이러ㅎ 몽민간 셩각이 이런 졍
고 다하에 들어 가니 한심ㅎ고 가히 슐프도다 왕홈이 슈십년이로되 맛ᄎ내 이러한 몽민간 셩각을 품

부를 반디ᄒᆞ기로 일삼는지라 이에 졍부가 엄흔 슈단으로 다스리기를 의론ᄒᆞ는쟈가 잇거늘 가부어 크게 근심ᄒᆞ여 ᄒᆞᆼ상 사람두려 말ᄒᆞ여 가라대 만일 망령되게 엄히 경계ᄒᆞ는 령을 나려 위력으로 나라를 다스리고 군졍으로 빅셩에게 림ᄒᆞ면 비록 지혜 잇는쟈가 잇셔도 반듯이 그 뒤를 능히 잘ᄒᆞ지 못할지라 ᄒᆞ고 가부어 기피 조긔가 죽은후에 졍ᄉ 잡은 쟈가 아걸로 그 영을 썰어 철가 두려워ᄒᆞ여 병든 평상에 누어 잇어 셤에 말ᄒᆞ는것 ᄀᆞ티 문득 스스로 말ᄒᆞ여 가라대 계엄ᄒᆞ는 령을 나리지 말나 계엄ᄒᆞ는 령을 나리지 말라 ᄒᆞ며 이와 ᄀᆞ티 하로에 수십초를 ᄒᆞ니 대개 근심홈이 깁더라 둘재는 가라대 교황의 권한 문데니 로마 교황이 쳔년 이리에 의태리의 큰 권셰를 잡앗으니 그 권계가 한갓 종교와 교육 뿐이 안이라 겸ᄒᆞ여 졍치에 밋치엇으니 교황으로 ᄒᆞ여금 이번 든섬이 (곳의태리라)져의 관할흔 토디로 알면 곳 의태리 왕은 결단코 국민 졍부의 웃듬 머리가 되지 못할지라 그러나 교황의 놉고 엄홈으로 진실로 능히 이포스 왕을 뒤졉ᄒᆞ기쉬은지라 그 소리가 지극히 밝히는 법으로 뒤졉ᄒᆞ지 못할지니 저의 스스로 물러가 사양ᄒᆞ기를 달게 흔진댄 쳔년에 구지 잇는 권력을 잡아 공슈ᄒᆞ여 의 왕을 주는것이 또한 일이 지극히 바라기 어려으니 이에 외국 졍부가 부득불 궁ᄒᆞ리로다 일쳔 팔빅 륙십년을 당ᄒᆞ여 로마 강달에 썅이 의태리에 합ᄒᆞ매 교황이 크게 셩내어 그 빅셩

쳘빅

빅류

흘결심이라 엇지 오즉 저 두 호걸분이리오 가부어의 침잠ㅎ고 련육ㅎ며 군심ㅎ고 묵슈홈으로도 또한 흥샹 말ㅎ기를 의태리가 로마에 도움을 당ㅎ지 못ㅎ면 곳 강샹 나라의 동일홈을 맛촘내 가히 엇지 못ㅎ리로다 ㅎ니 또 엇지

삼국의

제세 호걸 분이리오 온 의태리에 피가 잇고 눈물도 잇는 남으들이 진실로 노린도 로마요 울어도 로마에 의태리 젼태가 이믜 갓초매 모든 통이 그머리가 엽 잇지 못ㅎ는지라 이에 의태리 젼태가 아름다음에 오히려 부족홈이 잇다 ㅎ도다

걸리

데이십삼졀 가부어의 길이 가매 그 맛치지 못ㅎ는 뜻

젼태일츠 국회를 각회한 두어달 후에 가상국이 엄연이 길이 가니 샹국이 평셩에 뜻한 일이 또한 일에 이믜 여둘 아홉을 일운지라 비록 그러나 나라의 진보홈이 다ㅎ지 못ㅎ며 사람의 바람이 다ㅎ지 못ㅎ고로 나라를 소랑ㅎ는 뜻 잇는 션비의 최임과 회포와 감졍이 또한 다ㅎ지 못ㅎ지라 이에 가부이가 스스로 한량업시 다 차 못한 연분을 기쳐 나림을 쎄달아 뜻을 싸교죽으니 가장 큰 쟈가 돌이 잇는지라 첫재는 이포스에셔 뒤를 잘 흐 문매 니 이포스가 비록 합병ㅎ엿으나 그 빅셩이 능히 다 화ㅎ지 못ㅎ엿으니 이포 소 사람이 오래 졉쪠ㅎ는 졍부 알에 업디어 벌률이 잇음을 알지 못ㅎ고 직히 빅셩의 기운이 크게 동한 뒤로는 식 글업게 ㅎ는다 익어서 건뜻ㅎ면 졍

의 태 국 삼 결 견 빅 오

그런고로 감히 군병을 박게 내지 못ᄒᆞᆫ지라 나파륜이 바로 군함을 파숑ᄒᆞ
여 구원ᄒᆞᆫ다 소리ᄒᆞ여 말ᄒᆞ나 그러나 싸지즐 싸름에 지내지 안이ᄒᆞ고 반듯
이 구원할 결심은 읻더라 가부어 이에 왕게 고ᄒᆞ여 가라대 렬국의 뜻 향홈
을 가히 볼지라 하늘의 주어도 취ᄒᆞ지 안이ᄒᆞ면 반듯이 그 앙화를 밧ᄂᆞ니
비록 그리ᄒᆞ나 일을 츠례로 숨ᄒᆞ게 할지니 이제 쳥견딘 젼에 북방의 등록
을 의지ᄒᆞ여 온 나라에 넓이 동ᄒᆞ는 투표를 만들어 조초 소서 맛춤내 마흔
수효로 살국에 行ᄒᆞ니 불란셔 수가 크게 분히 역어 싸홈을 도다 한 번 패ᄒᆞ
고 빌어 황복ᄒᆞ엿더라
일쳔 팔박 일년 십팔일에 이원 십팔일에 대일초 국회를 열새 로마와 바리스 두
ᄯᅡᆼ을 졔ᄒᆞᆫ 외에 그 남은 의태리 온 나라 빅셩들이 다 각기 되의 소를 쌉아
빅셩의 뜻을 되표ᄒᆞ여 츄령에 모다 모히니 이 국회는 승젼호 로리가 양양호
가운ᄃᆡ 연어으니 이로 경소를 싱각ᄒᆞ매 경소를 가히 알지로다 비록 그리ᄒᆞ
나 아름다음에 오히려 부족ᄒᆞ미 잇으니 부족ᄒᆞᆫ쟈가 무엇이뇨 곳 로마와 비
리스 두 ᄯᅡᆼ은 진실로 의태리의 즁심이라 이졔 즁심 되는 ᄯᅡᆼ에 오히려 고티
로 입이 동ᄒᆞ엿으니 로마는 셛빅의 노피고 섬기는 바라 가리
발디의 셰력이 이에서 졈을 일으키고 마시니의 셰력도 이에셔 졈을 일으믹
엿으니 져 두 호걸이 다 로마를 어더 두지 못ᄒᆞ면 비록 죽어도 눈을 감지 못

빅스며 이로부터 가매 다시 다툼도 업스며 다시 화평호지 안이홈도 업스며

신영마로애 왕의 다스리시는 알에 동일홀지니 의태리 만셰 만셰 영마로애

만셰 만셰

의 십일월 칠일에 왕이 가리발디로 더불어 말 곳비를 알우러 이포스에 들어가

니 이 구리 담박호고 영졍호 쟝군이 온 군병과 온 쌍을 들어서 왕에게 드리

고 공훈과 벼술을 일졀 밧지 안이호여 샹주는 바를 일졀 밧자 안이호며 한

아 츄죵호는 쟈도 잇글지 안이호며 한갓 물건도 슈습지 안이호고 표연히 한

몸으로 바로 돌아가 아보렬랍섬에 누은지라 오호라 내가 동셔양에 예와 이

졔 수쳔년 스긔를 두루 샹군 그흔 한 사람을 구호고자 호나 엇지 가히

어드리오 곳 북미 합즁국의 나라 아비되는 화셩돈이 그에 가죡호리로다

데 이십이졀 데일국회

영마로애가 이의 이포소와 셔셜리를 어덧으나 비록 그러호나 여 왕 불란셔

스가 마음에 달게 역이는바가 안이라 이에 살왕과 가리발디의 무도홈을 각

나라에 호소호고 또 구원호기를 오 법에 비는지라 오 왕은 진실로 구원호고

자호나 그러나 매툭달의 젼졔홈을 지낸후에 나라 가운디 반디홈이 크게 일

어나니 큰군스를 한 번 동홍매 혁명의 참혹홈을 면치 못홀가 저어호는지라

가 넘려호엇으나 가쟝군이 의믜 향오을 졍졔케 신칙호고 그 넓은 소매로 때에 져즌 붉은 의루를 입고 손으로는 그 풀는 산이 나려드린 셜어진 모즈를 벗어 들고 웃으며 나가 만져 가라대 션이 우리 왕을 기드림이 오래로소이다

의 왕도 쏘한 그 손을 잡고 위로호여 가라대 경의 착호고 수고호믈 샤려호노라

호니 숩호다 그 뵈락호고 표상호 틧도를 쳔지 알에 오히려 쟝츠 보겟도다 군조가 소긔를 읽다가 이에 일으러 의태리의 흥홈바가 대개 여긔 잇음을 탄식

리태호도다

삼국 가리발디가 쟝츠 그 피와 땀으로 어든바 토디를 그 님군에게 드릴새 이에 하로를 젼긔호여 몰려감을 고호는 말을 베풀어 가라대

걸 모든 그 디들이어 명일은 진실로 우리 나라 빅셩의 한 큰 긔념이 됨날이라 엇더호 연고뇨 우리가 쥬쟝호 님군 영마로에가 쟝츠 수빅년릭의 우리 나라 빅셩의 사이에 막키고 눌림을 허쳐 파호시고 이짜에 림호신고로 우리 무리가 졍셩을 다호며 공경을 다호여 우리 왕을 맛고 우리 무리가 졍셩을 다호고 공경을 다호여 상대 게서 우리에게 주신바 님군을 마졋으니 우리들의 사랑호는 졍을 능히 왕으로 호여곰 눈길지니 우리 무리가 협동호여

삼빅 조혼 뜻으로 가매 왕의 힘호심 이로부터 가매 다시 졍치우에 뜻이 업스며 이로 부터 가매 다시 당패도 업

이빅느냐 그러면 불가불 외로은 한 번 더 결운슈와 명을 취하여 스스로 그 섬동
흥는 사람을 억제할지라 이때에 나파륜이 흔흔히 깃거온 빗이 잇는 듯하여
가부어의 구함는바가 경히 저의 한 말에 잇는 것을 아지 못하더라 이에
가부어가 하연히 일테로 임스를 내가 지기로 고하고 이에 살더니
아의 군병이 구원에 진을 옴거 남 방으로 향하여 로마 교황의 군스와 아스
의 덕비달라에서 맛나 크게 패하고 드되어 안가라의 땅을 웅거하엿더라
태 가부어의 념려훔바 대일스는 대개 과히 념려훔이니 가리발디는 이믜 일즉
리 덩한 듯이 잇는지라 그대니스에 일을어는 곳 헤아린바에 나지 안이하니 만
국 일 가부어가 급히 일어나 바로 샬으지 안이하엿으면 곳 압길을 가히 물을수
삼 엄스리로다 마시니가 가리발에게 말하여 우리 군스가 이섭일 안으로
걸 곳로마와 혹 비리스에 이로지 못하면 우리 무리의 뜻을 맞춤내 달하지 못할지
전 라 하니 가장군이 알아 듯고 급히 군스를 정제하며 말을 먹여 힘하더니
덩일 하날이 의태리를 도으샤 이포스에 남은 군졸을 슈습하여 가리발디를 하
덕던라하의 북쪽 언덕에 막음을 맛나 섭월 일일에 두 군스가 비로소 싸홈을
결단하니 군스가 크게 허여지고 그 님군은 기달에 달아 나는지라 살
려 가장군의 뜻이 잇더홈을 아지 못하여 기피 두 군스가 혹 충돌홈이 일을

이에 불지라 우리들이 스긔를 읽는 쟈여긔 이르매 곳 취훈 노릭로 이러나 춤추며 책상을 치고 소락ᄒ야 경히 모든 호걸의 속에 골을 다 ᄒ고 마음에 피를 도ᇰᄒ며 죠심ᄒ고 화평ᄒ며 침잠ᄒ고 두려워 홀때를 아지 못ᄒ리로다 이

의 애 가 부어는 그 런숙히 졍치가의 방법을 내어 이 지극히 어렵고 지극히 쳡망과 임소를 옴겨저 거쳘고 호결훈 혬긔 잇는 션빅의 손에서 내어 침잠 훙고 온젼훈 졍치가의 손에 오고자ᄒ여 즁훈 군병을 발ᄒ고 로마

태 리 에 ᄒ야ᇰᄒ여 몬져 그 긔들을 졔어ᄒ고 가리발디의 운동을 막긔로 결졍훈지라 비록 그러나 가리발디가 남으로 치매 각 나라의 슈졋는 말이 분분히 일으되

국 그 쟝슈는 곳 살국에 옛 쟝슈요 그 군스도 다 살국의 빅셩이니 그 반듯이 살 삼 비록 그러나 가리발디가 남으로 치매 각 나라가 잇지 능히 살

걸 덕니야 졍부의 가로쳐 부린바라 ᄒ여 일빅 입으로도 능히 변명홀수 업는지 라 이애 일을어 다시 로마에 ᄒ야ᇰᄒ매 각 나라가 잇지 능히 살

젼 묵ᄒ리오 가부어의 졍치ᄒ는 수단이 이에 또 나오도다 가부어 이에 각 나라에 잇는 본국 공ᄉ에게 고ᄒ여 가라대 만일 우리 군ᄉ 가 능히 가리발디의 군ᄉ가 개덕니아에 이르기 젼에 몬져 하ᄒ려라 하ᄒ야 겸 령치 못ᄒ면 우리 나라가 반듯이 망흘것이요 의태리가 반듯이 혁명의 교회

일 빅 것이 해 됨을 아느냐 이믜 오날에 스스로 구원을 가히 받지 안이ᄒᆯ것을 아 에 잠길지라 훈디 법대 나파룬 데삼이 가라대 너의 살덕니아가 이믜이

뎨 걸 삼 국 리 래 의 빅

면 신이 일빅 일에 감히 죠셔를 밧들지 안이ᄒ겟느니다 ᄒ니 이는 당시에 남
방 모든 호걸이 획칙을 빗포혼 졍형이라
가부어가 이믜 가리발디의 남 방을 뎡흠을 듯고 ᄯᅩ 마시니가 그 군즁에 잇음
을 들으매 ᄯᅩ한 깃거ᄒ며 놀내며 두려워 ᄒ여 급히 령을 뎨독 비이살라에게
ᄂᆞ려 가라대 의 태리가 박게 죡속의 능모와 핍박과 졔졔와 쇽박흠과 밋쳔사
람의 ᄯᅱ지는 세가지 괴로은 바다를 벗어나지 안이ᄒ면 곳 능히 스스로
잇지 못ᄒ리라 ᄒ니 일으는 바 밋쳔 사람의 ᄯᅱ고 더진다 흠은 마시니의 무리
를 가르침이라 엇지 ᄒ여 밋친 사람으로 지목ᄒ엿ᄂᆞ뇨 가부어가 일은 가리
발디가 마시니의 희미케 밋는 공화를 쥬장ᄒ는 의무에 혹흠이 되어 서로
리저 안이ᄒ고 분결이 될가 념려ᄒ며 이는 져들이 한번 익인위력을 타서 스
스로 힘을 헤아리지 안이ᄒ고 바로 나아가 로마를 칠가 념려ᄒ니 진실로 그
러면 반듯이 법국의 간셥ᄒᆞᆷ을 불러 이 구구ᄒᆫ 빅셩 즁에 의용되가 맛춤내능
히 강한 나라에 오래 련습ᄒᆫ 군스를 당뎍지 못ᄒ고 멸망ᄒᆞᆷ을 취ᄒᆞ자라 그런
고로 과 타듯기 급흠이 가히 셩각ᄒ고 의론ᄒ기에 일으지 못ᄒ리로다 이는
당시 북방 모든 호걸의 획쳭을 배포ᄒᆫ 졍형이라
이때에 의래리는 련상과 다하에 분게가 한 혈역을 다톨지라 가부어의 일셩
스업을 이에 보며 마시니의 일성 스업을 이에 보며 가리발디의 일셩 스업을

의 태 국 삼 걸 젼 구십구

일을 희성삼아서 공화 안이흠을 좃는것이라 구흐는바는 이 통일흠는 목뎍

을 달흠이니 만일 그 슈단이 곳 마음을 용납흠이 업슬진뒤 오날날 가히 한

의 태리가 업지 안이흘것이요 또한 두 의태리를 가히 두지 못흘지라 오날 살

덕니아가 이믜 통일흠 즛격을 갓초아서 남방에 일어낫고 우리도 쏘한 가히

통일흠 즛격을 갓초아서 북방에 일어낫으니 이는 두 의태리라 참으로 의태

리를 사랑흐는 마음이 잇으면 진실로 한아를 굽혀서 한아를 펴지 안이흐지

못흘지라 저 슈십년에 졍신을 가다듬고 다스리기를 도모흐여 군소가 강흐고

나라가 부흐며 님군이 밝고 신하가 어진 살덕니아로 하로 아츰에 그 직힌바

를 버리고 나를 좃고자 흠이 의론이 능치 안이흠 잇으리오 이에 곳 능흘지라 공

화졍쳐의 압길이 엇지 감히 안 보흐기가 저거더 다흠이 잇으리오 이에 가장

군이 남울 굽히여 북을 펼쯧이 확뎡흐여 가히 쌔루수 업는지라 마시니기어

려움이 업시 드듸어 그 눈는바를 들으니 비록 그러흐나 가리 발디와 마시니

는다 옛로마를 노피 결흐여 수십년에 밤낫 업시 씀에라도 일죽 마음에 버

리지 못흔자라 쏫흐기를 만일 로마가 업스면 의 태리가 맛춤내 의태리 되지

못흘것이니 저들은 살왕이 스스로 족흐게 역여 구챠히 편홈을 취흘가 저어

흐여 이에 글을 올려 왕에게 요청흐며 가라대 신이 이제 권도로 셤정관이 되

어 일 힝흐기에 편의 캐흠이 진실로 우리 왕께서 로마를 뎡흐시는 날이 안이

팔십구

ᄒ며 혁가 구더서 능히 퍼지못ᄒ여 씸도 굿고 샘도 구터 서로 더부러 분주히 고ᄒ여 가라대 가라발디는 하늘에 사람이오 심상흔 혈류잇는 사람의 류가 안이라 ᄒ더라 슯흐다 이 ᄯᅢ에 가부어의 질거흠을 질정ᄒ여 그럴 한아 가부어는 것에 가쟝 가리발디가 경흘흥고 밍렬흔 수단아 과흥을 질정ᄒ여 그럴 한아 를 엇글면 온 몸이 동ᄒ는것 구터 큰판에 일을 글읏칠가 두려워홍엿더니 이 련ᄒ태를 당ᄒ고 이런 쌍에 잇어 이런하늘이 일을 놀나고 쌍이 동ᄒ는 큰 소리와 일흠을 당ᄒ여 비륵 일빅 가졍승이 잇어도 능히 한 가쟝군의 한 손가락을 당ᄒ지 못흘지라 이에 이포소와 벽석리의 옛 졍부가 이믜 폐ᄒ매 가리발디가

구십

한 번 ᄯᅱ어 두 나라에 셥졍ᄒ는 관원이 되엿더라

태리

이십일졀 남북의 태태리의 합병

국

이ᄯᅢ에 마시니가 방쟝 가리발디의 국즁에 잇어 일빅 수무를 참예ᄒ매 큰 공

삼

이의 일우어도 가리발디가 스스로 셥졍관이라 칭ᄒ고 독립을 ᄯᅳᆺ이 업슴

걸

을 보고 이에 척망ᄒ여 가라대 엇지 공화는졍치를 폐지 안이ᄒ느뇨 ᄒ니

젼

가쟝군은 진실로 공화를 사랑ᄒ는 쟈나 비록 그러ᄒ나 그 공화를 사랑흠이 의태리를 사랑흠만 굿지 못ᄒ니 가쟝군의 ᄯᅳᆺ이 통일흠이 업스면 곳 의태리 가 업슴이니 만일 곳 우리의 일빅 일을 허싱 삼아서 공화흠을 좃는것이오 만일 공화로 통일을 어드면 곳 동일을 어드면 곳 우리의 일빅

이에 일을어 쓰어읍이 더욱 쓰어온지라 가장군이 일빅 번 싸운 사나은 장수의 위엄과 신령홈으로 임ㅎ매 쇠란호 굴음이 공중에 거치고 모신 바람이 락엽을 흘어 버림과 구든이 동으로 치매 션편이 위에 옴을 원망ㅎ여 우리 이만 후가 소셩시러 온다 ㅎ더라 이 쌔에 이포스 정부에 교련호 군소가 비록 이만 명이 잇스나 션셩을 듯고 썰지 안아ㅎ는쟈 업서 바람을 바라고 헤어져 달아나니 두어 날이 못되어 셕셕리를 온전히 명ㅎ고 포학호 인군 불란셔수 매이를 사파덕에 내쫏고 구월 칠일에 이포스에 들어가니 이포스가 곤호 짐승이 오히려 싸호는 형셰로 죽을 힘을 다ㅎ여 항거ㅎ는지라 가장군의 부장 비기지라 가라대 우리들이 맛당히 조곰 몰러나 그 갈날을 피호지로다 ㅎ거늘 가장군이 바로 아포로가 그 입을 갈이며 가라대 슙ㅎ다 말지 말지어다 우리들이 일으는 곳에 다 가히 죽을바를 어덧으닉 엇지 싸를 가리리오 ㅎ고 맛춤내 분격히 싸화 수일이 못되어 가리발디가 그 동지자 한 쎼로 드디어 남의 래리 젼국에 쥬인이 되엿으니 슙ㅎ다 칠쳑의 갈을 쎨처 삼군의 아페 몬져 서 두달아 못되어 만승의 권셰를 잡앗으니 이는 스긔가 셰상에 잇음으로 부터 오매 하늘이 진동ㅎ고 쌍이 써지는 큰 공이라 ㅎ리라 이 뒤에 비록 오는 이 원 셰계에 굉장히 그 엇시매 왼 셰계에 사람들이 눈을 홉뜨고 능히 감지못

전걸 삼국리 래

칠십구 쟈가 잇어도 다시 능히 달ㅎ매 바라지 못ㅎ리로다 이에 나는 괴별

륙십구의 래리 국 삼 걸 젼

단을 내어 그 즁앙에 울이 되엿으니 만일 가리발디의 가만한 째를 듯지 못
호쟈는 졀졔홈에 참예치 못호고 듯고 스스로 가셔 각국에 포고호여 엄호게
즁립홈을 직히고 폭동호는 빅셩을 탄압호쟈 소리질으며 도리혀 회군 함되를
패츌호여 가부어의 뒤를 딸아 힘호며 일홈호 가로를 쏫는다 진압호다 능되실
상인즉 그 뒤를 응원홈이라 힘호여 일홈기를 임호여 지극히 간단한 말
로 그 힝군 대독에게 훈계호여 가라대 이에 가매 맛당히 가리발디와 아포스
학틱의 사이로 배를 힝호되 원컨티 죡하는 이웃의 뜻을 알아호라 대뢰 비이살남
가 사도한 간단호거든 쳥컨티 내가 이의 그티의 소식을 알고쎠 나니라 내가
만일 글웃호거든 나를 옥에 드리니 나리 소셔 호고 쎠나니라
가리발디가 아의 힝호매 이 소식이 각국에 들리니 외교호는 지리에 겨양을
이 가히 의로호기를 성각지 못호는지라 이 쎡에 오직 한 영국이 가피 어포
스의 도탄니 심홈을 민망히 역여 일으디 이 거조를 가히 말지 못홀지라 호
되 남은 여러 나라에셔는 곳 바다 도뎍이라 호며 밋쳔 사람이라도 호여 거만
히 수짓는 소리가 쳐로 들을수 업더라 다힝히 가리발디의 더위가 외
교호는 간셥이 능히 밋지 못홀지라 로련호고 민활호 졍략으로 한
몸이 비란히 공격호는 가운티 셔셔 동호바가 업는지라 슘호다 가리발
디가 남편으로 오매 남방에 수빅년 싸힌 참혹홈은 심힝한 물과 폭렬호 불이 아

도 낙그며 여긔셔 허염도 ᄂᆞᆫ는이 고향 한 조각 ᄯᅡᆼ을 돌아와 션으로 저긔 부속홍여 달은 죡속에게 로예 노릇을 말게 ᄒᆞ소셔 신이 루루츙을 이긔지 못ᄒᆞᄂᆞ이다

의 가라발덕가 이미 글을 울리매 가랴 ᄒᆞᄂᆞᆫ 쇠답을 긔다리지 안이ᄒᆞ고 그 화하

태 에 복릭 감고을 한 가지 ᄒᆞ든 일쳔 사람되믈 거ᄂᆞ려 지로아 히안에셔 발힝

ᄒᆞ여 남방으로 향ᄒᆞ더라 오호라 누가 가 쟝군이 한갓 용밍ᄲᅮᆫ이라 ᄒᆞ리오 그

ᄯᅢ 의무가 가히 살덕니아 졍부로 셔로 관셥지 안이

국 이는 공을 일우지 못ᄒᆞ고 몬저 살덕니아를 가시 나무 밧 가운듸 이에 가

삼 뒤에는 ᄯᅩ한 의무가 살덕니아 가히 관셥지 안아 못ᄒᆞᆯ지라 ᄲᅡᆯ쳘지라

결 쟝군이 몬저 흉즁에 획칙을 일우고 이에 도졔가 ᄯᅱ어 나고 ᄭᅵᆯ죠가 날아 오

견 어지는 수단으로 표연히 긴 바람을 타고 ᄒᆡ항니 일쳔 팔빅 뉵십년 오월 ᄲᅦᆯ

오십구 져ᄯᅢ에 가부어는 엇지 ᄒᆞᆯ쟈뇨 그를 허락ᄒᆞ겟ᄂᆞ냐 이웃 나라의 반ᄒᆞ여 어지

러음을 리로히 ᄒᆞ여 부하빅셩을 션동식혀 응원이 됨은 졍부의 맛당히 별바

가 안이며 그를 금ᄒᆞ겟ᄂᆞ냐 동지쟈의 큰 업을 막으며 동모 입의 도탄을 줌

이니 더욱 졍부의 내고쟈 ᄒᆞᆯ바가 안이라 이에 가부어가 ᄯᅩ 그 외교ᄒᆞᄂᆞᆫ 수

구십삼

의 래리 국삼 걸견

뜻을 한가지 혼자들이 부득불 손을 묵거 결박홈을 당호엿으니 이에 마시니 당류중 한 호걸이 잇으니 가라대 격리스비자라 알으되 몬저 발흔 일을 가히 말지 안이홀지라 항고 이에 슈두로 란을 발호여 의로은 피를 파람 마와 두 스리와 아돌이라 모든 쌍에 굿세 셰우고 일면으로는 마시니와 가리발디 호걸에게 와서 구원호기를 비니 진실로 일천 팔빅 륙십년 봄이라
 대이십절 가리발디가 쳐서 남의 태리를 덩홈
이쌔에 가리발디가 방장 고향 이소가 법국의 버힘이 됨을 듯고 분로홈이
가슴에 막켜 완완히 탄식호여 가라대 이졔 고국에 잇는 것이 도로혀 외국
사람이 됨을 셩각지 못호엿도다 호고 기피 가부어를 마음에 만죡히 안이호
지라 이졔 일을어 남의 태리의 란을 듯고 쏫을 결단호며 스스로 더지며
소로 도아 그 쏫을 달녀가기로 뎡호고 힝호기를 당호여 한글을 령마로애에게
올녀 가라대
 신이 스스로 신이 이제 바라고 획최혼바는 지극히 위퇴호고 지극히 험호
스업이라 비록 그러나 신이 감히 피항지 안이호노니 신의 뜻호바를 만일
일우면 원컨듸 다시 새롭고 쏘한 말은 한 보비 옥으로 왕의 면류관을 셥
아고 신이 더욱 원홀건듸 폐하 건단호심을 떨쳐 죠뎡 신하의 용렬호
졍칙을 물리쳐 나의 여기서 노리도ᄒ며 여기서 고기

때에 이포스 정부가 비록 한 공함으로 변박하였으니 그러나 변박함이 더욱

그 말의 진실함을 증거함지라 의론하는쟈 일으되 격공의 글을 읽으매 당시

여측 백성의 원망을 갈우고 성남을 싸하 한번 정부를 마음대로 호고자 함을

알지니 반듯이 후에 변하여 란 짓기를 조하하는 무리로 가히 비하지 안이할

지라 (격공의 글을 보면 글뜻이 심히 넉넉하여 달은 글에 만히 번역하였으니 그 본문이

태의

리 가장 긴고로 기록 안이함) 이 째에 이포스 왕이 셕력리왕을 겁하여 진실로 파방

왕동을 디표하니 (법국로이데십소에 곳 파방왕동에 부텃더라) 오 법 두 강한 되

의지하여 오국의 구원함을 실상 남의 태리로 부터 일어 낫으니 곳 남의 태리의 것유를 저

자와 슈부가 가장 몬저 거느린쟈가 되니 셕력이와 이포스가 곳 그 저자와

국 삼

결 견

슈부에 한아라 저가 그 력사 우에 일즉 조유로 명예를 어덧더니 이제 돌오

허수 아비 굿튼 쪽 속에게 압제한 바되어 온 유롭 가운되 데일 고할되

업는 빅성이 되엿으니 곳 한번 극히 설치하기를 성각함이 맛당함도다

삼십구

이에 일울어 의와 오가 방쟝 북에서 싸홀새 셕셕리와 이포스의 인민들이 가

라대 만일 이 대를 일코 도모치 못하면 곳 다른 날에 다시 가히 스스로 셜

소망이 업슬지라 하고 방쟝 일을 일울새 문득 북방에서 화친하는 의론이 젼

하매 일이 이포스 정부의 형찰한 바만 되어 형셰가 쟝ㅊ 짓어져 파하는 지라

이십구 가만히 말홀새 가리발디를 위호여 조상히 나라 운수에 안과 박게 심경을 긔 술호여 젼에 졍부의 취호던 방침이 부득이호 연고를 변명호고 가부어도 또 한 잔을 헤치며 쓰래를 걸러 장군의 셩냄을 풀고 큰 잔을 도라 보기를 쳥호 니 이에 대일 졍치가와 대일 큰 장군이 다시 그 노피고 사랑호는바 국왕 의 페하의 아페서 손을 잡고 한 가지 의태리 만셰를 불으고 한 가지힘을 다호 여 쟝리를 도모호더라

 뎨십구졀 당시 남 의태리의 형셰

 리 북의태리 통일홈에 큰 엄이 일우어 이의 반에 지낸지라 비록 그러나 가부 어가 파려회의에서 션언혼 것이 특별이 이포스의 참혹혼 형샹을 가르쳐 여러 셤내을 격동호고 한가지 졍을 널리혼니 이제 이포스의 맛겻 죡쇽을 츄 딕호여 압졔를 바듬이 오히려 의연호지라 당시에 의태리 모든 나라 사나은 졍소를 비록 일만 나라가 한 가지로 긔탄호나 그 더욱 심혼쟈는 이포스만 그듬이 업는지라 일쳔 팔빅 오십 일년을 당호여 영국 일홈난 졍승 격란사돈 이 저 쌍에 놀아 지낼사 돌아가 그 본 바를 긔술호여 신문지에 공포호고 크 게 이포스 졍부의 졍소 일을 공격호여 힘써 그 쌍에 뜻 잇는 션비가 날날히 롭 폭동호기를 싱각호는것을 말호니 진실로 그 연유가 업지안이호여 가만히 떨국이 맛당이 손을 붓잡어 이 쎠구로 달림을 쓸을 뜻을 보이는지라 이

화를 도두어 내니 이러한 정부와 내가 더불어 손을 잡고 한 가지로 일을 홈

의 진되 내가 죽어도 능히 ᄒᆞ지 안이 ᄒᆞ지라 ᄒᆞ되 마시니 등도 나시 서로 응ᄒᆞ

태 여 화답ᄒᆞ매 그 무려히 공갈홈이 실로 형언ᄒᆞᆯ수 업더라 가부어가 쳐음에 악

리 ᄒᆞᆫ 말을 듯고 쏘ᄒᆞᆫ 분만ᄒᆞ여 스스로 억제ᄒᆞ지 못ᄒᆞ겟더니 한 참 동안에 문

국 득 엣 날 침잠ᄒᆞ는 티도를 돌이켜 화평ᄒᆞ게 되답ᄒᆞ여 가라대 내가 나의 가

삼 장 공경ᄒᆞ고 사랑ᄒᆞ는 가장군으로 더불어 그 사이에 ᄒᆞᆫ 기픈 못이 잇는것

걸 일로 우리 두 사람으로 ᄒᆞ여금 막혀 션어짐이 잇는것을 아노니 내가 ᄯᅡᆼ 버히는

젼 ᄶᅩᄒᆞᆫ 우리 왕게 권ᄒᆞ고 우리 국회에 질뎡홈은 가장 나의 마음이 샹ᄒᆞ는 의

무라 나의 일성에 죵죵ᄒᆞᆫ 무를 완셜케 ᄒᆞ여 부득이 홈일에 당ᄒᆞᆯ에

구 나의 경험ᄒᆞᆫ 바와 ᄒᆞᆫ탄ᄒᆞᆫ 바가 (이풀보면 거 젼에 소격홈을 가ᄅᆞᆺ 첨이라) ᄯᅩᄒᆞᆫ 가

십 장군에게 감ᄒᆞ지 안이ᄒᆞᆯ지라 나는 비록 장군에게 풀기를 바라노니 만일 장

일 군이 반다시 나를 풀고 나를 용셔치 안이ᄒᆞ여도 나는 장군을 공경ᄒᆞ고 사랑

ᄒᆞ는 셩각이 맛춤내 이로 조곰도 변ᄒᆞ지 안이ᄒᆞᆯ지라 그러나 가리발다는 크

게 셩내 맛츰내 개지 의장이 이에 의론을 졍지ᄒᆞ라 명ᄒᆞ니 뒤로 부러 각각 쏫 잇는

안이ᄒᆞ거늘 마당에 분요홈이 극ᄒᆞ지

자 가 자조 화평ᄒᆞ기를 권ᄒᆞ되 두 사람의 사이에 큰 굴악이 가히 파ᄒᆞ지 안이

ᄒᆞ는지라 국왕이 이에 근심ᄒᆞ여 맛츰내 쇼렁셩 밧게셔 리궁에 두 사람을 불러

십구

ᄒᆞ면 곳 법국에 합ᄒᆞᆯ지니 이제 혁명당이 어믜 셰력을 어더 바록 그 령슈의 뜻은 만히 우리 살곳을 향ᄒᆞ나 그러나 빅셩의 뜻은 오히려 가히 뎡ᄒᆞ지 못ᄒᆞ엿으니 엇지 모든 각 ᄯᅡᆼ에 여론을 불러 인민으로 ᄒᆞ여금 감히 한 표를 더져서 법을 좃던지 살을 좃던지 오즉 그 가린바로 셰 수에 두수를 결뎡ᄒᆞ여 만혼 표를 취ᄒᆞ여 ᄒᆞ놀의 운수를 맛김이 ᄯᅩ한 갓지 안이ᄒᆞ겟느뇨 나파둔이

의 가라대 올타ᄒᆞ고 이에 온 나라 널히 통ᄒᆞ는 투표를 만들어 맛ᄎᆞᆷ내 만혼 수로 모든 나라가 다 살녁나아에 합ᄒᆞ지라 나파륜이 악연히 놀나매 의태리 만

국 게 만셰 만만셰의 소리가 텬디 진동ᄒᆞ더라

삼 일쳔 팔빅 륙십년 수월 이일에 의태리 대일ᄎᆞ 국회라 다 각기 틔와 수를 셥

걸 아내어 쇼령에 모도 모히니 가부어의 깃거ᄒᆞᆷ을 가히 알겟도다 이ᄯᅢ에 사

전 파와 이수가 비록 법국에 버엿으나 오히려 실상으로 힘ᄒᆞᆼ지는 안이ᄒᆞ엿는지 라 마시니는 고향 지라아와 가리발디는 고향 ᄋᆞ스로 부터 셥혀 나와 의 수가 되니 이수의 버험은 진심로 가부어의 ᄒᆞ고자ᄒᆞᆷ이 안이요 가리발디의 더욱 마음에 훙분히 역이는 바라 수월 십륙일에 국회ᄒᆞ는 마당에 잇어 쳑상을 쳐 며 소리를 가다듬어 가부어 구른쟈 무졍혼 슈단 으로 나라를 외국에 팔아 우리 동포로 ᄒᆞ여금 서로 잔해ᄒᆞ며 서로 죽이는 족놈파 의태리의 도젹이라 ᄒᆞ며

91

의 으니 엇던 연고뇨 가부어 오날에 정수ᄒᆞ는 쎄가 오 법을 막는 합죵ᄒᆞᆫ되
태 급음만 그름이 업는고로 오 법을 막는 합죵ᄒᆞᆷ이 곳 부득불 전에 허락을 밧
국 아사파와 이스 두 쌍을 버여 법국에 그 깃거ᄒᆞ는 마음을 사는 연고
리 이제 살덕니아에 뜻 잇는 선빗 단지격리아와 비리이의 무리가 분츄히 스
며 혹 달소아리아와 피이마와 로마와 계라 모든 쌔에 가서 그 빅셩을 츙돌
ᄒᆞ여 스스로 서기를 도모ᄒᆞ게ᄒᆞ니 각 쌍에 구름 모히듯키 소리를 응ᄒᆞ여 챵
삼 과 반패를 잡아 그 허수아비된 인군들을 좃ᄎᆞ 내어 살국에 합ᄒᆞ기를 구ᄒᆞ치
안이 ᄒᆞ는 쟈가 업스니 저 쇄에 살국을 위ᄒᆞ는 쟈가 잇치 기드리리오 또한
결 한 곤단함 뭇는 데목이라 글을 들릴진ᄃᆡ 이는 스아로 비람랑아 됴약을 멸시
ᄒᆞ고 버려 강한 도젹에게 말 걸이를 만들어 줌이오 그 막을 진ᄃᆡ 저들의 음
이 본릭 가부어의 권쟝한 바에 낫으니 처음 연약을 맛춤내 버림이 이는 살
덕니아의 위염과 신용을 싸여 떨어침이라 가부어 아예 나파룬을 달내 가라
대 이제 일이 이를엇으니 ᄒᆞ리오 내가 사파와 이스를 버혀
팔 귀국에 주고 귀국은 나를 허락ᄒᆞ여 조유로 저들을 쳐차ᄒᆞ겟노요 ᄒᆞᆫ되 나파
십 륜이 유예 미결ᄒᆞ거놀 가부어 가라대 일 변ᄒᆞᆷ이 맛춤내 나타남이 업지 안이
구 ᄒᆞ느니 모든 셩이 오국을 미어ᄒᆞᆷ이 극ᄒᆞ엿는지라 아제 살녹에 합ᄒᆞ지 안이

팔십팔

태의

리국삼걸전

셰니이 수십년 가운디 어지러음이 이어 어지러으며 얼을어 짐이 이어 업더지니 의태리에 뜻 잇는 션빅의 노례 피가 쏘한 아믜 다 흘자라 큰 업이 일우기에 당흐여 간웅 나파륜의 판바가 되여 일홈난 졍승과 장슈가 서로 이어 벼슬을 샤례흐니 의태리의 흑암흠이 이에 일울어 구흐엿으니 비록 그러나 싸힌 슈십년리에 지소의 노례 피가 단졍코 결과흠이 업시 마초지 안이홀지라 이에 일울어 의태리 롱일흐는 업이 이믜 벽 우에 그린 용이 비늘과 발톱 아니 나타나며 그 졈씩은 눈 동조가 다라나 비로소 때를 기드림 굿든지라 과 연 두어 달이 못되어 가부어가 졍승을 회복흐엿도다

비록 그러나 비랍보량아 묘약 뒤로 부터 큰 판의 형셰가 한 번 변흐엿으니 다시 파려에 묘약흘 시디에 엿 날이 안이라 법국은 굿게 비랍보량아 묘약을 젹히 기를 힘써 즁앙 의태리에 부쳔 젹은 후왕으로 다 그 엿 위를 회복흐여 흐고 오국은 법국으로 더 불어 뜻을 한 가지흐여 다시 살뎍니아를 독츅흐여 실상으로 힘흐게 흐며 영국은 졈졈 의태리의 참 열골을 알아 반듯이 빅셩의 흐고자 흐는 바를 맛당히 조차 졍치를 베풀라 흐고 의태리 인민은 곳 근결히 동일을 바라니 기피 일쳔 팔빅 스십 구년의 업들어진 박휘를 다시 발불가 저어흐여 급급흐고 황황흠이 가히 죵일치 안이홀지라 이에 가부어가 아믜 두번 재 산에서 나오매 불가 더러운 것을 먹음고 육됨을 참는 한 일이 엿

을 것을 아노니 내가 이로 스스로 위로ㅎ노라 모든 그다어 왓
악ㅎ고 더러운 외교가는 진실로 족히 나라 집에 큰 일을 말ㅎ지 못ㅎ지니
혹 그더들을 지목ㅎ여 가라대 조급ㅎ다 어둡다 ㅎ드래도 비록 그러나 저의
외교가의 쏘홍을 근치는 묘약은 결단코 길이 연속지 못홀 것이라 우리는 진
실로 외국을 침범ㅎ여 토략ㅎ고자 홈이 안이오 우리 조종과 우리 형뎨의 진
실로 둔바 토디에 당ㅎ여는 비록 한자 한치라도 달은 사람에게 주지 안이

태의
국 삼
결
견

홀지니 우리가 이로 결심ㅎ고 런디에 서서 우리로 다불어 되뎍ㅎ는 쟈 잇으
면 곳 우리가 죠유와 더불어 한가지 죽음이 영화가 이만콤 큼이 업슬지라
저 광번된 도격 놈으로 우리 싸온 비록 힘으로 가히 취홀자라도 우리 박성
은 가히 위엄으로 핫지 못홀 것을 알게 그디어 우리 조손에게 전ㅎ여 우리
리가 진실로 이 쥬장혼 의리를 굿게가져 비록 즁도에서 죽드래도 이 원슈
한가지 호고 도격을 가플마음을 노피 ㅎ고 눕게 못홀지라 ㅎ엿더라
과 총과 독립홀 마음을 조손에게 세쳐 주어 저 나라 원슈와 박성의 도격을
로 결단코 능히 배개를 노피 ㅎ고 눕게 못홀지라 ㅎ엿더라

칠십팔
         대십팔결 가부어의 두번 재 정승음과 북 외태라의 돌얼을
십년이라 이때 마시니는 오십오체요 가리받더는 오성삼세요 가부어든 오섭
일천 팔박 이십년 효탄당의 혁명홈으로 오매 이제 날에 당ㅎ여 쳐 팔백 육

륙십팔

바람이 곳 썩는지라 새로 당호 군무대신 북안치(랍당디의 뎍각예 군무대

의 선이라)등이 그 뇽뫙을 미어호고 식긔호여 이에 가만히 힘호고

래 더러운 슈단을 부려 그 큰 업의 일홈을 막으니 대개 일쳔 팔빅 숙십 구년이

리로부터 살덕니아의 흑암호 가라대 아두어달에 더 섬음이 업는지라 가리

국 발디가 이에 길이 탄식호여 가라대 말지로다 내가 다시 아보럴람 섬에 한

삼 늙은 농부가 될진뎌 눈는지라 살왕이 일빅 쎄로 위로호여 달내며 공슌호게

걸 븟잡으되 능히 만류치 못호지라 이에 어용호던 항샹 챠는 황금 장석이 찬란

젼 흔븟을 쓸러 주어 그 사랑호고 사모홈을 표호고 고통호는 소리가 디경 안에 편만

 가장군이 이미 가매 온 의태리 쥬앙에 탄식호고 가장군이 챠는 물러갓더라

 호고 그 부하에 장교들은 또한 분분히 해골을 밀어 돌아 가거날 장군이 둣

 오호라 의태리 즁앙에 동지호 모든 그디여 한 장 글을 발호여 위무호고 가라대

 홈으로 그 신성호 인군의 위를 아쳐 버리며 타는 것 구티 슥어은 마음을 일

 차게 말지어다 내가 심히 공경호고 사유호는바 의태리를 디표호여 죳유호는

 모든 그디로 더불어 서로 잇그름을 난호매 내가 슯홈을 스스로 이기지 못호지

 라 비록 그러나 나는 우리가 반듯이 모든 그디로 더불어 다시 손을 잡고 힘

 을 다호여 우리들의 몽매 간이라도 잇지 못호는 한 큰 일을 일울 날이 잇

87

신승니 랍달지라는 쟈는 쥬장호 뜻도 업고 열덩호 소견도 업서 아젹 창을 성각만 잇으니 란셰에 지샹의 직목이 안이라 일을 바든 후에 곳살국에 명홍 여 의용병을 흐터버리니 (의용병은 나라를 사랑호는인민이니 가리바다의거느린

의 바라) 가리발디가 울치 안이역여 스스로령을 군즁에 나려 가라대

래 뎡소홍는 방침은 우리 국민의 뜻고 참예홀바가 안이라 비록 그러나 오날 이어느날 이며 지금이 어느째뇨 이는 반드시 우리가 갑옷을 벗고 옛 뜻을 버리지 못홀때라 나는 달은 아지못호고 오죽 우리 영걸호시고 밝 으시며 신긔럽고 용무호신 폐하를 밧들어 더욱 군병의 실샹을 연습호여

유롬 모든 나라로 우리의 돼리 남조가 결단코 한번 업드러져 다시 일어 나지 못홀 쳔은 쟝부가 안임을 알게홀지라 오호라 모든 이회포를 한가지로 힐진저 나는 감히 혹을 거더 거듭 긔회와 한놀이 진동호고 싸이

새질괴관이 결단코 머지 안이흠을 밋노라

얼마 못되어서 살왕이 명호여 불라령에 가 즁앙 의래리군 홍둑이 되니 가리 발디가 이미 이싸에 이르매 그 일홈의 위엄을 우러르며 바람을 조차 돌아 와 부치는 쟈가 연흥여 근치지 안이홍니 슌식간에 달소아리와 분덕라와 파

마와 교황에게 부쳔바 한 부락이 거의 그 손에 셜어지는지라 이째를 당호여

가쟝군의 위망이 날이 종텬에 남파 굿더니 이에 나무가 수플 속에 빼어나매

오십팔 젼걸삼국리

스십팔 신파 닉무대신의 각종 즁요훈 직임을 겸ᄒ여 그 자는 집울 굼무부 안에 첫
고 밤이면 자는 옷을 입고 이 아문으로 왕리ᄒ며 경찰ᄒ는 소
무를 쳐 담ᄒ고 외피ᄒ는 문서도 감독ᄒ며 전정ᄒ는 쥰비를 지휘ᄒ여 옷에
띄를 살으지 못ᄒ며 눈이 가를 부치지 못ᄒ며 쥰비를 지휘ᄒ여 살펴

의 니아 사람들이 서로 가라대 우리가 한 졍부가 잇고 한 국회가 잇고 한 헌법
이 잇으니 그 일흠이 다 가부어라 오호라 그 굿고 참음이 이 곳고 그 각박
호고 괴로음이 이 곳고 그 슈고롭고 병드림이 이 구트니 므릇
한 큰 결과를 오날에 거두어 공이 이미 일우기에 당ᄒ여 하로 아츰에 패ᄒ
니 비록 공쥬 군즈 이에 보매 더욱 박게 힘을 만번 아라도 가히 밋지 못ᄒ 것이
라 부어리오 군즈 이에 보매 더욱 박게 힘을 만번 아라도 가히 밋지 못ᄒ 것이

결 이ᄒ며 분격ᄒ미 업지 아니ᄒ거든 하물며 나라 근심ᄒ기를 타 듯기 ᄒ는 가
가부어 구터도 오히려 사람의 팔울 면처 못ᄒ엿으니 진실로 의릭로 전래 빅
셩의 실훈 힘이 잇어 그 뒤를 밧추지 못ᄒ 쟈는 곳이 싸홈 력 스니 쟝ᄎ

젼 일쳔 팔빅 스십 팔년에 일을지라 슬프다 가히 두렵고 두렵도
더십칠결 가리발디의 벼슬을 샤례ᄒ
가부어가 이미 가매 왕이 위로ᄒ여 만류ᄒ되 엇지 못ᄒ고 이에 람달지로 되

의 태
ᄒᆞ고 맛ᄎᆞᆷ내 오국으로 더불어 화평ᄒᆞ니 가부어 드ᄃᆡ여 판을 벗어 걸고 가져
다시 여리에 한늘은 농부가 되더라
가부어 일성애 력스를 들러 보매 그 슷 그운ᄃᆡ 능히 스스로 억제
치 못ᄒᆞᆫ쟈가 오죽 이 한 싸홈이라 이 한 싸홈에 대개 영마로익의 판단ᄒᆞᄂᆞᆫ
힘이 젼실노 가부어에게 넉넉지 못홀지라 비록 그러ᄒᆞ나 이ᄂᆞᆫ 쪽히 가부어
에게 허물ᄒᆞ지 못홀 것이니 저가 그 싸홈 열기 젼에 근심과 걱졍과 싱각과

국 리
념여와 지혜와 셰와 슈고롭과 병드름을 싸코 싸핫으니 텬하의 고금스긔 우에 인
몰이 여긔 비홀 쟈를 보지 못홀지라 저 한 몸으로 온 나라의 원망ᄒᆞᆫ 독긔가
이 가쟝 깁고 늣기ᄂᆞᆫ 슷이 가쟝 밍렬ᄒᆞ고 힘과가 가쟝 편졀ᄒᆞ여 요란홈

삼 결 젼
가쟝 극ᄒᆞ며 군속ᄒᆞᆫ 의회가 가쟝 심ᄒᆞᆫ 웅덩이 가운ᄃᆡ 셔셔 안에 압졔홈
에 쓸어 올으ᄂᆞᆫ 것 ᄀᆞ튼 혁명과 박게 훌겨 봄이 범과 이랑 ᄀᆞ튼 큰 도젹과
한 번 엇ᄂᆞᆫ ᄯᅢ 긔회를 손 가운ᄃᆡ 잡은지라 그런고로 디극히 고요한 것으로
ᄯᅥᆫ하의 지극히 동동을 억졔ᄒᆞ며 지극히 부드럼으로 텬하의 지극히 굿셈을

삼심팔
억졔ᄒᆞ여 죵ᄉᆞ를 조심ᄒᆞ며 화평ᄒᆞ고 참고 견ᄃᆡᄂᆞᆫ ᄯᅬ도로 나니 조심ᄒᆞ며 화
라 평ᄒᆞ며 참고 견ᄃᆡᄂᆞᆫ 것이 실샹 가부어 ᅟᅵᆯ성에 공을 일우ᄂᆞᆫ 둘 업ᄂᆞᆫ 법문이
이 ᄯᅢ를 당ᄒᆞ여 가부어ᄂᆞᆫ 묘묘ᄒᆞᆫ 몸으로 총리대신과 외무대신과 군무대

이십팔

권세를 잡으나 그 달은 의태리 중앙 모든 싸에 임민들은 날과 밤으로 옷깃

의 유흠는 련국에 들어가기로 ᄒᆞ는 쟈들이 문득 이 괴별을 맛나매 탄식ᄒᆞ며 롱한ᄒᆞ여 쟝ᄎᆞ 바라든 바가 션어졋더라 나파륜이 오군 즁으로부터 돌아와서

태의 이 소스로 언약흔 것을 싸가지고 살왕에게 보이며 그 허락ᄒᆞ기를 재쵹ᄒᆞ여 이것만 안이라 ᄯᅩ한 다시 은혜를 팔아 사과와 이소 두 싸를 도셥ᄒᆞ거놀 가부어가 이 괴별을 듯고 씨져 버릴것 갓치 셩내어 바로 영중에 달려 들어 두

국 리님군을 쓸새 다시 외교ᄒᆞ는 례의로 돌아 보지 안이ᄒᆞ며 다시 각신의 결례

삼 도 돌아 보지 안이ᄒᆞ니 옛 날 상여가 기동을 흘거보매 머리와 구실이 쟝초 부서지고 원진이 죠뎡에 춤 바트매 소리와 눈눌이 함긔 솟아 거레 사탐이 쟝초

걸 ᄒᆞ는 것은 마음으로 우는 사즈 그리 ᄲᅡ리 두 인군의 겻테 썰쳐서 더러온 육과 거만ᄒᆞ 슈짓는 소리가 비 오듯 그 다음에 다시 그 님군에게 죵

젼 밧지 마소서 진실로 그럴진듸 신은 오즉 머리 털을 헛치고 산에 들어가 다시 우리 왕을 위ᄒᆞ여 달리고 모는 힘을 쓰지 안이ᄒᆞ리로소이다 ᄒᆞ나 왕이 법뎨의 뜻이 이믜 변ᄒᆞ여 다시 도리키지 못ᄒᆞᆯ것을 알고 ᄯᅩ한 홀로 힘으로 쪽히 오국과 법국을 항거치 못ᄒᆞᆯ것을 보아 다시 가부어의 말을 쓰지 안이

기가 어렵느니 오호라 한 소소 사람의 신체 지냄으로 오히려 왕왕히 일견
물결에 일빅 번 찍겨셔 혹 밋그러지며 또 나아가고 혹 일어낫다가 또 업드
러지니 젹은 으히의 희롱하고 시험하는것 그러한지라 그 어렵고 고로음을 가
의 초 지내후에야 그 목뎍을 달하느니 함을며 한 나라를 셔우는 쟈리오 가부어
의 웅한 마음이 졍히 극한 디경에 달하여셔 무단히 뜻밧게 한 큰 란이 또
태 일어나니 이는 싸호는 일이 졍히 기픈 밤에 군즁에 문득 나파룬의 잇는 바
리 를 일어 버린지라 앗갑도다 이 사람이 어디로 갓느뇨 대개 나파룬은 의태리
국 에 사랑홈을 두는 쟈가 안이라 져가 가라대 나의 오국을 억졔하이 진실로 이
삼 만큼 하여도 쏘한 쭉할지라 이에 더 지나 곳 살덕이아로 장챠 깃파 날
걸 개를 크게 일우어 두로 소희를 횡결하여 다시 그물을 능히 베풀지 못ᄒᆞ을 바
젼 라 ᄒᆞ고 이에 가만이 힝하여 오국 군즁에 들어가 오뎌 불란셔스로 더불어
보고 살왕과 가부어를 팔아 홀로 결단하여 화친의 언약을 뎡하니 비람보랑
아 죠약이라는 것이라 그 대략에 가라대
오인은 류파뎍의 싸를 버혀 살덕니아에 합하고 로마 교
일십팔 황을 츄티하여 연한 나라를 셜시하고 달소아이와 문뎍라 모든 싸에는 혁
명당을 쏫고 그 옛 쥬인에게 돌려 보냄이러라
이 됴약을 의지하여 곳 비리소는 잉존하여 오국에 부티고 패화은 연리 즁회

십팔

죠서를 나려 싸홈 일을 나라 안에 반포ᄒ며 친히 다섯 영문 군ᄉ를 거느리고 압서서 뒤덕에게 달려드니 그 향ᄒ기를 일즁여 꿰에 봉훈 죠서로 역려 신하에게 셰쳐주어 가라대 짐이 만일 살아오지 못ᄒ거든 뒤에 일을 아ᄀᆞ운 뒤 취ᄒ여 결뎡ᄒ라 ᄒ더라 그 졍신이 변ᄒ여도 스스로 근위병을 거느리고 와서 디라아에 모히고 별로히 류격ᄃᆡ가 되어 의용병 삼쳔 칠빅 명을 거느리고 쵸령에 운동을 셜쳐 가부어 ᄯ또한

결 리태의

형셰가 대쪽 파ᄒ기와 ᄀᆞ터 륙월 스일에 대젼ᄒ나 아 가리팔디와 영마로악와 나 문에 들어가 이십 스일에 사비리라에서 맥경달에서 승젼ᄒ고 ᄯ또 팔일에 미 서 발ᄒ나 동밍한 군ᄉ의 날낸 긔운이 가히 당ᄒ지 못ᄒᆞ나라 한 달 사이에

삼국

만명이오 오국 군ᄉ도 ᄯ또 더흐지라 비록 그러나 능히 당덕홀바 안이라 이 문득 구렴 우에 날고 뛰ᅱ니 저가 수십년리에 소리를 먹음고 누문을 삼켜 밤 에 덕군이 죽고 샹한 쟈 일만 오쳔 여명이라 이ᄯᅡ에 가부어의 웅혼 마음이 파동은 다 한 셰샹 나는 쟝군아니 결단코 오인이

걸 전

낫으로 신고한 스업이 하로 아ᄎᆞᆷ에 눈 아페 솟아나니 영웅의 쾌훈 마음이 문 밝으매 엇지 쓴 구름의 일을 간예ᄒ리오 편벽ᄒ게 두렷홀ᄯᅢ를 향ᄒ여 무엇이 이에 지남이 잇으리오 ᄎᆞᄎᆞ로 나는지라 아람다운 과약은 그릇치기가 쉽고 죠혼 ᄭᅡᆷ은 온젼히 일우

의 래 리 국 삼 걸 전

붉은 눈과 민첩한 솜시에 가부어는 그러흠을 엿 보고 이에 급히 파려에 가
서 나황을 위협호여 가라대 일이 임의 이에 이를엇으니 일죠에 퇴축호면 공
이 한 삼답이 약에 문어질지라 폐하가 즁원을 자리 것듯홀 영웅의 도모이
쏘한 물거품 써지듯 홀지라 신은 말지 안이홀지니 청흥건딕 포랑비리의 은
밀한 언약으로 셰상이 공번되어호여 그 일이 폐하에게 남을 밝힐지니다 호
니 나파륜의 뜻이 이에 결정 됏지라 오인은 나파륜의 쥬져흠을 들은지라 그
회를 가히 일치 못홀지니 맛당히 오날로 몬저 군수를 발호여 살덕니아를 한
쓔호 알에 부슬지니 법연이 비록 둡고자 호나 저어호여 맛춤내 소매를 드리
고 볼지라 호고 이에 일쳔 팔빅 오십구년 사월 이십 삼일로 애덕미돈 글을
살국 정부에 나려 그 사흘 안으로 다 군수 가초음을 썰으라 호되 살인이 응
호치 안이호니 쓔홈이 드디어 열다

대션륙결 의 오의 젼정과 가부어의 직임을 사례홈

나파륜이 임의 가부어의 척망혼 말을 듯고 이에 그달 이십 륙일에 오국에
잇는 공소에게 고호여 가라대 만일 오국 군수가 디셔락 하슈를 건느면 곳
법란셔의 의론으로 쓔홈을 베풀리라 호엿더니 이십 구일에
오군이 파연 하슈를 건느는지라 이에 법 의가 한가지 밍셔호여 오국을 향거
홀 판국이 일우어 오월 이일에 살덕니아 왕이 그 부친의 무덤에 밍셔호고

칠십구

팔십칠

여 말이 룬츠가 업는지라 밋쳐서 견듸지 못ᄒ고 손벽 침으로 화답ᄒ며 소는
효슈와 나는 폭포의 늙은 눈물로 셕기엿더라 의태리 각디방에 뒤표호 쟈가
이에 임의 감격흥이 진실로 맷쳐 한 의태리국 동일을 공화 쥬가 그 가슴가
운듸 사역썻더라

의
오국 사람이 이런 말을 듯고 진실로 말ᄒ지 안이ᄒ고자 ᄒ여도 안이 홀수
업는지라 전에 임의 쌈흥여 죽은 쟈의 비를 세우고 이제 다시 이 혼단 내는
말을 ᄒ는지라 이에 공소로 살 뎡에 질문ᄒ여 그 회가 보롬을 재촉ᄒ니 영
리국이 그 소긔가 급박흠을 보고 나가서 난의 력소을 근치게 ᄒ기를 마트니
그 경지 식히는 대략에 가라대 오법 두 나라는 다 군소 갓초음을 거더서

걸
교황의게 부딘 디경 안에 잇게 말며 가라대 오인이 의태리 모든 고을로 긔혁흠을 허
락ᄒ라 ᄒ니 이는 실상 영국 사람이 법 오의 셔력이 의태리 디경뉘에서 약
ᄒ개 ᄒ고자 흠이요 살덕니아로 그 실상 권리가 굉표케흘 은밀흔 뜻이라 그

삼국
러나 법 오가 엇지 능히 허락ᄒ리오 오국 사람이 이에 응당ᄒ여 가라대 몬
저 살덕니아로 ᄒ여금 쌈에 갓초음을 것고 이에 달은 일을 의론ᄒ라 ᄒ며

견
법뎨 나파륜도 또한 살덕의 뜻어듬을 리로이 아이ᄒ는지라 ᄯ 가리발지가
살국 군즁에 잇음을 듯고 자못 젼에 언약흠을 뉘우쳐 다시 번복ᄒ고자 ᄒ나

칠십칠 젼결삼국 태의

을 짤아 젹히기를 원홀지니 다못 우리 동포는 압호고 슬퍼 부르지는 소리가 의태리 각 디방으로 부터 와 모히는 자를 내가 능히 귀를 막고 듯지 안이호지 못홀지라 오호라 내가 내 힘을 짓고 내가 내권을 뎡호야 조심홍 매 굿셈을 슝샹호여 공경호여 황텬 샹뎨의 아름다온 명을 기드릴지로 다

국회가 이 죠칙의 말을 잘거히 마즈니 곳엇더호뇨 당시에 잇어 눈으로 본 쟈가 그 실샹을 긔록호여 가라대 왕이 한 말을 발호매 문득 국왕 폐하 만셰 의 소리로 사이에 나더니 그 압호고 슬픔으로 부르짓는다는 한 구졀에 일을 어는 거우 왕의 혀뎨떨어지매 집에 가득히 번개 괴운이 격동호여 쩔으는 것 그든지라 그 강개호고 격발호는 형상이 붓으로 능히 긔록홀바 안이요 입으 로 능히 젼홀바 안이러라 샹원에 의원들과 하원의 소들이 거데서 듯는 쟈들이 자리를 차고 뛰며 온 몸이 거의 쓱어운 괴운과 깃거운 소리 가 매어지는듯 호는지라 형법 아모 보 모든 공스가 눈으로 이 형샹을 쳔하 고 마음과 쓸개가 함께 떨리는지라 나죤 소리로 말호여 아포스 대스가 낫빗이 문득 푸르고 하며 노픈 소리와 수짓고 가라대 우리의 고동홈을 긔억호는 국왕이라 호며 가 라대 나라 인약으로 우리게 주는 국왕이라 호며 탄복홀 유리호 빅셩아라 호며

쉰칠

라가부어가 곳 살왕의 명으로 가리발디를 명하여 군단장을 삼고 아포소 산하에 육병을 쌓아 쎄 기틀놀 기드리니 비록 그러나 가장군은 이소에 난쟈라 나파륜의 미워하는바니 가부어가 그런줄을 아는고로 그 가리발디를 임용함은 일을 숨기어 나파륜으로 알게안이함은 나파륜은 일을가. 저어함이오 또 이소를 버혀 소양흠을 숨겨 가리발디로 알게안이함은 가리발디를 일을가 함이라 오호라 영웅의 기픈 계척을 가히 공경하겟고 영웅의 괴로은 마음을 가히 어엿블지로다

삼국의 태리

잇천 팔빅 오십 구년 일월에 나파륜이 새해를 하례홀제를 당하여 오국공소를 접견하고 놀난 모양으로 가라대 비록 오법 량국의 관계로 흥여 금나의 괴약혼 바와는 굿지못하나 그러나 집이 오대로 더불어 사사로 사꿈이 다시 예와 달음이 업다하는지라 오국 ·신이 그말의 경셩흠으로 크게 달니역이나 그러나 임의 그 뜻 쓰는 것이 잇는바를 알더라 그때에 살녁니아 왕은 국회에서 연셜하여 가라대

우리 나라여 우리 나라로 디방이 편소한 우리 나라여 엄연히 유롭회의에 참예하여 신용을 넓히고 명예를 어드니 우리 싸이 비록 적으나 된표한 바의 한 정이 실샹 크고 또 기픈지라 비록 그러나 오날의 셩각과 늣가는

이 우리 군민샹하가 노피 베끼 베고 질거홀때가 안이라 우리가 기피 묘약

니 (당시에 영국의 웃듬대신이라) 파후가 비록 한졍은 표す나 그러나 밝히 능히 병력으로 서로 돕지 못홈을 고호니 이에 이를어 싸홈 괴들이 임의 눈섭에 급박호엿더라

의 가라발디는 본디 공화 의론을 가져 마시니와 한 당으로 가부어의 졍소에 반 태 딕라 이에 이를어 가부어가 오국을 쳐うと 공아 이 사람이 안이면 부탁지 못 리 홀것을 알고 글을 써서 나와서 한가지 일홍기를 청호니 가라발디는 하늘에 국 사람이라 그 마음과 눈에 오쪽 국가만 잇는것을 알고 당패 잇는것은 아지 못 삼 호는지라 이에 이를어 큰 형셰의 쌀으는 바와 긔회의 장차 익음을 소매가 몬지에 걸 언히 히락호는지라 아브렵람의 산퇴에서 굴연히 일어나 넓은 혼 졀 져준 붉은 외두를 입고 풀은 섬이 알로드린 썰어진 모즈란 쓰고 바로 초령 왕궁에 일음이 그 일홍을 물으니 양연히 딘답지 안이 호 는지라 문직호인쟈가 그 얼골이 괴이홈을 놀내어 들어가 쥬인에게 말호디 쥬 인이 가라대 그러타 이가 혹 내 고향에 군난혼 아히가 청홀바가 잇어 옴이 니 그 편うと게 들이라 호니 이에 이를어 의태리의 큰 졍치호는 집이 이대장군 오 으로 더부어 비로소 샹흔지라 스긔를 읽다가 여긔 이르매 져 수쳔만명의 압 십 쳬를 괴로히 호고 조유를 바라는 의태리 인민이 만셰를 부르기를 금홀수 업 칠 도다 두 영웅이 서로 보매 그 장호고 쾌홍이 진실로 말을 기드림이 업슬지

수섭칠

아 한 치를 엇고 한 자를 낙아들이는 꾀를 경영하여 이에 범죽에 청홈을 쌀으더라

대섭오결 의 오락젼은 준비 (가부어와 가리 발디의 회합)

포랑비리 밀약은 나파륜 가부어 영마로의 항상 사람에게 가라대 내가 오라지 안이하여 장차 나와 위치를 뎡하여 온 의태리에 국왕이 되지 못할지라 하니 이곳 사파의 한 평민이 듯고 그 일즉 큰 뜻을 두엇는고로 괴하역이지 안이하엿더니 얼마 못하여 또 일쳔 팔빅 수십팔년 나파륜의 싸흠에 몬져 인군을 조차 극란의 죽은 자가 된지라 한 가렴하는 비를 세우고 한 용맹호 션빅의 태샹을 지어 노픈 산 이마에 세워 갈을 둘러 오국을 훌겨보니 나파륜이 또

국리

한 금하히 싸흠을 가초아 미울리 안이하는지라 비록 섬 가운디 오대리라도 쏘한 뭇지 안이하고 그 연고를 알지라 가부어가 외로히 한 번 더 질때를 당하여 쳔심을 가다듬고 셩갑을 떨쳐 쉬기를 결을치 안이하고 안으로 졍부에 달은 의론이 남을 막을새 스스로 각부 대신을 겸하여 일국 권셰로 하

길

금 귀일케 하며 박으로 혁명당의 가닥이 날가 두려어하여 힘을 다하여 더 불어 꾀 동하여 쥬션하매 비밀케 큰 쇠로 고하여 조금 안연히 조급홈이 업게 하

젼

더라 또 영국의 들어나게 구원홈을 빌리고자 하여 이에 파미 소돈후에게 일걸하

삼십칠 걸 삼국리 태의

일은 이런연고로 살녁니아는 그 부린바 사파와 이소 두 싸를 버혀 법국에
소양하여 가파중
일은 단소아리로 즁심졈을 삼아 즁앙 의태리 국을 세워 셜치홈
일은 로마와 이포스를 합ᄒᆞ여 한 나라를 삼고 교황으로 항여금 쥬장홈
일은 살왕 영마로애의 쌀 오모로 법메 나파륜의 종데 아모에게 시집보냄
사파와 이소를 버험은 진실로 살녁니아의 흥고자 안이나 비록 그러나
그싸이 근본 법국 디경에 개 이발구터 어금매센지라 여기거능는 쟈가 법
국에 매인 뵉셩이 만혼지라 이젹은 쟈로 저 륜파덕과 비리셔아 큰 싸에
비ᄒᆞ면 그 엇고 일는 것이 가히 하로날 의론홀수 업는지라 한 왕국을 세워
교황에 부터기에 이르니 그 후화됨이 진실로 디지 안이ᄒᆞ시라 교황이 흥
상 법국에 의지홈으로 스스로 죵흥게 역이나 이는 실상 법국이 스스로
셰력을 심으는 가만홈 쎄라 과연 그런즉 오국이 가고 법국이 오는것이 아폐
비율 박으매 뒤에 쇠ᄒᆞ이 나아오는지라 가부어의 지혜로 엇지 아지못ᄒᆞ리오
비록 그러나 저가 써ᄒᆞ되 우리가 삼 이김을 타서 뉸파덕과 비리셔아를 야울
은즉 또디와 인구가 다 임의 오날에 삼배라 쾌ᄒᆞ게 대국의 타가 임의 서매
그런후에 추추로 틈을 쥬앙에 모드면 즁앙 뵉셩이 그 법국의 명예알에 달
베 복죵치 안이홀것이 밝는지라 가부어가 이의 일운꾀가 잇으매 검음걸음

이십칠 버히니 죽기에 당호여 방긋이 웃어 가라대 나파륜이 밍셰호여 그 말을 발부면 내가 죽어 눈올 감을지라 호더라 때에 가부어는 힘을 다호여 법국을 사피더니 급히 이 괴별을 듯고 마음이 스사로 불안호여 방장 한 글을 지극히 군결호고 정셩한 뜻으로 나황을 위로호여 보내며 국민을 위호여 무상홈을 샤례호엿는지라 나황이 아셔이를 봄으로 부터 그 후로는 송연호여 찬물을 등에 세트리는것 그든지라 나황이 아셔이를 가히 면호지 못홀지라 빅셩의 바람을 저 바리지 못홀지라 호고 이에 급히

태의 에 사지못할 곳이 다음 아셔이를 가부어를 포랑비리 면에 불러 서로 더불어 의 법의 밀약을 결정호엿더라 오호라 마시니와 가부어 두 호걸이 비록 가라대 경치에 반티라 호나 마시니 당의 거동이 왕왕히 혹 직접 혹 간접 혹 정동 혹 반동으로 가부어의 성수홈을 도음이 또한 그 한뭇이라 군스 아에 보매 더욱 탄식호여 크게 서로 달으나 한가지 돌아가는 길에 한 글 구티 일빅 걱정을 일운다 하는 말아 나를 속이지 안이호도다

젼의 법의 밀약은 한가지로 동밍한 목뎍을 직히는 것이니 그 큰 뜻이 이알걸에와 굿도다

삼국 일은 쌈이 긴 후에는 오국에 부린 비리셔아와 류파뎍을 버혀 살뎍니아에 합호여 아우르게홈

의 태 리 국 삼 결 젼   칠 십일

ᄉ섭년이 후에일이라) 다 일우지 못혼지라 이에 이르러 다시 감히 죽을 군ᄉ
팡신인을 편집ᄒ여 오국 장교를 허미질 ᄒ듯기 치기로 셰흘새 아셕이가 비
록 참예ᄒ여 그 일을 들엇으나 그러나 유익홈이 업는지라 졀거 서로 좃지
안이ᄒ고 이에 홀로 파리에 가서 나파룬대 삼을 질으기를 셰ᄒ니 쎄는 일쳔
팔빅 오십팔년이라 나팡이 잇글고 연극ᄒᄂ는 마당에 가더니
문득 큰 폭발약이 슈레 겨테 터지며 소리가 텬디를 진동ᄒ여 시종 ᄒᄂ는 쟈
열 사람이 죽고 그 상혼 쟈가 일빅 륙십명이라 황뎨와 황후는 다힝히 면ᄒ
고 아셕이는 잡힘을 당ᄒ여 곳 가라대 오날 일의 뜻이 나파룬를 죽이기
에 잇어 법국 혁명으로 일어나게 ᄒ여 그 뜩어운 것을 우리 의태리 인민에
게 젼ᄒ고자 홈이로다 임의 옥중에 잇어 글을 나황에게 올려 가라대 경이
일즉 의태리 사람의 다 힘쓴바가 되지 안이ᄒ엿ᄂ뇨 (나파룬대 삼이 한미ᄒᄂ엿
을때에 일즉 슈을 불살으는 당에 들엇더라) 엇지 변ᄒᄂ는 졀ᄎ가 그리 ᄲᆞ르뇨 경
이 오히려 곳치지 안이ᄒ고 스스로 속신 ᄒ기를 성각지 안이ᄒ면 곳 우리
무리가 나를 위ᄒᆞ여 ᄒ고자 ᄒᄂ는 쟈가 얼만지 아지못ᄒ니 경이 이제 뒤에는
배개를 편케 홀때가 업스리라 나파룬이 이 글을 보고 크게 놀내어 이에 미
복으로 가만이 옥중에 가서 위로ᄒ여 효유ᄒ고 가라대 짐이 반듯이 경의 경
계흠을 직히어 감히 잇지 안이홀지라 ᄒ고 얼마 안이ᄒ여 아셕이를 져자에

십칠

아에는 거흘저니 국흉는 그 도모흐소셔 흔디 격후가 팀으로 티답흐고 돌아가니 비록 그러나 영국은 분리 보존흐면 적히 기로만 나타나는지라 본디 론류디에 모든 강흔 나라로 더불어 경션히 혼단을 내고자 안이흐여 그 왜라로 한 력스와 격리미아한 력스에도 그 본국 힘으로 가서 경영흐는 길을 막기에 지나지 안이흐여 스스로 위흔는 쐬로 싸홈에 나흔지라 이제 일죠에 의국을 도아 오국으로 더불어 원슈 됨이 내 몸에는 실과 털만치도 리가 업고국에는 이만치 큰 원망을 삼을 것이 업스니 영인이 호지안이 훌것이요 더옥 마잠 달 축 포 져후에 련락흐는 일을 맛나 영과 법이 여긔 안자 틈이 잇으니 영인이 문득 오국으로 더불어 서로 맺는 형계가 잇는지라 가부어가 부득이 흐여 이에 법국을 연흐 방책을 결뎡흐여 취흐더라

삼국

계회이 익지못흐여 무단히 한 쯧박게 스변이 일어나니 곳 마시니의 무리가흔 바라 몬저 마시니의 데즈 아셔이란 쟈가 잇어 일즉 미아람의 역소에 참여흐여 (곳 일쳔팔빅스십팔년혁명의 역스니 뎨팔쟝에 보라) 싸홈에 공이 잇더니

걸

그 뒤에 영국에 도망흐여 미국 령스관 상달스가 의 태리 혁명당을 론돈에서 연향흐는디 당흔지라 아씨가 마시니와 가리발디와 파스괴 모든 호걸로 더불어 좌셕을 버리니 빗나고 빗난 일홈이, 영 의의 사이에 잇더니 그 후에 마시니가 남으로 소을아를 음습흐고 북으로 륜파뎍을 음습흐여 (다 일쳔팔빅

가부어가 파려 회의를 지낸뒤에 셩훈 일홈이 온 유롭에 문득 꾕쟝ᄒᆞ매 외태리 본 젼례 즁의 륜파뎍과 비이쇼아와 로마와 아포스와 파소아이 모든 ᄯᅡ

의 인민이 다 분쥬ᄒᆞ여 살국의 ᄡᅡ홈 익임을 하례ᄒᆞ고 합ᄒᆞ여 대포 일빅문을 쥬어 ᄯᅡ

태 살과 오의 디경에 다은 아력산드리아 포딕에 방어 ᄒᆞ기에 이르는지라 가부어

리 가 임의 창긔ᄒᆞ여 말ᄒᆞ되 오대리는 우리의 공번된 도덕이라 ᄒᆞ엿으니 그

삼 국을 딕ᄒᆞ여 ᄡᅡ호기를 베풀뿐 안이라 임의 ᄡᅡ호기를 베풀엇으니 반듯이 한

걸 가쟈로 밍셔ᄒᆞ고 구홀지라 영국과 법국이 비록 한 가진 경을 표ᄒᆞ엿으되 치

젼 고 지힐 연약에 이르러는 다 가히 밋지못홀지라 가부어가 가진 경을 표ᄒᆞ엿으되 치
보임에 당ᄒᆞ여 나파륜이 물어 가라대 내가 쟝ᄎᆞ 무엇으로 그ᄃᆡ를 도으리오
ᄒᆞ거늘 가부어가 ᄎᆞᆫᄎᆞᆫ히 ᄃᆡ답ᄒᆞ여 가라대 폐하에게 도음을 구ᄒᆞ미 졍히 만
코 만ᄒᆞ니다 비록 그러나 밝히는 말ᄒᆞ지 안이ᄒᆞᆫ지라 저가 밧히 말을 안
이ᄒᆞ엿ᄂᆞ뇨 저가 나황이 국히 궤휼ᄒᆞ여 밋지 못ᄒᆞᆷ을 아는지라 그런고로 가
라대 법으로 더불어 쳔홈이 영으로 더불어 쳔홈만 굿지 못ᄒᆞᆫ다 ᄒᆞ고
에 소소로 영국 소신 격여령돈후에게 ᄠᅳᆺ을 통ᄒᆞ여(곳영국셔파리회의예파

구십륙

견훈젼권공ᄉᆞ라)가라대 우리 나라가 오국으로 더불어 ᄡᅡ홈을 열 것은 맛춤
내 피치 못홀지니 이로 부터써 가매 혹 오인의 완젼훈 노례국이 되거나 혹
일쳔년의 임의 설어 진 영특훈 일홈을 회복ᄒᆞ던지 두 쟈 가온ᄃᆡ 반듯이 한

팔십륙

마귀니 나의 디표호바 력수도 잇고 명예도 잇는 의뢰리 전국에 ᄭᅩ유ᄒᆞᄂᆞᆫ 빅셩의 버레와 도덕이 되도다

슬프고 슬프다 이 엇더호 말이뇨 이는 진실로 베풀어 나려 말ᄒᆞ는 것 뿐 안이라 실상이 시골 ᄂᆞᆰ은 운뒤 담이 얼마가 잇어 이에 감히 일만 산 가운뒤 의향ᄒᆞ여 밍호와 슈염을 잡을줄을 아지 못ᄒᆞ엿는지라 당시에 오국 소신은 눈이 둥굴ᄒᆞ여 들쳐지 못ᄒᆞ고 얼굴이 셩나서 여러번 변ᄒᆞ여 이에 다시 의론을 ᄒᆞ거ᄒᆞ여 가라대 이것

이 나라 교제의 말이 안이니 청ᄒᆞ건뒤 의쟝은 금지ᄒᆞ라 ᄒᆞ나 비록 그러나 온 좌석에 모든 소신이 임의 가부어의 지셩 밍렬ᄒᆞᆷ으로 가장 감동한 바가 된지 라 한 사람도 오국 소신에게 한 가지 ᄯᅳᆺ을 표ᄒᆞ는 이가 업고 오즉 서로 더불어 놀나며 탄식ᄒᆞ여 마음과 입으로 서로 말ᄒᆞ여 가라대 ᄯᅳᆺ 안이혼 아초 소산 알에 한 적은 나라에 이에 이럿ᄃᆞᆺ혼 인지가 잇도다 슬프다 밍호가 산 에 잇으매 아욱 나물을 캐지 못ᄒᆞ니 진실로 사람이 잇으면 엇지 젹다

걸 일으리오 군ᄌᆞ가 가부어젼을 읽으매 소리가 막히고 눈물이 마시기를 금ᄒᆞ지 못ᄒᆞ여 저의 쳔리 되방으로 사람을 두렵게 ᄒᆞ는 쟈 다시 무슨 면목으 로 탄다 간에 셜는지 아지 못ᄒᆞ겟도다

뎨십소졀 가부어 외교 졍ᄎᆡᆨ 뎨삼단 (의법밀약)

그 대략에 일럿으되 우리 나라 백성이 갓가운 해로써 오매 폭동하고 또 폭
동하며 혁명하고 또 혁명하여 한갓 섬민으로 하여금 도탄케 하여 일빅 가지
수무가 확양케하니 이는 진실노 혁명가의 죄라 내가 능히 내 나라 백성을
위하여 취항지못할 쟈라 비록 그러나 나아가 닉부에 권셰를 쥬쟝하는 쟈가
강포하고 압제억지하는 형상을 보매 그 민호 구든 싸다러는 쟝소 알에 성활
하는 쟈가 진실로 또한 가련한지라 백성이 누가 살기를 조하하고 죽기를 미
어안이하며 평안함을 조하하고 위란함을 미어안이하며 이에 백쳔만의 머리
골과 철륙을 저달게 고희를 메어 뉘웃치지 안이하는 쟈리오 이는 반듯이 이
빅성에게만 허물을 오룻이 흘것이 안이라 하며 이에 나아가 의태리 렬국의
셔다럽고 포학하며 참혹하고 억제하는 졍형과 인민의 심음하고 호쇼하는 상
틱를 쌉앗으니 온 좌셕에 듯는 쟈가 다 위하여 얼굴을 갈리고 쳬읍하는지라
드되어 모든 큰 나라 수신을 쳥하여 한가지 한 공함으로 이포스 왕 불득남
에게와 모든 달은 나라에 챠고하여 곳져 변혁하게 하는지라 연셜이 쟝추 마
치매 이에 더욱 곳 가운데 구든것을 뚜다려 오국 수신을 훔겨보며 소틱를

걸십륙

젼

삼 국 리 태 의

가다듬어 가라대
내가 기술한바 쥭종 참혹한 형상의 근원이 어듸 잇느냐 곳 오유의 도덕이오 독립의 원슈라 오대리는 진실로 한 큰
리는 나의 렬쇄오 쥭유의

륙십륙

의 젼권, 신으로 명ㅎ여 한 자리를 어더 참예ㅎ엿으나 의론을 열 시작에
당ㅎ여 가부어가 묵묵히 한 말도 발ㅎ지 안이ㅎ고 의론ㅎ는 안건이 더욱
더옥 나아가는디 가부어는 유유 락락ㅎ여 때로 한 두어 구이ㅎ고 일째우
는 말쑬 ㅎ여 사람으로 ㅎ여금 이 가운디 한 인눌이 잇는것을 알게ㅎ싸룸
이요 그 큰 쎄에 관계흔 쟈는 맛춤너 이 박게 밋치지 안이ㅎ는지라 슬프고
슬프다 큰 지혜나 미련홈과 그르니 가부어가 그 과연 미련흔 옛 보황 유령이
일쯕 사람에게 말ㅎ여 가라디 가부어는 혁명ㅎ는 인지가 안이요 가부어는
과연 혁명ㅎ는 인지가 안이라 가부어는 진실로 밍렬홈이 범과 굿고
이 화약과 굿든 사람이라 ㅎ니 파연 ㅎ도다 회의가 장차 마치매 그 폭렬홈
바람이 한 번 취 바람에 일빅 즘성이 떨며 두려어ㅎ는 긔상이 이에 크게
나타나 발ㅎ도다 가부어가 임의 회의 ㅎ는 즈음에 렬국 신으로 더불어 사
괴매 내가 쓸는 졍셩이 궁ㅎ지 안이 ㅎ는 인물로 알며 망ㅎ게 된 나라에 한
큰 졍치가가 됨을 알게ㅎ엿고 의론ㅎ는 안건이 쟝차 맛침에 밋쳐는 이에 의
쟝에게 쳥ㅎ여 (의쟝은 법국 외무대신 화리스기라) 가라디 원컨디 내 나라의
태리 사람을 위ㅎ여 한 말을 발ㅎ겟 노라ㅎ디 의쟝이 쳐락ㅎ는지라 오국 소
신이 비룩 분ㅎ고 분ㅎ나 엇지 홀수 업는지라 가부어 이에 하수 물을 달아
솟는듯ㅎ 웅ㅎ 구변으로 쳔쳔히 썰쳐 누십년리의 의래리 력사를 력력히 펴니

뎨십삼절 가부어의 교정쳐 뎨이단 (파려회의)

의 격리 미아의 싸홈에 아라사 군소가 드듸여 패호엿는지라 이 력소에 영 법의
태 공이 비록 노프나 의 듸리 장속 마마랍의 싸홈 잘호 위명이 또한 문득 유롭
리 디경에 광장호지라 아왕이 패홈을 듯고 분호여 죽거놀 렬국이 이에 회의를
국 파려에 열고 뒤에 맛당히 잘홀 일을 의론호니 이는 진실로 가부어의 일성
삼 에 가장 큰 츔추는 ᄯᅢ에 법뎨 나파륜이 밍셔쥬장이 되고 영아 모오
결 도의 모든 나라 소신이 다 모혓으매 가부어가 이에 쳔히 견권호 젹임을 당
젼 호여 이 모임에 참예호니 방장 팔을 들치고 손목을 잡아 의론을 열기를
라니 그 소신이 문득 말을 굿세히 가라대 살뎍나아는 반듯 인군의 나
드리더니 오국 소신이 회의호는 동렬에 참예홀 조격이 업다호니 이는 쏫 박게 일
이안이라 쏫 안에 일이라 살녀 너이의 영 법에 참예홈은 경히 맥에 하
눌에 한 벽력이 오국 사람의 머리 우에 쓰러 남과 구튼지라 그 쑷이 어디 잇
ᄂᆞ뇨 오인이 알고 법인도 알며 곳 유돕 여러 나라가 또한 누가 아지못ᄒᆞ리
오 그런즉 오날 오국 소신의 항거호는 의론을 가부어가 일즉 익히 셰호고

오십륙

거살녀 셰아림이 라 이에 이르러 젼에 살왕이 영 법에 노히 묘은 꾀가 잇는 것
을 알지라 져가 샹즁호ᄯᅢ에 일즉 임의 나파륜의 나움이 잇는
지라 이에 나파륜이 의 장의 힘으로 바로 오국 소신의 의론을 빅쳑호고 의국

륙십 스

오쳔의 큰 군ㅅ를 발ᄒᆞ여 흑히에 나아가 대군이 임의 형ᄒᆞ매 가부어 슈단의
활발흠이 더욱 가ᄒᆞ 놀낼것이 잇는지라 저가 곳 죵용히 지상 달지경리

국의

아로 한가지 살왕을 모시고 영법두 나라에 놀아 지날새 영황 역다리아가
비상한 졍셩으로 저들을 깃부게 마자 사람득려 가라대 영마로애는 참 한세
상애 장슈저조라 ᄒᆞ고 론돈 시장은 ᄯᅩ한 시즁의 박셩들을 거ᄂᆞ려 가장 셩ᄒᆞᆫ

삼

거동으로 살왕을 잔치ᄒᆞ여 딕졉ᄒᆞ더라 그 법국에 일으매 나파륜대삼과 그
황후가 다 친졀ᄒᆞ고 간즉ᄒᆞ게 셔로 졉딕ᄒᆞ여 이르는 곳마다 의태리 혁명당의 령슈
국괴를 합ᄒᆞ여 세우고 한가지 경을 표ᄒᆞ는지라 째에 나파륜대삼과

길

면령이 방장 볍국 셔울에 잇더니 젼에 가부어가 여러번 불러 한가지로 일
ᄉᆞᆯᄅᆞᆼᄒᆞ려 ᄒᆞ되 즐거 나아가지 안이ᄒᆞ더 쟈라 이에 이를어는 나라를 사고

전

여 셰욹을 보고 극히 늦겨 슐묘 가부어의 졍칙이 과연 이 나라를 구원
ᄒᆞᆯ줄로 미다 이에와서 왕과 두 졍승에게 뵈고 가라대 우리는 일즉 공화의
론을 가진쟈라 비록 목뎍은 의태리를 통일 ᄒᆞ는
딕 잇더니 이제 임의 론을 다시 엇지 슬허ᄒᆞ리오 쳥컨딕 글을 마시
니에게 보내어 이제 후로는 다시 공동과 더불어 덕졉ᄒᆞ이 엄게 ᄒᆞᆯ지라 ᄒᆞ더
라 이졔 이르러 가부어의 솜씨를 온 나라에서 더욱 한가지 아는 바가 되엿더

리스와 타스불람이 임의 아라사 사람의 손에 들어 다즁히의 큰 권이 길이
아국에 잇을지니 졔군이 엇지 능히 겨뎌셔 보겟느냐 또한 우리 살뎍니아

의 가히 망령도이 스스로 비박히 ᄒ기를 심히 ᄒ리오 스스로 좀히
래 ᄒ는 쟈는 사람의 ᄒ샹 공경ᄒ고 스스로 경히 ᄒ는 쟈는 사람이 ᄒ샹 업

리 셔ᄒ이ᄂᆞ니 이졔 회류 군ᄉᆞ의 졔도가 임의 크게 뎡ᄒ엿으니 각국으로 더
국 불어 합ᄒ여 범과 샤랑을 ᄲᅥ거 솟고 한 번 들어 쳔년에 굴흔 욕의 더러운

삼 일홈을 씻을것이 졍히 오날에 잇도다
걸 슬프다 호걸아 호걸아 젹히기는 쳐즈 ᄀᆞ티ᄒ고 뛰어 나기는 닷는 독기 ᄀᆞ티
젼 흘지니 십여년리의 온 나라 호걸이 바람 일듯 물 솟듯 ᄒ는 셰에 버레 ᄀᆞ티

걸 업되어서 한 일도 ᄒ는바가 업스면 텬하의 뎌국히 겁흠이 누가 이에 지나며
삼십륙 일죠에 밝은 눈으로 큰 탄을 보아 파ᄒ고 가히 잡을만호 긔회를 맛나면 곳
회는 임의 쥬져ᄒ여 감히 결단치 못ᄒ고 경부에 모든 동료도 또한 한 사람
서운 바가 업스면 련하의 큰 용밍이 또 누가 이에 지나리오 ᄒ나 당시에 국
급히 일어나 바로 조차서 일치 말ᄇᆡᄒ여 름연히 한 셰샹 덕덕을 당ᄒ여 무

도 저로 더불어 뜻이 한 가진 쟈 업서 분분히 벼슬을 사양ᄒ고 가는지라 가
부어가 굴ᄒᆞ지 안이ᄒ며 흔들리지 안이ᄒᆞᆷ으로 살왕에게 쳥ᄒ여 한 몸으로
각부 대신의 직쵹을 다 겸ᄒ여 여러 의론을 누르고 그 뜻을 힘ᄒ여 곳 이만

이십륙 권리의 다롬이 실로 겨리 미아 젼졍에 군원호엿더라 아황은 다른 사람 몬져 발호고쟈 호는 사람이라 문득 군소 십오만을 발호여 토국 디경에 진압호거 놀 토인이 법국에 급홈을 구호니 법국이 이에 영국을 달내어 셔로 일을 좃 차호니 영국이 아국의 남으로 옴을 미어 호는지라 또한 왜타로 뒤로 부터

의 태리 삼십년에 싸홈 일이 업서 인심이 동요기를 싱각호는지라 이에 도 영 법 세 국 나라 연합호 군소가 아국을 항거호여 겨리 미아의 큰 젼쟝을 여니 곳 일쳔 팔빅 오십 소년 삼월이라

걸리 가부어 가라대 이는 쳔지에 일시 긔회라 유돕바 온 싸 사람으로 호여금 살더니 아 나라가 잇는 것을 알게홈이 장ᄎ 오날에 잇으며 빅년의 원슈 를 갑파 아폐 한 몽치로 강호 오국에 더할 것도 쟝ᄎ 오날에 잇다 호고 에 도 법 영 삼국에 밍셔를 더호여 아국을 항거홀 의론 안건을 나라 모임에 써서 내니 비록 그러호나 큰 붕뇨가 남으로 날기를 도모호는 법새가 웃고 양츈에 한 눈을 파쵹 사람이 웃는 지라 국회가 써들어 덕을 셰아리지 못호며 힘을 세아리지 못호고 엇지 이 ᄀ라 호리오 호거눌 가부어 앙연히 가라대

제군 제군아 져군이 의태리 젼국의 압 길을 싱각호지 안이호는뇨 이졔 아 라 사 사람이 익이면 곳 콘스단트노폴의 함락홈을 기드리지 안이호고 달달

의 태리 국 삼 걸 견 일십륙

런흐고 북으로 막는 지략을 가부어가 몸으로 가는 시되에 온츅흔 쟈가 임의 십여년이라 이에 이룰어 겸겸 실시흘 긔회가 되더라

과연 하놀이 의 태리를 도으사 가부어가 졍승된 두 해가 남아서 겨리미아 **견쟝**이 일어나니 몬져 로이 나파룬이 셥혀 임의 법국 대통령이 되어 화심을 품엇더니 얼마 못되어 곳 **국**회를 짓밟고 몸과 다른 쟈를 쏘츠며 드듸어 **인 군**의 위를 빼앗아 나파룬 데삼이라 일콜엇으니 쎄는 넉넉히 아라사 황뎨 이 고쟈 대일이라 쏘한 **비상**흔 지략을 품어 큰 피득데의 뜻을 잇기를 싱각 ᄒ고 우쥬 안을 자리 것듯키여 날과 밤에 도이괴를 흘너 보아 괴틀을 쌀

아남으로 나리려흘새 나파룬이 알고 가라대 내가 새로 인군 위에 올으매 국민이 심복지 못ᄒ엿으니 위엄을 다 경박게 들쳐 큰 군소로 림ᄒ지 안이ᄒ면 가히 뜻을 엇지 못ᄒ지라 쏘한 **영국**은 아국의 터뎍ᄒ는 나라라 내가 만일 짜흠을 도다 함ᄒ여 아국을 치면 유둡의 반둣이 큰 란리가 일어날지니 내가 그 괴들을 타면 곳 빅부로라 황의 **큰** 업을 가히 다시 볼지라 ᄒ고 이에

가만이 **영국**과 로국을 **톄결**ᄒ여 때를 기드릴새 이에 몬져 틈을 내어 셩인의 무덤을 보호혼다 일홈ᄒ고 도이 괴를 향ᄒ여 례루살렘 짜를 차즈니 (예수의 무덤 잇는 짜이라) 아 황이 듯고 쏘한 특병흔 권을 토국에 요구ᄒ니 대범 토국가 운티 희랍교를 좃는 인민은 다 아라사 쳐하의 돌아가니 아국과 법국에 교

십륙

의 래리 국삼 걸 견

한치 안이 흥눈뇨 왕이 가라대 삼가 샤례흐눈니 나는 나의 뜻흐고자 흠으로 힝흐노라 이는 진실로 뢰락흔 티답이라 비록 그러흐나 또흔 위험흔 티답이 로다 도이거와 회랍 ᄀ른 나라들은 다 다른 나라들의 츙고흠을 밧지 안이 흐고 맛춤내 간셥흠을 무릅써서 국난을 싱흐엿으니 이는 머지안이흐 압수매 의 경계니 가부어 그익히 쇄흘지라 오날 내 힘이 가늘고 박흥이 이그르며 압졔흐는 힘의 강대흠이 본국의 독립을 유지흐기 도모흠이 오히 려 알알히 그 여렵거든 하믈며 이에 진취ᄒ여 즁원을 도모흘쟈리오 그런즉 이목덕을 달흐고자 흘진딘 불가불 유롭의 한 두 웅흔 나라에 구원을 빌어 야 흘지니 그 머리로 쥬의흘 쟈는 즉 영국이니 영국은 가장 즈유를 사랑흐 는 나라요 가부어의 오래 노든 싸이라 그 소대부의 헌쟈를 만히 사괴어 아 지라 이 가히 나라로 더불어 한쟈가 일이요 그 법국에 잇어 로이나파륜의 술흐여 마시니 오래 이싸에 손 노릇흐엿으니 영웅이 기피 감졍을 한가지흐는 새로 졍부를 어더 야만흔 마음이 발발흐여 은연히 가살극에 진보코쟈 흐나 (나파륜뎨일의 난 사 이라) 늙은 영웅의 후진이라 가부어 그 반듯이 오국으로 더 불어 틈이 쟝ᄎ 잇음을 살피고 내가 그를 리용흐여 우리 나라 원슈를 갑고 나의 큰업을 달흐는 것이 가히 나라로 더불어 흘쟈가 돌재라 대개 동으로

의 군왕이 국왕의 의 무릅흘 내가 가히 다항지 안이치 안이헐지라 하고 드듸여 가
태 부어를 물리치지 안이하니 이 안건이 맛춤내 힘써 힝한지라 슬프다 가부어
리 가 비록 일백 번 선허도 흔들리지 안이하는 영웅이로되 영명과 단한 인군
국 영마로이 구튼 이를 맛나지 못하엿스면 또한 엇지 성공흠 일흠을 후셰에
삼 덧으리오 이에 이를어 살덕니아의 뉘치흠이 일절 취서가 되어 침침히 신거
걸 한 기마가 구유에 나고 밍렬한 매가 적간에 벗어 난듯이 잇더라
전 대섭이졀 가부어 외교 정책 대일단(격리미아의력사)

가부어는 십구셰긔 유롭의 외교 가운대 데일 류라 뎌가 십여년 젼으로 부터
곳 지혜로운 눈으로 유롭 대셰를 살펴 보아 오날 최이한 젹은 나라에 동일
한 큰 업을 알외고자 하매 그 형셰가 부득불 의교를 빙쟈 흘지라 그런고로
각국에 류람홀때에 곳 잇는듸에서 씃을 두고 비포흔바가 잇어 이에 이룰어
살덕니아의 일빅 졍소가 닥가 밝고 나라 진보 보는지라 당시에 온 유롭에
가시긔하는 눈으로 흘겨 보는지라 당시에 온 유롭에 경제항는 물결이 덕욱
구십오 노픈 점수에 달하여 보오 등국이 살덕니아의 긔혁 됨을 리로히 안이하는지
라 간셥흔다. 빙쟈하고 압계코자 하여 살왕에게 가라대 왕은 그 세 번 셩각
하라 민권이 흉흉 국권이 망하느니 긔혁을 밍렬ᄒᆞ게 극히 하는것이 나라
의 복이 안이라 왕은 엇지 의듸리에 다른 나라 졍회을 본바다 그 백셩을 방

팔십오

한 특권이 잇어 국중에 횡행하되 누가 엇지 하지 못하는지라 범죄한 쟈가 잇으면 정부에서 벌을 쓰지 못하고 별로히 교황의 치하로 말미암아 법뎡에 지판하니 이에 십수만 명의 인민이 치외법권 알에 선지라 가부어 가라대 대국 만이 일치하지 못하면 안에서 졍무를 능히 베풀지 못하고 밧으로 능히 국권 을 셜치 못하여 한 국중에 두 쥬권이 잇으면 곳 국민이 맛참내 일치하지

의 못할지라 이에 굿세히 기혁하는 안건을 데츌하여 교회의 특권을 박탈하고 일뎨히 빅셩들로 더부러 등별이 업게 하는지라 그러나 당시 교회의 셰력으

래 인민의 미혹함을 도아 노아 속에 싸졋으니 때의 가부어가 살왕에게 관중이 제환공 리로 그든지라 비록 왕태후와 왕후는 다 교에 미혹함이 가장 기퍼 강

국 면의 쵸나과 노래 속에 싸졋으니 때의 가부어가 살왕에게 관중이 제환공 게 그든지라 비록 왕태후와 왕후는 다 교에 미혹함이 가장 기퍼 강

삼 왕의 겨레서 식글어이 하며 또 쇼짓고 또 권하여 뒤후는 지극히 왕

결 을 핍박하되 만일 죵시 곳치지 안이하면 장츠 왕의 졍사를 간셥할 리니 상뎨를 위하여 이 마귀 도젹을 쎄놀리라 하니 왕은 슌효한 사람이라 이 좌우량단을 사이에 쳐하여 일빅 쎄로 막고 머추매 지혜와 용밍이 한가지 로 곤하여 결식한지 여러 날이라 가부어는 국가 대국에 안위가 매인 바요

젼 길에 영화롭고 쇠함이 관계된 바로 굿세히 가라 내가 비록 사람의 아들이나 오히려 나라 내 결졍하고 이에 굿세히 가라대 내가 비록 사람의 아들이나 오히려 나라 인

지성이 사람을 감동호여 국민이 다 그 성명으로 희성이 되어 상공의 비포호
는디 공개호 기를 원호는지라 그런고로 비록 원긔가 소성치 못호여 챵이홈이
눈에 가득홀 즈음이라도 즁명호고 즁세호는 의론이 덜것 만치도 막힘이 업
서 의회를 동호여 지반지라 오호라 큰 경치가에 가히 빅성에게 신의를 맺지
안이호지 못홀것이어 그돈지라 이에 그 십륙년의 날지못호고 또한 울지 못
호던쟈가 경히 오날 한 번 날매 하늘에 다으며 한 번 울매 사람을 놀내는

의 것을 알겟도다
태 그 대오는 긔혁의 나타냄이니 곳 빅성에 언론호는 조유와 집회호는 조유
리 와 출판호는 조유를 주며 일결 긔회호는 일을 검제호여 련하로 더부러 곳쳐
국 기를 비롯홈는지라 이에 모든 사람이 반듯이 깃부게 감복호고 빅성의 지혜
삼 가 크게 나아가 비록 그러나 그 대륙에 일은 가부어가 넉치호는터 데일
결 위란호 문뎨니 곳 교인의 치외법권에 안건이라 유럽의 로마 교황이 잇으니
젼 그 즁고에 잇어 온 유둉유의 각국 대왕이 발 알에 결호지 안이호는 이가 업
는지라 그러나 마틴루터의 산교를 창셜훈 이후에 그 런혁 범위가 날로 싹겻
오 으나 그러나 의 태라는 곳 로마교황의 도을훈 바라 고로 그 위엄이 오히려
칠심 혁혁호여 쇠홀지 안이호지라 살더니아 안민이 오즉 국왕에게 다수림을 빗지
안이호고 또한 교황에게 신항과 죵이 됨지라 이에 소위 교소 교민이 죠뎡의

류십오 각항구의 출립ᄒᆞ는 셰금을 면ᄒᆞ는 정칙)이는 져가 영국에 유람ᄒᆞᆯᄯᅢ에 가포뎡에
개 바다서 (영국의일홈난션빅니죳유무역ᄒᆞ는정칙을쥬장ᄒᆞ여의원에서셜건ᄒᆞ다
가맛춤내 그 ᄯᅳᆺ을 달ᄒᆞ쟈라) 감화ᄒᆞ쟈라 ᄃᆡ이는 젼국에 쳘로를 긔동ᄒᆞ여 영ᄒᆞ법
비리시 등국으로 더부러 동상죠약을 톄결ᄒᆞ니 대개 심륙년즁에 농슈ᄒᆞ는ᄃᆡ
숨어 빅포ᄒᆞᆫ 바라 비록 그러나 가부어의 큰 목뎍은 이에 잇지안이ᄒᆞ고 져의
의 ᄯᅳᆺᄒᆞᆫ 바는 살뎍ᄂᆞ아로 ᄒᆞ여금 외국의 간셥ᄒᆞ는 긔반에 벗어나 완젼ᄒᆞᆫ 독
립국이 되는ᄃᆡ 잇으며 져의 ᄯᅳᆺᄒᆞᆫ 바는 살뎍ᄂᆞ아로 온 의ᄐᆡ리에 모든 젹은
삼 나라로 련합ᄒᆞ여 우리 조국을 환위ᄒᆞ며 유롭 여러 각국의 ᄉᆞ이에 동등케 ᄒᆞ
국 이잇는지라 이에 그 ᄃᆡ삼의 나타남은 부득불 급히 군비를 확장홈에 군ᄉᆞ
ᄅᆞᆯ 셰알여 몬져 규향을 예산 ᄒᆞᆯ것이요 이에 그 ᄃᆡ스에 나타남은 부득불 즁
걸 셰흉을 의론홀지니 져 최이ᄒᆞᆫ 뎡은 나라로 피폐ᄒᆞᆫ 후를 이엇으니 즁셰ᄒᆞ는
것이 실로 ᄒᆞᆫ 지극히 어려운 문뎨라 가부어의 쳐음 ᄂᆡ각에 들어오ᄆᆡ 국즁에
셔 뎍시 ᄂᆞᆫ 쟈가 진실로 뎍지 안이ᄒᆞ지라 그러나 져 창죵의 가득ᄒᆞᆫ 의국열
뎐 심이 면목에 나타나 사람을 부지불각 간에 감동홈이 잇는지라 반닷ᄒᆞᆯ쟈로
ᄒᆞ여금 다 동졍을 표ᄒᆞᆫ다라 져가 죳신ᄒᆞ도록 다시 안히ᄅᆞᆯ 취ᄒᆞ지 안이ᄒᆞ고
가라 ᄃᆡ의 ᄐᆡ리는 나의 사랑ᄒᆞ는 안히라 ᄒᆞ고 져가 집안 사람의 셩산과 쟉업
ᄅᆞᆯ 다스리지 안이ᄒᆞ며 가라ᄃᆡ ᄒᆞ리는 나의 집 고간이라 ᄒᆞᄂᆞ니 이런고로

지로다

의 영마로의 위에 울으매 곳 달지겨이아를 들어
태 가 밧장 전왕을 젼도적에게 쌀아 상혼 곳이 오히려 낫지 못하나 나라를 사
국 랑하는고로 명을 알으며 명을 응종하더라 때에 가부어로 말하는 쟈가 잇거
리 놀 왕이 가라대 안이라 이제 오히려 그 때가 안이라 하니 대개 오란의 경흘
삼 지 못홈으로써 흠이라 달씨가 니작을 죠직하고 상덕괴사로 농상무 대신을
삼으니 상씨는 가부어의 졍우라 젼에 이 한가지로 보관을 창셜하던 사람이
결 라 일쳔팔빅 오십년에 상씨가 졸하거늘 달씨가 아에 가부어를 들어 그 임
젼 직을 이으니 그러나 달씨는 오히려 죡하지 못하여 두해를 지나 (일쳔팔빅오
십이년) 맛춤내 병을 의탁하고 히골을 빌며 가부어를 쳔거하여 주거늘 더입
케하는지라 이에 가부어가 드디어 살뎍낙아 지상이 되너 오호라 현왕이 잇
지 안이하면 긔 이후 가부어가 능히 쓰지 못하며 명상이 잇지 안이하면 능히
오 어진 이에게 길을 수양치 못하나니 달지겨이아는 또한 인걸이로다
섭
오 대심일졀 가부어가 니졍을 긔혁함
엇지 하느뇨 가부어 가라되 군신이 일심하여 긔혁홈을 빨라 하니 그 긔혁을
이에 메일은 식산과 흥업을 쟝려하여 죠유와 무역의 졍칙을 채용홈이니 (곳

스십오

자라 부왕의 밋셔훈 말이 곳 내게 밋셔훈신 말이라 장군이 곳 싸호고자 호나냐 살국이 비록 적으나 내가 팔을 떨쳐 한번 불러 우리 로와을 모아 싸홀 시량을 쌔매 벌과 개미도 독이 잇는지라 장군이 감히 슈박만 살덕니 아 인민을 취호여 한 닭을 묵기와 구티 일으겟는뇨 내가 아로 죽는것이 영화됨이 클지니 장군아 우리 집에 죽은 왕이 잇고 황복호 왕은 업노니

걸 태의

장군은 그 싱각홀지어다

삼국리 전

큰 도격이 디경을 진압호여 창이 힘이 만목호 남어지에 감히 결단코 법의 슈염을 쓸며 봉됴의 날개를 떨쳐 한 몸으로 회성이 되고 국민의 권리의 보장이 되는지라 왕의 왕이 됨을 가히 볼지니 이에 이들어 온 의 터리에 예 망이다 살덕니아 왕의 한 몸에 모히매 가부어 가 졈졈 영웅이 용무홀 싸이 잇더라

오호라 마시니의 무리가 살에 잇는쟈 전 왕 아이발이 한 번 패호여 좌괴호고 그 업 을 시죵처 못흠을 분히 호지라 나파룬 판악호 일홈으로 더호여 그 아돌이 위를 잇지 못호리라 호고 이에 니란을 좌초 일으켜 지나아를 앗어셔 웅거호 여 공화 졍처를 젼니 마시니는 실상 억강홈을 잡는 사람이니 그 쥬의를 젹 힘을 빼지 못홀 쟈라 비록 그러하 하늘이 임의 공화 졍처로 의 터리를 졍 치 안이 호사 다시 박멸을 입게 호시니 마시니이 후로는 부득불 졍계에 숨을

다 쳠쳠훈 말로 그 위를 회복홀새 졍칙이 다 오국을 본바다 압제가 더욱 더 극렬훈지라 살뎔니아 새 언군 영마로이가 임의 일쳔 팔빅 스십 구년 오월로 션위를 바다때에 경뇌에 잇어 국졍을 감찰홀새 명을 듯고 곳 실셩 동곡훙여 의 칼을 빼어 오국의 공즁을 훌녀 보며 쏘한 가르치고 일어나 가라대 이제 의태 리가 오히려 훈나라 뎜을 일치 안이훙엿느냐 훙고 춤추기를 세 번 훙 고 이에 죠셔를 밧는지라 신왕이 어려셔 학업을 조하 안이훙고 오죽 말을 달 리며 칼 쓰기를 조하훙여 용략으로 국즁에 들리는지라 뎌가 대개 굿세고 솔

삼국리태 그러운 사람이니 그 부왕의 능히 밋칠바가 안이러라 임의 명을 덤으며 왼 뒤에 바다때에 국룬이 분분훙여 결뎡훙지 못훙지라 다 난은 것을 슈습훙여 오군 으로 더불어 셩을 등지고 한 번 빌리고자 훙나 왕은 힘이 부족훙여 이에 밋 치지 못홀것을 알며 쏘 크게 안으로 다스림을 졍졔훙지 안이훙면 죡히 즁원

결 을 도모치 못홀것을 아는지라 아에 모든 의론을 물리치고 오국으로 더불어 구화훌지라 오쟝 랍뎔긔가 속히 헌법을 페홈으로 핍박훙여 이에 다른 일을

삼십오 의론훙라 훙거놀(젼왕이일쳔팔빅스십칠년으로임의헌법을펴셔뎌륙졀에나타나 다)왕이 의연히 가라대

훌지라도 쏘한 소양훌바 안이니 내 부왕이 임의 아로 내 빅셩에게 밍셔훙샨 쟝군이 이로쎠 셔로 협박훙는 쟈는 내가 비록 쳔빅 번 왕의 관으로쎠 싸

이십오 도 진실로 불가불 혁명을 말흘지라 곳 내 몸으로 말ㅎ고자 안이ㅎ여도 또한 불가불 소망이 달은 사람에게 잇어 발흘지니 혁명은 곳 고려국뿐이라 (고려국이 광셔 이십삼년에 스스로 립헌국이라 ㅎ엿으니 그 헌법이 한아도 군츄의 긔리를 웅호ㅎ지 안임이엽도다) 시험ㅎ여 고려 현졍의 압길이 엇지 됨을 물을

의 태라 그런고로 의태리의 나라 세운 공을 의론ㅎ면 머리로 반듯이 마시니를 츄뎍ㅎ은 텬하의 공론이라 마시니는 갈고 가부어는 비엿느니 시험ㅎ여 비는 쟈라 그런고로 공론이 마시니를 공덕이 가는쟈와 엇더ㅎ음을 물어볼지라 므릇 마시니는 도인 는 션빅요 공

리 명의 사람은 아이라 혁명을 창긔ㅎ여 일우지 못ㅎ면 그 궁극ㅎ여는 사람이 나의 무식홈을 웃고 나의 다스홈을 비방ㅎ며 나의 노피 참고 경히 뜸을 쑤지 져이 구티 흐싸름이라 텬하 일을 진실로 건짐이 잇을진딕 일우는 것이 엇

결 지 반듯이 내게 잇으리오 아페이 마시니가 업섯으면 곳 비록 일빅 가부어가 잇어도 큰 공을 맛춤내 일우지 못홀것이요 뒤에 이 가부어가 업스면 곳 마 시니의 감화홈을 밧는 쟈가 엇지 그 열매를 비는딕 사람 업슴을 걱정ㅎ리오 그런고로 의태리를 지은 쟈는 삼걸이요 저 두 호걸을 지은 쟈는 마시니라 이에 이룰어 마시니가 물러 가는지라 아에 이룰어 의태리가 일우엇도다

혁명이 실패흔 이후로 젼에 이 의태리에 허슈압이 노릇 ㅎ던 졔후 왕들이

뎨십졀 살덕니아 신왕의 헌법홈과 가부어의 승상됨

지니 저의 마음과 눈가운듸 오죽 의태리는 잇고 다시 마시니는 업는지라 가

의 라대 의태리가 임의 립헌으로 일우엇은즉 그 셩젼이 맛당흠이 소연
흔지라 마시니는 임의 헝명을 창언ᄒ고 쏘 공화를 창언ᄒ엿으니 무식ᄒ지
안이ᄒ며 다소ᄒ지 안이ᄒ뇨 가라대 안이라 이엇진 말이뇨 혁명의 의론이 업
스면 곳 립헌을 일우지 못ᄒ느니 이제 셰계에 립헌흔 군쥬국을 통ᄒ여 보면

태 엇지 한안들 헝명흔파의 시딕가 나지 안이ᄒ엿으리오 (영국헌법이 주연발성흔

리 쟈라 ᄒ안ᄒ엿으나 그러나 영길이곳의 회혁명을 약지안이 ᄒ면 그헌법이 쏘한페지ᄒ엿

국 으리로다) 쏘한 립헌ᄒ국이 두 일을 가장 결박지 못ᄒ지니 그 한아는 곳 군쥬가

삼 갑히 임의로 헌법을 짓밥지 못홀것이요 그 둘재는 헌법을 가히

귀흔 보화로 알것이라 대범 내 몸에 특별흔 권리가 잇는 쟈는 누가 사람에

결 배 난호아 주기를 질거ᄒ리오 그런고로 민간에셔 혁명을 쇼상이 업스면 곳

젼 군쥬가 결단코 완젼흔 헌법으로 능히 빅셩을 주지 안이홀 것이며 므릇

엇기를 가장 쉽게흔 쟈는 보기를 중히 안이ᄒ고 보기를 중히 안이ᄒ는 쟈는

오 곳 직히기를 굿게 안이ᄒ는것이라 그런고로 민간에셔 진실로 일쳔 피와 일

십 만 눈물로 헌법을 밧구어 엇지 안이ᄒ면 곳 비록 군쥬가 셰 번 읍ᄒ고 셰

일 번 소양ᄒ여 주더래도 쏘한 능히 그리로음을 맛당히 혁명을 말ᄒ며 곳

로 무론 혁명ᄒ고쟈 ᄒ는쟈는 맛당히 혁명을 말ᄒ며 못홀 것이 립헌ᄒ고쟈 ᄒ는쟈

십오

대개 의태리의 나라 셰움이 일쳔 팔빅 철십 일년 로마의 도음 덩흘 때로 부터 비롯흠이 안이요 실상 일쳔 팔빅 스십구년 로마가 함락흘 때로 비롯흔지라 쏘흔 일쳔 팔빅 스십구년 로마 함락흘 때로 비릇흠만 안이라 실상 일쳔 팔빅 이십년 소년 의태리 창립흘 째로 비릇흠이로다 비록 그러나 이력스 후로 부터 의태리 사람이 새로 경험호여 어든바가 잇으니 일은

의가라대

짓유와 통일의 엄이 맛춤내 가히 셤취치 못흘 것이 안임을 알앗고

이는 가라대

살덕니아 왕실의 가히 신용흠고 가히 의뢰흠을 알지라

삼국리태

이로 부터 마시니의 슈업이 임의 맛치매 가부어의 슈업이 바야흐로 비롯흠엿 으니 슬푸다 나의 절대 가인 마시니가 맛칠따름이라 가라대 그러흐나 졍신 으로 의론호면 곳 마시니의 슈업이 무시 무죵호니 비록 이졔 잇다 이를지라 도 가히며 형질로 의론호면 곳 내 의태리 삼걸젼이니 예 괄결로 부터 이후에

걸은

다시 마시니의 나타난 곳이업스니 그런고로 가라대 마침이라 마시니의 일학샹즈흔 바가 이십년을 지내어 다시 소셩흐엿스니 비록 그러흐나 그 셤흠에는 죽음을 빌녀 혼을 도릭흔지라 통일이 연합이 안이요 공화가 립헌 이 안이니 그 일우는 쟈가 마시니의 당인이 안이오 마시니의 졍소를 더 흔지라 고로 가라대 맛침이로다 그런즉 마시니는 눈을 감엇느뇨 가라대

젼

은지라 의태리가 업스면 마시니 근심흐고 의태리가 잇으면 마시니가 질거흘

영웅이여 십만 딕젹을 림ᄒᆞ여도 영웅의 심셔가 일즉 요란ᄒᆞ이 업고 종일 형으로 심문을 지내어도 영웅의 장ᄒᆞ 눈물이 일즉 한 졈도 셜어 지지 안이 ᄒᆞ엿으나 이제 이를 부득불 간장이 일빅 번 매쳐 눈물이 기울어 지는 것 도다

장군이 스스로 부인을 ᄎᆞ림중에 비토에 임의 장소ᄒᆞ고 긔로 부터 가매 뎐디에 표류ᄒᆞ 손이 됨이 소년이라 후에 순찰ᄒᆞ는 긔병의 잡힌바 되어 지나아 옥에 가쳣더니 미긔에 옥을 넘어 도망ᄒᆞ여 미국 뉴욕에 가만이 달아나 한 달쭉 만 드는 상념에 고용이 되어 과한을 면ᄒᆞ더니 그 후로 가만이 본국에 돌아와 셩명을 곳쳐 농부가 되어 하보렬랍 셤에 숨어 호걸훈 션비를 길으고 시긔를 기드려 즁원을 도모ᄒᆞ더라

뎨칠졀 대구졀 혁명훈 후의 형셰

단명훈 로마 공화국이 임의 죽엇으매 그 것 낫으로 보면 곳 일쳔 팔빅 소십구년 이후의 의태리가 일쳔 팔빅 십오년 어린의 염소나 비록 그러나 대범 나라의 존망이 그 졍신에 잇지 안이ᄒᆞ고 그 형질에 잇지 안이ᄒᆞ니

라 진실로 졍신이 업스면 비록 오날 이 만만리의 딕구와 소만만여의 인구을 가진 중국으로도 안이 망ᄒᆞ다 못ᄒᆞᆯ 것이요 쳔셜로 졍신이 잇으면 비록 당시에 곳 분렬되고 영구히 압제ᄒᆞ는 의태리로도 흥치 못ᄒᆞᆫ다 일으지 못ᄒᆞᆯ지라

팔십 ᄉ흐는 일에 진력ᄒ거늘 장군이 그 병들가 긍련이 ᄒ거늘 부인이 가라대 나라
란 것은 첩과 장군으로 더불어 한가지 ᄒ는쟈라 군이 홀로 군즁가 되면 참
아 첩을 두리오 ᄒ고 맛참내 듯지 안이ᄒ고 이에 이를어 돈한 남장을 단속
ᄒ고 오쳔 군듕에 편졔ᄒ여 장군을 좃는지라 비록 그러ᄒ나 의태리 갑운

걸 의 이 미진ᄒ여 장군의 압길이 날로 더욱 참담ᄒ여 일이 만음으로 더불어 억이
삼 는지라 처음에는 법국에게 핍악을 입엇고 기초는 오군에게 핍박을 입어 아
국 편어산을 셔음으로 훌새 죽기에 가기가 능히 텰도 용납지 못홀지라

태 부하가 날로 증격흠을 입어 흐터지매 불슈일에 겨우 일쳔 오빅인이 남고 또
리 불슈일에 겨우 이빅인이 남아 한 어션을 타고 유이ᄉ 하슈를 건늘지음에 일
빅 오십인이 ᄯᅩ 오국의 단졀혼 바 되어 팔월 삼일에 겨우 좌긔라 희안에 득

견 달ᄒ매 서로 슈반흠 쟈 오죽 부인과 몃몃 친구 ᄯᅡ름이라 가련혼 이 졀셰혼
녀호걸이 림산ᄒ여 오래 병든 몸으로 갈을 빅여 군스를 조차 아흡번 죽고
한 번 사는 속에 츙립ᄒ여 이졔 이를어 쏫는 군스의 엄습한 바가 되어 곤뢰
ᄒ여 기의 형보ᄒ여 못ᄒ고 장군의 엇개에 의지ᄒ여 한 적은 삼립속에 도맛ᄒ
여 이을어 문득 한 죽은 야회를 히산ᄒ고 한시 경을 기쳘ᄒ엿더니 겨우 셩흥
의 루안을 쓰고 랍황의 웃는 임을 열어 장군의 손을 어르만지며 한 소리를
강연히 일으고 나라를 위ᄒ여 진즁ᄒ소서 길히 눈을 감는지라 오호라 영웅

예 돌립호여 수빅년 원슈의 피를 마셔 간간히 그 취호리로다

이 일단 연셜이 언언이 격동호고 又又이 성셕호지라 듯는쟈 슬프고도 셩나
며 셩나도고 분나며 분나고도 곡호며 곡호고도 노래홀지라 슌식 간에 보병
과 긔병이 웅모호여 모힌 쟈가 오쳔 인이라 다 살코 사랑호는 셩심으로 머
리를 들어 하날을 보며 노피 가라발디 쟝군의 일홈을 불러 상대게 져를 돌
아 보심을 빌고 또 서로 딸아 말호여 쟝군을 조차 죵신 호기로 밍세호니 이

태
에 이 명예 잇는 패군의 쟝슈가 또 소소호 락일 속에 오쳔 명 건쟝호 남ᄋ를

국 거ᄂ리고 슉슉히 힝호더라

삼
가 쟝군이 쟝초 로마에 가매 미국 공ᄉ 가랴스가 가서 차자 보고 또 한 고호
여 가라대 일이 임의 이에 이를엇으니 족하가 만일 버리지 안이홀진뒤 쳥호
걸 노니 의션으로 내 나라를 향호라 복이 반듯이 죡하를 위호여 보호의 슈고
옴을 힘쓸지라 호거늘 쟝군이 가라대 로마가 비록 타락호 셩이 되엇으나 대

견 소가 오날 다 호지 못호엿으니 내가 능히 환란과 ᄉ싱을 한가지 호는 부하
를 노치 못홀지니 우리가 쟝초 홀바가 잇다호고 드듸여 샤례호지라 가쟝군
칠십ᄉ 의 부인이 결셰호 녀즁 호걸이라 쟝군이 젼에 미쥬에 잇어 젼쟝호는 바가
잇으매 부인이 서로 조차 찬조치 안이홈이 업더니 로마국의 란이 일어남을
당호여 부인이 잉틱홈이 임의 팔삭이라 오히려 급급히 긔계와 군향을 운견

이태리의 건국삼걸젼 륙십사

히 되지 못홀줄 알고 다시 망명호여 둘재 고향 영국으로 도망호고 가리발더
는 칠월 이일 져녁으로 그 병스를 쇼집호여 말호되 군스는 죽여도 육
되지 안이홀것이요 그 만일 병긔를 더지고 부패훈 교회가 뎍군의 무릅 알에
아첨호는것 구티 홀진디 찰아리 산야에 도망호여 흙을 거듭 움을 도모
기만 굿지 못숭다 호고 군스아페 연셜호여 가라대
내가 불효홈을 셰아리지 못호고 졔군으로 더불어 한새 젼장을 다시 짓기
를 원호노니 나를 조차 놀고자 호는 쟈가 잇느뇨 이르는 싸에 우리 국민
이 반듯이 간뢰로 서로 졉호기를 내가 감히 단언호는 바라 바록 그러호나
내가 졔군에게 요구호는 한 일이 잇으니 곳 타는 굿고 찌여지는 것 그른
며 셜는것 그른 익국호는 졍신이라 내가 능히 졔군에게 월급으로 주지 못
호고 또한 졔군에게 휴식홈으로 주지 못호나 무릇 군스 먹는것은 곳 이르
는 바싹에 가히 취홀 쟈는 취호고 이 고셩을 견디며 만일 이 험혼 것을
무릅쓰는 쟈는 나의 어진 벗이요 나의 골육이라 만일 그 능히 못홀진디
차라리 향홍지 말지라 오날 한번 국문에 나가서 법군을 물리쳐 한 싹 그
림ㅈ로 호여곰 로마에 머므지 못호게 호는 날에 이르지 안이호면 곳 밍셰
호고 돌아오지 안이홀지라 오호라 우리들의 조혼 신슈가 임의 법인의 피
로 물들어 쟈쟈히 그 부렷으니 이졔쳥호건디 졔군으로 더불어 오군의 진

거느리고 분젼한 십여일에 효용한 쟝사가 죽은쟈 십에 팔구라 맛춤내 뉴월 이십구일로 도젹과 크게 습격하여 최후에 결젼이 되매 가쟝 군이 일만 번 죽기로 한 번 삶을 돌아 보지 아니하고 칼을 두르고 덕진에 돌립하니 소졸이 분격하여 도벽의 죽음이 슈가 업더라 마시니는 한 쟝슈의 용맹을 겨우 미다 가히 일을 구졔차 못할지라 또한 가리발디를 샹할가 져어하여 이에 급히 국회 명으로 쇼환하여 뒤에 조흔 방칙을 의론할새 가리발디가 임의 쟝에 들어오

의 태 리 국 삼 걸 젼 소 오십소

매 부러운 피가 림리하고 갑츄가 전혀 부러지라 임의 익으러진 칼이 반은 칼집에 꼿쳐 들어가지를 못하엿는지라 이에 칙샹을 치며 소리를 들쳐 가라대 오날 도읍을 버리고 달은 곳에 오랴 별로히 회복을 도모 하기 외에는 다시 달은 쇠가 업다 하는지라 비록 그러나 큰 소리가 귀에 들지 안이하여 마시니 외에는 한 사람도 찬셩하는 쟈 업더라 악새 로마 국회우에 고믈 고믈한 일빅 오십 낫의 두령은 오히려 황복하여 란을 먼하는 것으로 독일 무이한 션후칙으로 알고 소위 고관달쟉은 쟈는 임의 분분히 쟈를 잇글고 셩 박게 도망하거늘 가리발디가 분울함을 스스로 익이지 못하여 다시 고군을 잇글어 도젹을 엄습할새 메이젼투하는 디셥박게 틀을 타서 참혹한 환항괴를 임의 샹안계야 셩 우에 뛰어 머리를 둘러 보니 셕양은 셔편에 기울어지고 만죵은 챵량한지라 마시니 일이 가 에 달엇는디

스십스 잇지 못ᄒᆞᆫ 바 옛 로마 회당에 뿌리니 저 때 두 호걸의 삼소가 그 회합

어 밍듀로 국회를 지휘ᄒᆞ고 가리발다ᄂᆞᆫ

이 맛당이 엿더ᄒᆞ리오 이에 마시니가 들을 업어 공화국에 임시 대통령이 되

경녜에 장뎡을 발ᄒᆞ여 상비군 일만

오쳔인을 어더 일야로 훈련ᄒᆞ여 나라 방비ᄒᆞᆷ을 삼고 마시니의

되 법란셔가 이제 새로 곳쳐 공화 졍톄가 되엿으니 나의 독립을 더위를 돗

고 반듯이 깃거ᄒᆞ여 서로 도을것이요 곳 서로

ᄒᆞ면 또ᄒᆞᆫ 맛당이

의 줌럽ᄒᆞ여 내가 간셥지 안이ᄒᆞᆯ지라 엇지 져 반복법과 ᄒᆞᆫ 교황 피아스의 실지

태 후에 분ᄒᆞᆫᄒᆞ여 스스로 즁집지 안이ᄒᆞ고 외국의 힘을 빙쟈ᄒᆞ여 그 위를

리 회복ᄒᆞ기를 ᄉᆡᆼ각ᄒᆞ고 맛ᄎᆞᆷ내 ᄉᆡ리를 흔들어 법국에 비ᄂᆞᆫ것을 도모ᄒᆞ리오 법

국 대통령 나파륜 데삼은 졍히 야심이 발발ᄒᆞ여 분국 교도와 군뎌의 즐기ᄂᆞᆫ 마음을 사

삼 그 위를 굿게 ᄒᆞ고 이 긔회를 잡아

자 ᄒᆞ여 이에 급히 삼만 오쳔 명의 큰 군ᄉᆞ를 보내어 로마 셩에 임ᄒᆞ여 션

걸 언ᄒᆞ여 가라대 너의 등이 무도ᄒᆞ여 교황을 쏫고 셩디를 앗앗으니 내가 쟝ᄎᆞ

젼 분좌ᄒᆞᆫ 노라 ᄒᆞ고 법군이 처음 로마에 오매 가리발다의 셜복ᄒᆞᆷ과 외국 대한

ᄒᆞᆫ 성의 조젼ᄒᆞᆷ으로 크게 패ᄒᆞ니 로마가 온젼히 승첩ᄒᆞᆫ지 두어 달이라 이

에 오원 말에 법인이 다시 스만의 웅병과 삼십륙문의 대포로 오니 로마 새

로 지은 나라가 진실로 죡히 이 더뎍을 당ᄒᆞ지 못ᄒᆞᆯ지라 가리발다가 부ᄒᆞ로

한 번 형셰를 살피고 드듸어 고향에 돌아가 처음에 살뎌니 아에 이르러 아이 발과 달지격리와 가부어의 무리를 살펴보매 가히 몸으로 더불어 동소치 못 할지라 싸한 말 머리를 둘러 로마에 들어가니라

의 로마 교항 피아스가 즈유와 독립을 창언ᄒ매 입에 피가 마르지 못ᄒ여서 일
태 죠에 소변이 일어나는지라 문득 잠복좌츅ᄒ여 슈죡을 용납홀 바가 업는지라
리 호의 만단ᄒ여 세 번 성가후에 맛춤내 국민 운동에 가립지 안이혼다 션언홀
국 여 오대리에 아당ᄒ고 또한 조유 패의 령슈 날지빅을 들어 새 경ᄉ를 힘ᄒ
삼 ᄭ이ᄒ여 국민에게 아당ᄒ엿더니 미구에 날지빅이 드듸어 절러 죽거늘 피아ᄉ
결 두려ᄒ여 홀 바를 아지못ᄒ고 이에 혈션으로 가만이 도망ᄒ여 이포스에 우
젼 거홈을 지은지라 이에 로마에 혼란ᄒ이 극ᄒ여 무정부의 형상에 ᄲᅡ진지라

ᄉ 마시니와 가리발디 량웅이 임의 로마에 들어가 운동호지 한달이 못ᄒ여 새
심 로마 공화국이 셩립ᄒ니 일쳔 팔빅 ᄉ십 구년 이월 구일로 국회를 결집ᄒ고
삼 독립을 션고ᄒ는지라 오호라 이제 십 칠년 젼에 두 영웅이 처음 서로 마텀

ᄉ에서 볼ᄉ매 다 편편훈 절계 일 소년이더니 셰결이 여류ᄒ여 사람과 하날
이 손을 둘러 이별은 만ᄒ고 회합은 젹어 유형 무형ᄒ엿더니 오날 합병되매
곳 임의 한 가지로 즁년이 되어 쌍빈이 반반ᄒ고 이모가 되엿도다 이에서로
더불어 한 줄기 영웅 눈 물을 평싱 서로 사랑ᄒ고 성각ᄒ며 공경ᄒ고 ᄭᅮᆷ에도

이십스

그 때에 마시니와 가리발디가 어듸잇는뇨 가리발디는 교황에게 상서혼 후 미기에 곳 남미에서 발힝ᄒ야 일심으로 피아스의 후원이 되엿더니 엇지 모ᄒ야 지포랍달 희험에 이를어 믄득 상덕이아 상선을 맛나 삼석기를 달고 우리 ᄇᆡ를 빗겨 셔편으로 가거놀 또한 깃부고 또한 놀내여 그 연유를 물어 야에 상덕이아 왕아이ᄇᆞᆯ의 창의흔 일을 알고 이에 장쾌ᄒ고 표샹호 장군이 삼빅번이나 뛰고 삼빅번이나 움죽여 곳 달려 상덕이아에 들어가 왕의 취 하에 ᄆᆡ여 구치ᄒᆞᆫ가에 갓츰을 구호지라 셔져라 이ᄆᆞᆷ만 길고 져조 젹은 인군이 쓰리고 두려어 ᄒᆞ여 능히 용납지 안이ᄒ여 가라대 져 남미쥬 한 히 젹이 엇지 가히 일을 한가지ᄒ리오 ᄒᆞ거놀 크게 분ᄒ야 그러나 엇 지ᄒ흥이 업는지라 아에 곳쳐 미아남에 붓다르니 시졍에 빅셩이 그 일음을 듯고 경셩을 다ᄒ야 환영홀ᄉᆡ 사방에 의용흔 션ᄇᆡ가 취하에 달려 모혀 열을 이못ᄒ여 두령 오십팔인을 엇고 소졸이 삼만이라 바야으로 미아남 경뇌에 비상ᄒ야 그 힘을 듯더이 모일ᄉᆡ 살왕의 ᄑᆡ흔 보장이 임의 들리는 바 가 잇고 화의가 쟝ᄎ 취된지라 가리발디가 극히 분ᄒ여 이에 소속을 거느 리고 로마로 참홀나라 오래 영국에 려류ᄒ는 마시니는 피아스의 밍셔를 션 고홀 ᄯᅢ론 당ᄒ여 티왕동문ᄒ여 밀의 흔 바가 잇는 듯이 바다를 건너 파려에 들어 가 라 법국에 혁명이 일어남을 밋쳐 곳 나는 듯이 바다를 건너 파려에 들어 가

예 웅원호여 아이발 취하여 모히고 츄쥰호여 빙쥬를 삼아 수빅년의 공덕으로 더불어 서로 쥬션호니 새 의퇴리의 변환호는 영향이 문득 **큰 류다로 조**차 솟아남을 보겟도다

이발이 아에 그 살뎐 니아 국 피를 변호여 덕 쳥 빅 삼십의 의퇴리 국긔를 만들어 오만의 군병을 옹위호고 마다 름름히 류파뎐을 향호니 악갑도다 이발이 오히려 그 사람이 안이니 지긔는 유여호나 지략은 죡히 졔졔치 못홀

지라 임죠에 뎍국의 로쟝 랍뎍괴로 더불어 서로 맛나 루젼 루패혼지라 최후

나 파문한 싸홈에 한번 업들어져 다시 떨치지 못홀지라 맛츰내 일쳔 팔빅

수십 구년 오월 이십 삼일 야반에 쳘우는 쇼쇼혼 새 군亽로 더불어 영결호고 스스로 젹력에 손피호여 오군의 셩내을 살으고 달지겨리아를 들아 보아

명호여 어린 인군을 도아 셰쳔셩을 잇베 호엿으니 이곳 이후의 이태리 동일 화 쥬로 만쟝 팡망을 력亽우에 머므는 영마로의 황뎨가 이라 위위홀 빅매는 두견의 피로 울매 누가 드르며 침침혼 명호에 룡슈를 겨우 잡으매 그 업지 밋치리오 슬푸다 져 몸을 버려 **아이발은 양위은 넉들** 다시 한번 돈좌호더라 드딘어 심쟝이 파렬됨으로 죵련호 한놀 고턴딘에 **돌아가니 혁명의 큰 엽이**

—뎨팔졀 로마 공화국의 **건셜홈과 그 멸망홈**

십소

큰 긔렴의 해를 임력호엿으니 실로 일쳔 팔빅 스십 팔년이라 이에 법국 셔울 파려에 이월의 혁명이 일어나 아람죠 왕룡이 일죠에 광패호지라 로이나파류 이 썹혁 대통령이 되니 대이초의 공화국이 현출호지라 오흥 각국 민당이 잇는 바에서 봉긔호니 이에 스섭년리 온 유롭에 종횡호여 긔렴이 혁혁호여 구은손이 가히 더옴고 나는 새가 떨어지지 안이호는 매루날이 그 담담부에

삼걸젼

의 집으로 함양의 한 회불에 부터고 응응호 쳐졋소 왕손의 결석홈이 되어 래 포두셔찬홍여 쳘쳘호 몸이 밤애 영국으로 도망흘셰 그젼의 포락 빅쳔만의 지스로 이제 그딕를 쳥호여 독 가운딕 들고 스스로 노놈을 엷엇 눈지라 아 에 이를어 의탁리 사람의 립헌 평화호는 소샹이 날이 구소운에 향호여 혁 명 운동이 촌으로 부터 시졍과 고을로 부터 고을과 라로 부터 나라에 착복의 과 게간의 병이 쇼요호눈지라 젼오의 간난을 츄돌호는 윤파뎍 사람은 의턱리의 동북에 잇어 오국으로 더 불어 서로 졉양호 쟈 오즉 츠는 격젹리 사람이라 길을 쌔어 왕궁을 에우고 완고 강경홍 불독남도 부득불 드듸어 헌법을 반포호여 눈셥의 화를 구원홀 며 미아남 비니스 모든 쟝이 서로 거느혀 매루날의 패져홈을 내어 쏫고 공 화국을 창변호지라 살덕이나 왕 아이발이 스스로 일어나 국민 군소의 두 령이 되고 날스니대 공쟈이 또한 국민 운동에 들어 북방 모든 고울이 한썩

흠을 보고 이에 답히 돌아와 그 왕 아이발에게 말하여 가라대 옛 말에 잇으
니 비록 지해가 잇어도 승세함만 곳지 못하고 비록 조기가 잇어도 되시함만

의 곳지 못하다 하엿으니 의 태리 동일할 업이 좋당 가히 마지 안이할지라 우리

태 왕베서 그 뜻이 업느이가 이제 피아스 조유를 창언하매 빅성의 응함이 소리

리 와 갓흔지라 신은 우리 왕의 의향 두신바를 듯기 원하노니 왕이 만일 턴하

국 를 덩하실 뜻을 두시면 신등은 청컨대 당당리이다 아이발이 히미히 턱으로

삼 응하여 되답지 안이하거늘 달씨가 크게 소리하여 가라대 왕이 말이 입슬전

걸 되 엇지 턴하를 샤례하리오 하는지라 아이발이 좌우를 돌아보며 써는 소리

전 로 되답하여 가라대 내가 이것을 품은지가 오래로되 감히 말할지

삼 못하엿으나 새가 만일 왓으면 곳 내가 비록 나의 왕위와 나의 성명과 나의

십 조손으로 히성이 될지라도 또한 소양치 안이할배라 하다라 아이발은 호긔와

구 담력이 불굴할 사람이 안인지라 그러나 그 뜻한바가 진실로 이에 잇으니 군

조가 아름답다이 할지라

데칠절 일쳔 팔빅 소십 팔년의 혁명

데의라 눈이 뛰며 등불이 엿이 열리며 오쟉이 지저귀며 철호 우뢰가 울며

바람이 누각에 가득하고 물결이 언덕에 솟는지라 덕구한 유야랍의 회의 후

여 온 삼십년의 긔이호 원망과 심슈호 도긔가 이에 유롭의 셜무셰긔에 대일

팔십삼

살왕을 버리고는 부팅되가 업는지라 비록 그러하나 오날 살덕니아가 멸국을 병든호겟다 흥으로 챵언홈은 내가 붓그러음이나 그런고로 찰탈히 지혜를 운 동호여 연하홀지라 호나 이는 가부어의 회포라 가부어는 그 빗쟈흔 바를 버리고 마시니를 좃기를 불공히 호고 마시니도 쏘한 그 밋는 바를 굽혀 가부어 를 좃기를 불공히 호느니 이에 두 영웅이 부듯불 서로 딕뎜호는 디위에서 죡시를 맛칠지니 오호라 지스가 피로운 마음이 만타호니 엇지 그러치 안 이호며 엇지 그러치 안이호리오

래의 가부어 임의 이 목덕을 뎡호매 다시 겨레 다른 일에 달리지 안이호고 오죽 살덕니아 의 기혁으로 급무를 삼으니 그 기혁홈이 엇더호엿느뇨 웃듬으로 국헌법을 반포호며 국회를 열고 상하가 화충호여 군민 일치호 졍신을 불러 일 으키는지라 이에 나라 의론이 졈졈동호매 살왕 아이발이 그 말에 마음을 기 우려 맛츰내 일쳔 팔빅 소십 칠년에 국회를 소집호매 가부어가 고향 쵸롬으 로부터 쏫혀 의원이 되니 이에 곳 로마에 헌법을 펴고 가리발디 가 남미로부터 발인홀 셰라

걸 이에 살덕니아에 다시 한 큰 사람이 잇으니 달디 격리아라 호는 쟈라 가부어 로 더부어 한 가지 살방에 귀족이 되어 한가지로 죠유와 립헌 쥬의를 챵도 호고 방쟝 온 의래리 각 디방을 유람호여 동지를 규집호새 시셰의 날로 젼박

전리

잇고 살이에 농업 회의가 잇으니 살샹인죽 다 정치회라 의 티리의 동홀과 틀이 자못 활 줄에 잇는 살과 그 티 가득히 다려 발항긔를 기드리며 언덕에 폭발항는 붐이 별을 쌀아 진동홈 그든지라

의 그째에 가부어는 엇더항여 인심이 크게 진동홀는디 밋쳐 저가 째 괴들이 장초 열 휘정을 셜니항여 인심이 크게 진동홀는디 밋쳐 저가 째 괴들이 장초 열 슉홈을 엿보고 이에 권연히 일어나 두세 동지로 더부러 한 큰 보관을 셜시 항엿으니 그 강령과 지츄가 넷이 잇으니 일은 립헌이요 이는 진보요 삼은

태 리의 독립이요 소는 렬방의 련합이라 마시니는 일동홈을 쥬챵항고 가부 의 어는 련합홈을 쥬챵항니 이에 그 연고를 불가불 성각홀 것이 잇는지라

삼 국 대개 마시니는 공화 정톄를 쥬쟝항엿으니 그런고로 독립 된 후에 국민 다수 의 의견을 티표항여 대통령을 두어 쥬권을 힝케항니 그 일동홈을 말홈이 맞 당호지라 그러나 가부어는 웃고 말호되 이는 능히 말호고 능히 힝호지 못홀

젼 지라 진실로 십샹 흘진딕 곳 나의 살덕니아 국이 혈립터이니 므릇 살덕니아 는 오날 의태리의 독립 무이혼 빙자 써리라 일죠에 철리면 이는 유롭 사람

칠십삼 의 도아쥼으로 도져을 먹이는 것이라 티신항는 자는 가라딕 통일홈을 갈망항지 안임이 안이로딕 반듯이 연합 글조로 통일홈을 창고호면 그 통일홀 사람이 가히 엄지안이홀지니 그 이런 조격을 가초온 쟈는 우리

륙십삼 흥심을 들엇스오니 모든은 섭여 년의 득달치 못홀 뜻을 회포ᄒ여 장ᄎ 오쥭 폐하에게 이에 의뢰ᄒ노니 모가 저죠 업스나 한 군함으로 서로 조ᄎ 견마의 힘을 본 밧기를 원ᄒ노니 오쥭 쳐용흠심을 나리소서 가라발디가 이 글을 임의 발ᄒᆞ매 이에 동지를 거나려 힝장을 단속ᄒ고 명을 기드리더니 맛ᄎᆷ내 답셔가 묘연ᄒ더라

젼 결 삼 국 리 태 의 니아기포당이 이에 크게 깃붐이 과만ᄒ여 열심이 흡연히 물 중긔와 ᄀᆞ티 셜는 도슈가 더욱 ᄒᆞ매 점점이 온흠에 흐터지니 달소니 왕과 살덕니 아왕은 다 힝정상에 크게 ᄀᆡ혁한 바가 잇고 이포스 왕 불득남 외에 포학한 인군와 쳣ᄎᆡ를 겸ᄒᆞ는 쟈를 계ᄒᆞ고는 쟝ᄎᆞ 쓸어 산이 진지라 므릇 ᄀᆡ혁은 조흔 인이라 그러나 ᄀᆡ혁흠이 허ᄒ여 실샹으로 안이 ᄒ며 편벽ᄒ고 오롯홈으로 안 이ᄒ흔즉 왕왕히 혁명의 중민가 되ᄂᆞ니 력ᄉᆞ샹에 등록홈이 그러한 것이라 의 퇴리가 마시니 십슈년에 **대셩질호여 열심 훈권홈을** 지냄으로 부터 그 나 빅셩의 샤상ᄒᆞ는 긔력이 임의 다시 이젼에 박약ᄒ고 부패홈이 안암은 날로 날이 달으고 달로 달이 달으며 겨양ᄒᆞᆫ 도슈가 더욱 놉고 더욱 밍렬홈이 이 날 로 날이 달으고 달로 달이 달으니 의 퇴리 젼국 사람이 더욱 귀쳔과 빈부와 로유 가 업시 다 본 족속의 독립 통일흘 결심을 회포홈이 더욱 굿고 더욱 극ᄂᆞᆼ여 졍치 샹에 비밀히 운동ᄒᆞᆫ는 쟈 **비비히 다** 이러ᄒᆞᆫ지라 다 나아가에 학술 회의가

당시에 잇어 오히려 한덩홍지 못훈문몌라

이에 일쳔 팔빅 스십 류년에 의래리의 즁앙에 수닭 한 소리에 텬하가 밝을
긔툴이 잇으니 뙤에 곳 로마 교황 피아스 데구가 새로 즉위ᄒ니 피아스는
야심이 잇는쟈라 가만히 텬하의 풍운을 엿보고 빅여년 전 교황의 혁혁훈 권
력을 회복ᄒ여 리용코쟈ᄒ여 이에 감연으로 민망을 체결ᄒ여 졍례를 굿치며

의 태리

헌법을 반포ᄒ며 의회를 열어 빅셩으로 더불어 한갸지로 다스린다 셩칭ᄒ니
피아스의 말이 참 말이 안이라 비록 그러나 당시에 오래 디옥에 곤ᄒ여 뎐
을 갈망ᄒ는 의태리 사람으로 이 말을 속낙이 구티 듯고 자못 확쳘에 부어
가 물을 어드며 롱속에 새가 얼킴을 벗어 남 그티셔 뛰고 솟으며 분쥬히

삼국

로 경소를 울킈르며 셔로 말을 고ᄒ더니 굴치 안이ᄒ거놀 이에 인망

결

와 도를 의론ᄒ는 일이 잇어 피아스가 력졍ᄒ여

이 더욱 노파셔 교황 만셰 의태리 만셰 ᄒ는 소리가 문득 온 나라에 편만ᄒ니

젼

마시니는 진실로 깃거 안이ᄒ고 살덕니아 왕도 교황을 깃거 안이ᄒ지라 비

삼

록 그러나 그 조국을 사랑ᄒ며 동포를 구원홀 열심이 슌식간도 스스로 능히
억졔치 못ᄒ는지라 이에 교황에게 한 글을 썻셔 칙임의 즁대ᄒ으로 고ᄒ며

오십삼

그 힝홀의 효죵을 권면 ᄒ엿고 가리발디는 남아미리로부터 글을 올려 가

라대 교황 폐하여 그 옥히 폐하에셔 의래리 삼쳔만 동포를 위ᄒ여 쳥명코쟈

삼십 고리가 요란호엿고 대개 이제 이르러 가장군어 남미에 손 된지 흘흘히 섭 ᄉ
년이라 이 열네해 중에 조녀 삼인을 어더 문덕유랍 경부로 조차 오묘 되는
밧을 비러 쳐죽을 거느리고 몸소 가는지라 아 그러흔지 여려해라 그러나 그
간 뇽상고국 지 ᄉ를 모아 정신으로 서로 표련호며 쏘 리아 격륜과 오가이의
량 ᄎ 묘 젼 흠으로 동위 철마의 가운듸 분돌표 홀홀을 더 ᄒ 며 의 태리 국민의 탄
련 연 흔 륙군 학교가 되 니 이에 가장군 부하에 임의 아력산 대왕의 이르는 바
의 모군 디가 이박인이 잇 더 라 이에 일천 팔빅 ᄉ 십 칠년이 되 어 의 태리의 형셰
래 가 한번 변 ᄒ 엿더 라

걸 대 류 결 혁명 전의 형셰라

삼 당시 의 태리에 나라 사랑 ᄒ 눈 지 ᄉ 중에 셰 패가 분호 엿 으 니 그 일은 마서
국 니 패니 (가리 발 디 마 시 니 패) 젼혁 공화 ᄉ 샹 으로 새 국가를 죠직 ᄒ 고 자 ᄒ 눈
전 쟈 요 그 일은 가부 어 패 니 살 뎍니아 국을 빙 ᄌ ᄒ 여 그 뜻을 힝 ᄒ 고자 ᄒ 눈
쟈 요 이 박 게 다 시 한 패가 잇 으 니 일홈이 이 아 기 포 당이 라 로 마 교황을 후 디
ᄒ 여 련 합 ᄒ 울 젼 에 ᄒ 고자 ᄒ 눈 쟈 라 져 셰 파가 그 외국 ᄒ 는 열성이 한가지
요 그 의 태 디 민족의 일통 독립으로 복 텩이 한가 지 니 다 못 그 정 영이 달으
면 곳 그 슈 단 이 ᄉ ᄉ 로 부득불 달을 것이 오 그 슈단이 달으면 곳 그 당 셰가
ᄉ ᄉ 로 부득불 달을 지라 이 삼 ᄉ 가 누가 무 젼이 되 며 누가 원모가 될리오

의 태 국 삼 결 젼 삼십삼

눈지라 오호라 영웅의 감개홈이 엇더ᄒ리오 그 후에 리아격란공화 국이 가히 일우지 못ᄒ여 미국에 다시 오가이 정부가 애여스로 더브러 젼ᄒ는 일이 잇어 가리발디가 다시 도아 샹안니아 일젼 으로 오릇아 승쳡을 어더 문덕유랍부에 개가를 불으고 돌아오니 부하의 벅 셩이 환영ᄒ고 온 나라가 밋쳐 고자ᄒ나 쟝군은 공을 자랑ᄒ지 안이ᄒ고 ᄒ는 곳에 물러가 한 망명훈 고객졍샹이 된지라 이 때에 법국 슈스 대독이 그 노픈 의를 소모ᄒ여 문에 일을러 보기를 구ᄒ니 곳 뛰어간 패욱이 공후 를 견디지 못ᄒ고 죠불모셔한지라 촉불을 들지안이ᄒ거ᄂᆞᆯ 대독이 이샹히 역 여물은디 쟝군이 셔셔히 더답ᄒ여 가라대 복이 공화 정부로더불어 언약ᄒ고 일용홈ᄂᆞᆫ것을 공급홀새 우연이 랍슉의 군비를 이즘으로 능히 촉불을 들지못 ᄒ느니 죡하가 욕되히 염ᄒ매 쟝ᄎᆞ 마음으로 말홀것이요 반듯이 내낫을 보지 안이홀지라 ᄒ거ᄂᆞᆯ 대독이 슉연ᄒ여 군무경에게 말ᄒ고 이에 일빅 금으로 주거ᄂᆞᆯ 바다서다 난호아 군소의 죡속에게 대독에게 주고 오즉 쪽히 촉을 살 죳본만 남겨 두며 부인에게 말ᄒ여 가라대 대독이 지ᄎᆞ 음때에 쓸것을 예비홈이라 ᄒ니 슬프다 큰 사람이어 운홀에 학이나 죠양에 봉이나 비록 배 호고자ᄒ나 어타로 조차 배호리오 소죠경이 희샹에 거ᄒ매 윤긋가 임의 나고 전빅지가 강남을 바라매 모든 쎄

이십삼

국문홀새 두 손을 뒤로 결박호여 틀보 우에 달아 두 시간이 되매 긔운과 숨이 거의 끈어지고 소지가 얼음이 되어도 종사불굴호고 민양 피뿌리는 눈으로 한 번 당상의 사람을 훌겨보매 맛춤내 강도 살인죄로 명홍여 옥에 더져 두 달을 지낸지라 다시 옥에서 도망호여 리아격륜에 돌아와 지초 군을 항거호여 향호는 뒤 마다 유공호지라 비록 그러나 이애 이룰어 가리발다가 아홉 번 죽을디경에 맛난지 임의 삼회라 고금으로 종국과 외국에 소긔나 쇼셜에 긔지호 바를 지내어 보매 영웅의 환란 당호 일이 경심락빅호 자 족히 리 대알일수 업스나 스스로 환란에 들고 스긔나 지삽초를 다 가장군 갓른 이가 잇지 못홍엿으니 장군은 자못 환란으로 으히들의 회롱을

삼 국 걸 전

삼앗도다.

가장군은 또한 다정호 호걸이라 두 해 전에 일즉 오가이 국의 펑파스 번 들에 잇어 길을 일코 쥬져호더니 문득 한 가인을 맛나 쉬어 잘을 더홀새 위호 여히랍 국쳔쳘 하마의 옛 노린를 부르거눌 장군이 뉫기는 소상이 잇어 일즉 회포를 버라지 못호는지라 이제 기연으로 항례를 일우나 곳 졀대호 녀호걸 마니라 부인이라 이후 가장군이 고국에 요병할쌔 만스 일싱 호는 가운뒤 립홍여 쌈 효로는 말의 슈고로옴을 돕는 쟈라 뎐인의 류락호 몸이 풀은 으로 불근 얼골을 맛나니 죠물이 졍이 잇어 봄 긔운으로 겨울마음을 고

일섭삼　젼걸삼국　리태의

을 용납지 못홀지라 비아룬은 맛춤내 뜻을 품고 길히 가는지라 한 스관이 바
다 다도를 펴서 가장군에게 보이며 지휘호기를 빌거늘 장군이 손을 능히 동
호지 못호고 입으로도 능히 말호지 못호매 한 방울 눈물을 다도 가운디 상
득 비의 졈에 뿌린지라 스관들이 그 뜻을 깨돗고 이 항구를 향호여 배질호니
표약호지 십구일 만에 겨가 항구에 달호여 치료호더가 타일에 친구에
게 말호여 가라대 내가 죽기를 앗김이 안이라 다만 내가 간담을 본국 토디
에 뭇고자 홈이오 비아룬파 그러 수즁에 장소호기를 달베 안이역이 노라 호
니 슬프다 이 말이여

하늘의 태리를 위호여 큰 사람을 내시매 엇지 맛당히 의태리 나라를 셰
우자 못호여서 앗으리오 가장군아 가이가 항구에 유호지 여셧달에 의약에
효혐이 잇어 졈졈 편복이 되는지라 그러나 가이가는 터젹의 셩이라 스스로
돌아 보건디 이 몸이 임의 사로잡혀 가친 쟈와 뭇고 배는 관형의 젹물이 되
엇스며 동지쟈는 다 표박을 당호엿는지라 곤궁호 몸이 또한 쵸석을 가히 총
양홀수업스매 일일은 이에 말을 채질호여 금히 도망호기를 성각호여 한 산
림 속에 들어가니 인마가 함께 피곤호지라 풀을 의지호여 조금 쉬더니 짜르
는 탐졍이 뭇듯 이를어 사로잡힘을 입어 혹 주먹이로 담아 말우에 엮어 싯
고 추십리 되는 못을 건너 다시 가이가 장관의 쑬 알에 가둔바 되어 엄호게

십삼 져 두어 거울 가운디 빗난 털과 안쟝 우에 불기 살아 차탄훈 세월을 엇지
숏을 위로호리오 져 창창훈 쟈 가히 훈가훌 영웅을 불상히 역이는지라 무단
히 리아겨난 공화국의 독립을 창긔호여 파셔 뎨국으로 더불어 긔견훈 일이
나니 호협호여 긔운을 숭샹호는 가쟝군이 이미 동병샹련홈으로 다시 싸홈
울 보고 마음이 깃버호여 져가 배 사람의 아들로 십여년을 학샹에 셩쟝호엿
으니 배 부리기를 말 타호여 일즉 능훈 져조를 갓촌지라 이에 열 두 사람
을 거느리고 가벼운 배를 타고 파셔의 한 군함을 앗어 웅거호여 독립군을
위호며 응원호매 여러 번 싸화 승쳡호엿으니 이 열 두 사람은 다 외태리 망
명훈 지소라 가쟝군으로 더불어 셩스와 환란을 한가지로 호는쟈라 하로는
어느 항구에 배를 다엿더니 익일 아춤에 큰 안개가 하늘을 막아 지쳑을 불
변호더니 문득 두 도젹 배가 잇어 그 겻레 다이고 소리질러 속히 항복호라
호매 드듸어 대포를 노하 급히 치니 이 열 두 사람즁에 유명훈 비아문이라
는 쟈가 방포응젹호매 빅발 빅즁호니 뎍병이 바다에 싸지는 쟈 무수호더라
맛춤 탄환이 이마를 맛쳐 싸에 업들어지거늘 가쟝군이 아페 가서 구원호다
가 쏘한 탄환을 마자 엎들어지는지라 배를 굴려 급히 도
망훌새 배가 닷 션어진것 구타 히샹에 포류호니 다리도 밧지 못호매 방침도
실치 못훈지라 이 때를 당호여 가리발다의 죽지 아니홈이 사이가 능히 한털

가심히 긴홍지라 흥샹 외퇴리 빅셩의 압제 등호는 고로옴과 즈긔의 푸부홈
바로 눈관에 그 글을 팔는것을 호쇼호여 흥샹 의퇴리의 국졍과 유롭아 렬국
이의 퇴리를 딕호는 도리를 발명호는지라 영안아 듯고 크게 감동호여 이후
에 가부어 일등호는 경칭이 크게 격란스돈의 찬죠를 어더 일우기에 일울엇
으나 가히 마시나의 십년 류락호여 세져 줌이 안이라 호지못호리로다

태의

데오졀 남아머리의 가리발디
가리발디가 이미 벅국에 용내홈을 보지 못호여 냅교낸은 온 유롭 싸에 탁신홀
곳이 엄서 이에 표연히 칼을 비겨 멀리 남아머리에 도망 호엿으니 이러케
지내어 유롭의 흠을 밧지 못호지 십스년이라 이십스년 동안에 쏘한 가장군
의 한 턴연흔 학교가 창리의 하놀을 둘을 수업의 언습장이 되엿으니 가히과

국삼걸젼

록지 안이호지 못호리로다
십년에 한 칼을 갈아 서리 그른 날을 일죽 시험호지 못호엿도다 온 셰샹사
이에 사람이 누가 불편호 일이 잇느뇨 호엿으니 쳔고에 큰 협사가 왕왕히
머리 털을 헷치고 이웃 싸홈을 구원호며 칼을 때쳐 깁혼는 사람을 돕
는지라 대개 그 지셩의 더운 피가 챵즈 속에 울덕호여 한번 대졀으면 곳발

구십이

흠이 그러케 흐려 고호여 혼바가 안이요 대개 이것이 안이면 질거히 흘것이
업는지라 룡을 잡고 범을 더지는 가리발디로 일죠에 가히 고향 만리박게 더

팔십이 통찰하며 정신을 차려 은밀훈 혁명가로 방척이 여일하니 왕고리금에 그 비흠 디를 보지못하겟도다 그 지은 글을 지금에 모든 정치에 유지하여 비밀히 결 사쟈가 반들어 침셔 즁에 큰 비결을 삼아 그 제를 어더 뜻을 달훈 쟈 모도 몃 멋인지 아지못하는지라 쳔 팔빅 삼십 륙년에 다시 셔스 정부의 용납혼바가 되지 못하여 힝락이 류리하여 겨우 죵리에 국스법을 쪼지 안이하는 쟈 영국 의에 발을 부려 쳔 팔빅 삼십 칠년 이후로부터 거흠을 뎡하엿으니 영국은 마

래 시니 이에 돌재 고향이러라 나라 가기가 더욱 멀고 오는 날이 더욱 어려은

국 지라 한 나라에 마지 못하여서 한 몸의 젹은 도젹이 또한
삼 분답히 일울어 오니 큰 도젹과 싸홈이 기한과 싸화 삼슌에 구식하고 십일에
걸 옷이라 시표를 면당하고 외투를 면당하여도 오히려 족히
뎐 당치 못하여 최후로는 이에 한 보관을 빌어 글을 팔아 싱활을 삼으나 그
러나 오히려 날날히 분쥬하게 불으고 불러 피와 눈물을 화하여 져슐하기에
죵스하며 다시 새로 한 당을 조죽하여 일흠을 쇼년유롭아라 하고 박그로 타
국의 졍을 통하며 안으로 동포의 바람을 매어 이구타 흔지 또 십년이라 대
개 십년 가운디 그 국민의 교유하는 쥬의가 이에 비로소 크고 완젼훈지라
이 뒤에 비단도 짓고 차도 의뒤리의 뿌리가 이에 비롯 하엿도다
마시니 임의 영국에 머문지 오래매 일홈난 승상 격란사돈으로 더불어 교제

총기를 생각ㅎ다가 문득 법국 슌스에게 잡혓다가 밤이 깁고 사람이 고요홈

을 기드려 가만히 다섯 간 되는 집에서 뛰어 나려 산 깁흔 슈풀 속에 숨

어 이틀 동안 밥을 굼고 마소텬에 달ㅎ여 우연히 신문을 한 번 보매 곳 조

긔의 성명이 임의 소형을 밧아 선고되엿지라 그러나 오히려 모든 동지로 더불

어 소식을 뭇고 두 번재 일ㅎ기를 도모홀새 쯧이 조금도 쇠공지 안이ㅎ더

라 이색는 일천 팔백 삼십 이년이니 마시니는 이십 칠셰요 가리발디는 이

래 십 오셰요 가부어는 이십 삼셰러라

그러나 당시에 호랑과 샤갈의 유롬 렬국으로 만방일치되엿으니 우리 괴운이

장ㅊ 궁ㅎ매 련다가 비록 크나 어느곳이 가히 의태리 혁명 영웅의 몸을 가

우려 용납ㅎ고 일천 팔백 삼십 삼년 팔월에 법국이 살덕나아 정부의 요구홈

으로 마시니를 디경 박ᄭᅢ 좃차 내매 이에 셔스국으로 가서 몸을 숨기니 이

때 부터 십여 년을 갓치고 사로잡힌자와 구티 지내는지라 졍탐을 피ᄒᆞ며 살

히를 피ᄒᆞ여 검검훈 두 옥 가운듸와 처량훈 등잔 알에 숨으매 쥬야에 강개

흥을 익이지 못ᄒᆞ여 조히를 펴고 붓을 싸나 그러나 가슴속에 쳔길이나 부터

이 올나가는 불길로 글을 저술ᄒᆞ여 의론을 초출ᄒᆞ매 하늘을 가르치고 쌍을 마

셔서 명세ᄒᆞ여 방칙을 각 다방에 흐터 그 동지자들을 지휘ᄒᆞ는지라 슬프다 마

시니는 장례ᄒᆞ며 진실ᄒᆞ며 광명ᄒᆞ며 뇌락훈 한 남조의 심모원려로 경위를

칠십

육십이 울 잡아 언론에 풍치가 나는지라 이에 비로소 그 본뜻에 마시니라 호는 사람이 잇음을 알고 그 한 글즛에 한 눈물로 지은 격문과 한 몽치와 한 소리로 불으는 신문을 차자 읽을새 곳 크게 쎄를 도모호여 이에 결단호여 전장의 업을 버리고 마시니를 마스련에 차자 큰 쎄를 도모호여 두 사람이 서로 당호여 보

의태 매 말호는 바는 쇼년의 태리의 력력과 그 목덕에 지내지 안이호니 범범히 문답으로 한 저녁을 말호는지라 서로 이별을 때에 일올어 마시니가 사람드려 말호되 내가 가리발디를 보매 나의 집이 가벼이 감호엿다 호고 가리발디도 또한 사람드려 말호되 내가 마시니를 보매 그 쾌홍이 고롭호가 새

삼국 리 아미리가를 차자 어들 때 보담 더욱 죠흡이 잇다 호더라 이후로 부터 두 영웅이 손을 잡아 반기나 반도의 풍운이 땅을 거더오더라

걸 마시니가 아이발(살뎍이아의왕)의 족히 더블어 뎃흐지 못홀것을 보고 이에 가리발디와 동지샤로 더블어 쎄를 덩호고 큰 제소 지내는 밤을 타서 일올 이르켜 살덕이아 정부를 격구러 트리고 왕을 옷차 내여 오국 굴레를 벗으려

전 호다가 붕히 일이 누셜되어 당뉴가 혹 잡히며 혹 도망호지라 가리발디는 변 나올듯고 급히 도망호여 한 떡 파는 집에 들어가 숨기를 구호되 쩍쟝 소의 쌱이 분샹이 역여 옷을 주어 밧고아 입히고 밤에 달아 나게 호는지라

십일 만에 거우 고향 집에 일을어 한번 조천에게 고호여 이별호고 다시 도망

의 정치와 종교와 교육과 농공상 각 소업을 살펴 장릭에 나라 다스림의 쓸것을 갓초는지라 대개 가부어가 농사와 람으로 스스로 숨은지가 모도 섭
태 류년아라 십륙년의 광음이 가히 오라지 안이ᄒ다 못홀지라 십륙년 안에의
리 틱리의 소변이 오쪽 젹지 안이ᄒ니 비룩 그러ᄒ나 저가 슬퍼 안이ᄒ고 동쳐
 안이ᄒᄂ지라 대개 그 음즁에 일즉 스스로 주장홈이 잇어 졍호 지식과 졍호
국 학력이 셔르에 능히 앗ᄭ지 안이 홀 바니 가부어ᄂᄂ 진실로 참고 견딕ᄂᄂ 힘이
삼 울너 보면 못 엇더ᄒ겟ᄂ뇨

걸 뎨소절 미시니와 가리발디의 망명
젼
 마시니가 네 침을 당ᄒ매 법국 마사련 져쏘에 도망ᄒ여 한 신문샤를 스스로
오십이 셜시ᄒ고 곳 그 당명으로 일홈ᄒ여 가라대 쇼년의 틱리라 ᄒ고 그 놉히 슝상
즉 ᄒᄂ고 슌결한 리치의 소상과 널니 통ᄒ고 크게 넉넉한 학식과 죵횡활달한 문
 스로 뜨너온 피를 붓 ᄭᄭ 데 ᄲᅮ리어 큰 ᄭᅢ를 덥더 ㄴ 간에 젼국에 지ᄎ
그 가 응ᄒᄂᄂ쟈가 구름 일어 나고 물 솟아 나듯 ᄒ더라 이ᄭᅢ에 가리발디ᄂᄂ 한
패(선소문자ᄂᄂ 셔션쟝이 되어 쟌스탠트노풀(토이기 셔울)로 항ᄒᄒ ᄂᄂᄉᄅ ᄒᄂᄂ 셔션쟝이 되어 쟌스탠트노풀(토이기 셔울)로 항ᄒ홀새 ᄲᅢ 가운대서 한 션소 문
 무리로 더부러 실샹을 힝ᄒ더라)의 법국 사람을 서로 보고 강개히 팔

삼 걸 전

스십이 걸으는것과 다른지라

저가 또 이번 틈을 타서 두로 영법 모든 나라에 유람하니 대개 저가 이의 쟝리에 지샹 자품으로 곳각 나라 졍치의 실샹 졍황을 살핌이 가히 연숙지 안이ᄒᆞᆫ지 못ᄒᆞᆯ지라 영국에 이를어는 (Coheden) 갑덴으로 더불어 가장 친ᄒᆞ엿고 그 법국에 이를어는 (Giuiyrt)귀소트로 더불어 가장 죠하ᄒᆞ엿는지라 갑덴의 죠유 사샹파 귀소트의 보슈쥬부ᄒᆞ는 졍신을 저가 다 능히 마음에 맛ᄒᆞ는지라 또 여러번 영국에 가서 국회의 방텽 자리에 참예ᄒᆞ여 당시에 크게 감동ᄒᆞ여 처가 격란샤돈과 비강샤불등의 언돈을 취ᄒᆞ여 더욱 그 죠유ᄒᆞ는 졍치의 왕잇어 이로부터 영국의 졍치에 마음이 취ᄒᆞᆫ것과 교를 죠유로 밋는것과 로ᄉᆞ의 루초 셩입ᄒᆞᆷ으로 돌아가 비록 셩음을 흠앙ᄒᆞ고 모든 썩아드는 법을 기뎡ᄒᆞᆫ것과 로ᄉᆞ의 루초 셩입ᄒᆞᆷ으로 돌아가 비록 예를 젼혀 폐ᄒᆞ는 것들은 썩아드는 법을 기뎡ᄒᆞᆫ것과 교를 죠유로 밋는딕 돌아가 비록 쳬령탄의 영걸ᄒᆞᆫ 일홈으로 오히려 능히 당시 벅셩의 긔운을 압졔치 못ᄒᆞᆷ을 보고 곳 쳥샹을 쳐며 쾌히 소리ᄒᆞ여 가라대 울도다 우리의 틱리국 민의 졍신도 ᄯᅩ한 불가불 이를 반역을 삼을지라 이졔 오히려 죵이 되엿고 이졔 오히려 결박을 당ᄒᆞ엿도다 이로부터 가부어가 영국을 슝비ᄒᆞᆷ이 텬하에 들이는지라 비록 그러ᄒᆞ나 저가 쟝황ᄒᆞ는 바도 업고 텹진ᄒᆞ는 바도 업스매 부지런이 다시 영국의 **문명과 학업을 연구ᄒᆞ여 죠샹히 영국**

25

글을 보내어 조상하는 쟈가 잇어 흘만한 몸으로 당셰에 미음을 밧아 산야에 늙는것을 가셕히 역여거놀 가부어가 희롱으로 디답하여 가라대 일을 가히 알지 못할지니 하날이 만일 공의 넌셰를 빌려 쥬시면 기드려 달은 날에 가부어가 오릇이 의퇴리의 져상이 될 째를 보라 하니 슬프다 큰 사람의 스스

의
로 명하교 스스로 미듬이 이긋든 쟈가 잇도다

태
리 대개 변도 잡고 되기도 잡는되 다 온젼한 힘을 쓰는 호걸이라 져가 려 가부어의 농스하는되 숨는것이 한갓 숨는것만 안이오 참으로 농스를 하엿느

삼
애서 비로소 일을 하여 갓가은 이웃 모든 싸에 선지 법과 무쟈위를 만드는 되 그째 화륜션을 짓는 것상
호고 부조런이 만이흠이 업시 몸으로 쳔히 일을 등하는 새 량흠
으로 부터 도모지 슈츅하며 개쳔을 등하는 지라

걸
번이 새로나매 이에 몬져 치용하여 매아리의 호슈 우에 물건을 운젼케 하여
일레로 디방 법셩의 일을 다 간셥하며 쳔쟝하고 드딕여 히특문에 가쟝

젼
농스하는 회샤를 셜립하매 쵸졍애 은힝을 챵셜하여 날로 신고흠이 잠시도
편히 거늘지 못하는지라 대개 갑부어의 멀리 알므로 일즉 유톡 회샤에셔 본

삼십이
바가 잇어 반듯이 한번 크게 변혁하여 산업을 흥계흠이 진실훈 근원이 잇는
지라 그런고로 몬져 그 릭셩을 인도하여 이에 익히고 져가 그 후에 이 나라
일을 당할 쎠에 능히 들어 쓰는것이 큰 셩션을 삼은 쟈가 겨은 셩션을 미리

이십이

이엇지 내게 잇지 안이ᄒ리오 오날 이러ᄒ에 거ᄒ여 오즉 큰 말로 셩패도
도라보지 안이ᄒ고 리해도 성각지 안이ᄒ여 의를 베프는 것이 심히 놉지 안
이치 안이ᄒ나 그러나 업이란 것은 괴필코 일울 것이니 괴필코 일울 것이
엇지 도만 미드리오 대개 셰도 또한 가히 안이 쓰지 못홀 쟈가 잇는지라 그
런고로 가파나리의 오합은 무리와 셰 업는 군스는 넉넉ᄒ나 지혜와 힘이 쪽히 못
져 쇼년의 뒤리는 또한 지극한 셩의는 넉넉ᄒ나 지혜와 힘이 쪽히 견지지 못
홀가 념려ᄒ여 내가 성각ᄒ고 오날의 퇴리 여러 나라 가운
티 셕셜리와 이파스와 로마와 달스가이와 윤파덕가든 싸으로 다 빙쟈ᄒ
여 큰 업을 일우지는 못홀지라도 가히 홀만훈 쟈는 우리의 죵룡 되는 나라
삼덕니아라 비록 그 ᄯᅡ가 좁고 무리가 젹어 쥭히 유롭에 경ᄒ고 즁훈 든 안
이ᄒ나 만일 잘 쓰는 것은 엇지 사람에게 잇지 안이ᄒ리오 살덕니아는 진실
로 내 일심의 츌츌 싸이라 이는 가부어의 ᄯᅳᆺ이라
가부어의 ᄯᅳᆺ한 바는 임의 이애 잇고 져기 잇지 안이 ᄒ니 그 츌츌 쌍에 쓸
셰로 잘 쓴죽 엇다ᄒ리오 져가 스스로 몸이 귀족에 반렬 되어 한번 뛰어 지
샹이 됨이 자못 어렵지 안이훈 일이로디 이제 혐의로 귀양 보냄을 입으니
만일 스스로 증계ᄒ지 안이ᄒ면 한갓 이 괴틀을 일흘지라 찰알아 스스로 숨
는 것이 달은 날에 타가 될지니 맛당히 돌아 가셔 포면을 갈지라 그 친구가

의 달음 안이라 능히 그 나라 사람으로 ᄒᆞ여금 반듯이 죽을 뜨ᄉᆞᆯ 품어 그 나라
대 를 갑고자 ᄒᆞ여 곳 농ᄉᆞᄒᆞ는 빅셩과 장ᄉᆞᄒᆞ는 빅셩을 연습ᄒᆞ여 다 졍예ᄒᆞᆫ 군
리 ᄉᆞ가 되어 당뎍ᄒᆞᆯ 수 업게 ᄒᆞ엿으니 져는 엇더ᄒᆞᆫ 사람이며 나는 엇더ᄒᆞᆫ 사람
삼 이랴 우리의 퇴리가 이제 비록 극히 약ᄒᆞ나 빅셩의 분발ᄒᆞ는 긔운이 일어나
긷 가히 쓸만ᄒᆞ게 될지라 내가 장ᄎᆞ 거나려 내 죠샹 반비의 큰 공을 싸르고 우

전 리 ᄉᆞ과해 로마의 빗난 **영화**를 회복ᄒᆞ여 오법 두 나라를 쳐서 억졔ᄒᆞ기가
어렵지 안이ᄒᆞᆯ줄을 미들지라 ᄒᆞ니 이는 곳 가리발디의 **뜻**이라 마시니는 이
와 다르니 학문과 리치를 싱각ᄒᆞ는 사람이라 말ᄒᆞ기를 혁명을 ᄒᆡᇂ고자ᄒᆞ죡
불가불 혁명의 씨를 뿌릴 것이오 문명을 ᄒᆡᇂ고자 ᄒᆞᆫ죡 불가불 문명의 집을
싸하야 ᄒᆞᆯ지라 그런고로 맛당히 근본을 국민의 졍신으로 세워 흔들리도 안
이ᄒᆞ고 굽히지도 안이ᄒᆞᆯ 도덕의 마음을 길으며 죽은 후에야 말리라 ᄒᆞ는

원혼 긔운을 고동ᄒᆞᆯ지라 ᄒᆞ니 이는 곳 마시니의 뜻이라 가부어는 두 호걸로
더불어 연구ᄒᆞ미 달으니 말ᄒᆞ되 오날은 피ᄒᆞ는 시터라 긔운으로 한 셰샹을
덥던 나파륜도 셩긔연과 (나파륜의 죽은 쌍) 외로온 셤의 귀신을 면ᄒᆞ지 못ᄒᆞ

일십이 엿으니 쏘 긔운으로만ᄒᆞ면 나파륜과 달은 사람의 도음을 미더 되리오 련하에 대뎍
은 **진실**로 뎡긔의 **맛당ᄒᆞᆫ** 바요 **인도**의 응당홈 바라 그러나 아 도와 이 긔운
만 될 싸름이라 내가 **혐을** 밋게 달음이 잇게 달음이 잇게

십이

이 터리 사람이 남아 된쟈는 한아도 업다 ㅎ 는지라 졍부에서 듯고 곳 륙군부에
명 ㅎ 여 이를 금 ㅎ 니 치 나 아와 쇼령 두 싸에 살기를 허락지 안이 ㅎ 고 드 듸 어
궁벽 한 고을로 귀양 보 내어 파특 셩 에 토목 감독을 삼으니 한 해 를 거 긔서
살 매 앙앙히 질 거 안이 ㅎ 고 곳 관을 벗어 걸고 가 는 지라 그 스 긔를 보 는 쟈
칙을 덥고 한 번 셩 각 ㅎ 건 딕 가부어의 가 는 것이 쟝 ㅊ 어 딕 로 가리오 그 혁

의
명당으로 들어 가지 안이 ㅎ 면 곳 졍 부 당으로 들어 갈 싸 롬이라 가부어의 마
태
음에 홀로 가 는 곳이 심 샹 ㅎ 사람은 능히 성 각 ㅎ 여 알 지 못 ㅎ 을 이로다 슬 프
리
다 즁국 한 나라 환 령 두 인군이 나라 법각을 일으 매 수 히가 슷의 물 샬 롯

삼
ㅎ 여 여러 영웅이 다리를 문지르고 팔을 들어 일어 남 즈 음에 졀 듸 히 큰 사

걸
람 졔 갈 양 은 이에 몸 소 남양에서 밧 갈 고 법국의 혁 명을 당 ㅎ 여 온 유롭이

젼
호 터 진 삼 대 구터 호 걸이 벌 ㄱ 티 일어 나 고 물 ㄱ 티 솟아 날 쌔에 졀 듸 히

큰 사람 가부어가 이에 려리에서 포 뎐 을 갈 앗으니 예 로 부터 큰 업을 일우
고쟈 ㅎ 는 쟈 는 마 음에 길 으는 바가 반 듯이 잇스니 슬프다 그도 또 한 가히
스 승이 될 지로다

대 개 가리 발 다는 군인의 즈 격이라 그 슷의 이르 되 져 가 식 가 (나파 륜 의 난 땅)
의 영웅은 법국의 위 급 한 존망 의 쌔를 당 ㅎ 여 능히 만 번 불러 턴 하를 헷치
고 안으로 뇌 란을 평 ㅎ 며 박으로 아보오의 세 큰 도젹 나라를 당 뎍 ㅎ 엿으니

21

년의 무리의 복덕과 의태리를 구제하는 데 잇어 공화 정부의 알에 통일할지라 그 방법인즉 교육과 폭동이요 그 표하는 말인즉 런서와 인민이요 기치는 곳 한편에는 독립과 통일이란 글주 모양을 쓰고 한편에는 주유와 평등인정이라는 글주 모양을 쓰엇더라

의 태 리 결 사 전

달류의 태격이 임의 서매 응하는 자 소리함과 구티 학성들은 학성으로부터 오고 청년들은 청년으로부터 오매 그 결합됨의 속하 힘이 거의 전고에 일즉 잇지 못하던 빈려라 그때에 가리발디는 바야흐로 일으나 느 즈나 황황하여 잇는 닷 듯 그든 자들을 모집하더라 맛춤 쇼년의 뒤리의 한 당파 사람을 맛나 이에야 비로소 셰상에 마시니라 하는 자가 잇어 그 뜻한 바와 일하는 바지라 정히 조크로 더부러 그름을 알고 크게 깃버하여 곳 몸을 더저 회에 드는 가부어는 당시에 가리발디가 이는 것을 아지 못하지라 자못 마시니라 듯고 모혁 보기를 원하나 그 긔회를 엇지못하더라

대삼졀 가부어의 몸소 밧울 간일

구십 그 때에 가부어는 엇더하엿느뇨 법국에 두번재 혁명이 일어나매 마시니와 가부어 두 호걸이 진실로 옷깃을 설치며 팔을 거더 한번 쾌히 설치하고자 하는지라 가부어가 또한 쇼년의 성혼 긔운을 능히 스스로 억제하지 못하여 일즉 여러 모힌 좌중에서 통분히 살덕니아 정부의 고치지 못함을 꾸지저 의

팔십

하로를 일즉ᄒ면 하로의 리로음을 어들지라 비록 그러ᄒ나 외국을 살피는 졍략을 쓰고 타국의 졍부에 구원ᄒ믈 비는것이 이 마시니의 허락ᄒ는 바가 안이라 그 말에 가라대

연락을 쥬의ᄒ쟈는 의뢰ᄒ는 용렬ᄒ 셩품에셔 발ᄒ여 의태리로 ᄒ여금 그 쟈격을 셰계에 일쾌ᄒ는 쟈라

마시니의 무리가 이러ᄒ 쥬의로 인민에게 젼파ᄒ여 ᄲᅡᆯ리 불으고 강경히 이르매 목스와 신부의 교를 젼ᄒᄃᆺ기ᄒ는지라 비록 그러ᄒ나 져들이 힘으로 갓박히 인민의 ᄯᅳᆺ을 옴기고쟈ᄒ는 쟈가 안이라 하로 날 만일 나라 빅셩의 동일 ᄒ는 업을 일우면 곳 엇더ᄒ 죵류의 졍부를 응ᄒ여 셰워 한번 국민의 스스로 갈임을 맛김이 마시니 당의 ᄯᅳᆺᄒ는 바 그 모임 가운ᄃᆡ 강령에 이르대

우리 당이 나라 빅셩의 표를 더져 셰운 졍부에 되ᄒ여 그 형식이 엇더ᄒᆷ을 물론ᄒ고 다 마음에 달게 그 아페 졀ᄒ기를 소양치 안이ᄒᆯ지니 대개 공의를 복죵ᄒ는 쟈는 진실로 사람 마다 응당 직히는 의무라 이 우에 쓴 바는 동편 비늘과 셔편 손톱이 비록 말은 샹셔롭지 안이ᄒ나 ᄯᅩ 한 가히 쇼년의 태리의 강령과 지취를 대강 살필지니 그 마음을 고로게 ᄒ여 경영ᄒ는 사람의 학식과 지략을 ᄯᅩ한 가히 알지라 다시 언약ᄒ 말에 쇼

의 래 리 삼 걸 전

이라 그 슌결호 리치의 소샹이 빙셜 보담 맑고 그 졍일호 감졍이 운쇼 보담
노프니 마시나는 엇지 한갓 호걸만 되리오 진실로 셩현이라 져가 이에 그
미든바를 벙거호여 의회의 강령을 뎡호여 가라대
쇼년의 뒤리는 의래리사람 가운듸서 걸음을 나아 가는 의무를 미더 확실
히 우리 의태리가 하놀이 쥬신 한 나라 박셩 쟈격이 된 모든 한 뜻가
진쟈가 모혁 일운것이니 이 회에 드는 쟈는 한 졋유로 평등 됨과 독립
졋유호는 의래리를 두 번재 셰우는것으로 목뎍을 삼는지라 므릇 이 목뎍
박게 잇어 소샹과 동쟉홈은 다 즘셩이니 일로 마음을 결단호여 이에 회를
조직홈이라

걸 이 목뎍의 달호는 방법은 곳 가라대
피육과 다못 폭동홈이 아울러 일시에 힝훈지라
이두 일로 합호여 한 몸이 되는것은 가히 긔이훈 일과 긔이훈 글이라 비록
그러하나 지식 기픈 쟈가 잇어 진실로 그 연고를 싱각호면 쳑샹을 치고 셰
번 탄식호기를 금호지 못홀지라 온 셰샹이 공번되이 원슈로 뒤뎍호는 오대

칠십

리를 디경 박게 물리치고쟈 호는 권리를 거두어 조리 기는것이 그 예일 되는
착슈라 져가 비린 바람과 피가 비 오듯호는 젼졍의 참혹홈을 슬퍼호지 안이
치 안이 호나 그러나 진실로 마츰늬 가히 피치 못홀지니 임의 그 파멸홈이

륙십 의래리국삼걸젼

니 이럼으로 화ᄒᆞ여 협동ᄒᆞ는 실상을 엇지 못ᄒᆞ지라 그런고로 마시니가 이 큰 업을 일우고자ᄒᆞ여 몬저 나라 빅셩을 교육ᄒᆞᆷ으로 독립ᄒᆞᆯ 의리의 힘 씀을 삼느니 그 교육ᄒᆞ는 법이 웃듬에 잇어 당시에 썩고 패ᄒᆞᆫ 종교로 더불어 싸홈이 된지라

마시니 ᄯᅩ 가라대 오날의 큰 문뎨는 종교에 잇는 뎨목이라 져 물론을 잡은 쟈 일으되 너의 신고ᄒᆞ고 쥬션ᄒᆞᆷ을 허비ᄒᆞ여 한새 나라 셰움을 구ᄒᆞ매 찰알히 옛 것을 두어 곳처 고 변혁ᄒᆞᆷ이 업스면 진실로 오죽 새로히 빅셩을 편케ᄒᆞᆷ이 비록 난호고 씨스기어도 무엇이 해로으며 비록 항복ᄒᆞ고 부쳐도 무엇이 해로리오 ᄒᆞᄂᆞ니 이런 의론을 ᄒᆞ는 이는 종교에 되ᄒᆞ여 그 놉픈 텬샹에 직분을 내쳐 바리는 쟈니 나를 어르만지는 쟈는 무론 엇던 졍부던지 달게 역여 복죵ᄒᆞ고 능히 나를 구원ᄒᆞ는 쟈는 무엇 던 방법이던지 다 응ᄒᆞ여 허락ᄒᆞ는것은 가히 눈 압페 잠짠 고통을 구원ᄒᆞ는 쟈로 무른 엇던호 약속이던지 다 즐거히 맛는것은 사람의 도가 잇으니 가라대 이런고로 맛당히 알것은 이 김을 엇고자ᄒᆞ는 쟈는 다만 한 도리가 안이라 몸을 버리고ᄯᅡ름이요 ᄯᅩ 가라대 눈 아페 즐거운 리육을 버릴것이요 물건 우에 잘거은 리육을 버릴 ᄯᅡ름이니라 이 일은바 마시니 오죽 마음에 식론한 종교요 이는 마시니의 교육ᄒᆞ는 졍신

의 학슐이 업스며 이를 버린 외에는 죵교가 업스며 이를 버린 외에는 빅셩도 업느니라

태셔양에 어진 쟈의 말이 잇스되 졍스 다스리는 것이 세 가지 명의가 잇으니 그 말이 가쟝 간략ᄒᆞ고 가쟝 졍미로운지라 가라대 (of People)뎨일의 뜻은 나라는 인민으로 된것이요 (For People)뎨이의 뜻은 졍부는 인민을 위ᄒᆞ여 셰운것이요 (By People)뎨삼의 뜻은 나라 일은 인민으로 말미암

국리아 쳐치ᄒᆞ는 것이니 졍치의 졍훈 리치가 아 세 죠건 밧에 다흔지라 만일 님군이 올체 다스리는 졍태는 빅셩에게 사나온 졍스를 베프던지 챡흔 졍 스를 베프던지 의론홀것 업시 다 (To People)인민에게 물어 쳐ᄎᆞᇰ에

삼지나지 안흘 싸름이라 의론ᄒᆞ는 쟈 별로히 그 근본을 살필것이 안이요 좀 국예 션비의 말흔바 어진 졍스라는 것을 들어 져 셔양의 오날 졍치에 비

걸ᄒᆞ고쟈 흘진되 그 일허버린 분간이 멀도다

견마시니의 마시니 된 바가 이에 잇는지라 그러ᄒᆞ나 가파나리당의 실패흔 바 의 근원이 오히려 이에 근치지 안이ᄒᆞ엿고 져들의 가쟝 결핍흔 바는 화흔

오십마음으로 셔로협동ᄒᆞ여 운동홈이 업슴이니 화흔 마음으로 협동ᄒᆞ는것이 뎨일 긴요흔 의라 져들이 한 졍치의 목 슘을 돌아보지 안코 일우기를 도모ᄒᆞ는 강령이 업스며 한 밋고 바랄것이 업스며 한 놀고 먹는되 리치의 셩각이 업스

전 걸 삼 국 리 태 의   소십

그 귀먹음이 막운것 구티 흥매 수빅만 의태리국 인민이 그 귀 기 우리기를 우레와 구티 흥더니 이 엄흔 명령이 한번 나리매 온 나라가 바라는 것을 일코 서로 거느려 쇼년 의태리에 드는쟈 수쳔으로 졔알지라 마시니가 더 욱 나라 사랑하는 뜻잇는 션빅의 즁심졈이 되더라 쇼년 의태리와 가파나리가 달음은 저는 다 헤쳐 업시 호기만 쥬의호는 쟈요 이는 힘을 싸하 파기를 쥬의호는 쟈니 져들은 관리와 학졍을 미워호여 당시에 젹은 졍부로 더 붓어 업시홀듯 셔지 안이호기를 밍셰호니 그러호즉 저 들은 다만 파호여 업시홀듯 뿐이요 다시 건셜홈은 업는 쟈라 마시니는 파호기를 쓰리지 안이호나 그러나 파홀것은 다시 건셜홈을 위호여 파호는 쟈니 진실로 파호여 버리기만 위호여 파호는 것이 안이오 쟝ᄎᆞ 파호여야 홀것인고로 파홈이나 엇지 파호기만 흔다호리오 또한 파호는 소업을 잡아 능히 일울지니 쇼년 의태리의 목뎍이 실샹 여긔 잇는지라 이에 우리가 아 름다온 사람 마시니는 져 야만의 셩질로 졍부만 업시호기를 쥬의호는 사 나온 쟈로 더부러 한 무리로 아울러 보지 안이홀지라 마시니가 일즉 가라대 혁명이라 호는것은 나라 빅셩의 텬연흔 직분이라 이것은 나라 빅셩으로 말미암아 쑤리가 되어 두 가지 큰 의리 가온ᄃᆡ셔 나아온 쟈라 이런고로 우리 무리가 이를 버린 외에는

15

삼십 전 걸 삼 국 리 래 의

이 몸아 잔으로 더불어 한가지 부서지기를 밍셰ᄒᆞ노니 왕이여 지금 의태리의 나라 빅셩이 아마 손을 부르며 목을 느리고 발뒤측을 꿰이고 귀를 기울여 뎐하의 명령을 기드리지 안이ᄒᆞ는쟈가 업슴은 뎐하를 위ᄒᆞ여 실을 사서 그우에 좃유와 독립과 통일 세 글즛를 슈노코쟈 ᄒᆞ노니 원ᄒᆞ건티ᅵ 하는 나아가 국민의 말아 펴셔서 빅셩의 권리를 챵도ᄒᆞ며 보호ᄒᆞ는쟈 되시고 의태리를 온젼이 셰우며 혁신ᄒᆞ는쟈가 되셔서 슈쳔만 동포를 거ᄂᆞ려 저 야만족 속의 손에셔 나와 우리 의태리의 평안홈을 도리키소서 왕께서 만일 뜻을 두실진듸 우리들이 져죠업스나 원건듸 그 신명을 잡아 왕의 모는 채직을 기드려 의태리의 흐러진 모든 고을을 모아 왕외 취하에 이르려 혁과 갈로 왕을 위ᄒᆞ여 겨마 분쥬흔 력ᄉᆞ를 복죵ᄒᆞᆯ지라 빅셩은 가히 오래 곤치 못ᄒᆞᆯ것이요 셰의 긔회는 가히 일처 안이ᄒᆞᆯ지니 오즉 대왕 은 도 모ᄒᆞ소셔 아이발이 본듸 마시니를 아는것은 그 위인을 진실히 공경 ᄒᆞ엿으나 그러나 스스로 깃과 털이 풍족지 못ᄒᆞ여 가히 놉피 날지 못ᄒᆞ고 피 마시니의 경솔ᄒᆞ여 큰 관을 해롭힐가 넘려ᄒᆞ고 ᄯᅩ한 스스로 혐의로 은 싸에 거ᄂᆞᆨ고자 안이ᄒᆞ더니 그의 쳔히 쓴 글을 바다 일죽 되답지 안이 ᄒᆞ고 도로혀 엄흔 명령을 나려 가라매 마시니가 만일 디경을 건너 다시 의태리에 들어 오거든 곳 잡아 결박ᄒᆞ라 ᄒᆞ니 그러ᄒᆞ나 한 사람의 님군이

이십 의 태리 삼국 걸 젼

애 글을 아이밧에게 울려 가라대 마시니는 죽을 죄로 글을 사랑하는 살뎍니아 왕 아이밧 뎐하에게 올리니 멀리 바다 박게 잇어 우리 왕게서 죵동을 이어 샤직을 쥬쟝ㅎ심을 듯고 진심으로 음죽여 깃부옵나이다 비록 그러오나 왕은 셩각ㅎ소셔 왕이새 의태리에 쳐음 되는 한 큰 공 일우는 인군이 되고자 ㅎ실지라도 오죽 오날이요 옛 의태리의 가장 뒤에한 빅셩의 도젹이 되고자 ㅎ실지라도 오죽 오날이니 우리 의태리 인민이 가히 아죽 아죽 으로 인슌ㅎ여 어루만져 진압ㅎ랴는 것이 안임은 다만 한 날이 안이오 저의들이 슈빅년릭에 구ㅎ여도 엇지 못ㅎ는 빅셩의 권리라 이제 알고 바라기를 목마른것 구터ㅎ지 단ㅎ과 박게로 법률과 조유와 독립홈과 통일홈을 사랑ㅎ나 우에로 에 호소홀 곳이 젼혀 업는지라 이제 나라가 어틱 잇는 것을 아지 못ㅎ며 집이 어틱 부림을 아지 못ㅎ며 몸이 어틱 잇음을 아지 못ㅎ고 새 외국 사람이 그 나라의 유람ㅎ는쟈 가라대 노례의 나라라 일홈ㅎ고 그 사람을 틱ㅎ면 가라대 임의 죽은 사람이라 시호ㅎ니 저의들도 혈긔와 슈발이 잇거든 이런 말을 익히 들으매 차라리 목셤이 될지라 힘을며 소리를 삼키고 한을 참아 노례로 티졉ㅎ는 잔을 마신지가 임의 슈십셰라 이졔로 부터는

13

의 태 리 국 삼 걸 젼　　십일

게 기약하니 만일 나의 당류가 일우지 못하고 다른 사람의 당류가 일울지라
도 소양할바 안이요 오즉 나의 뜻을 힝하며 나의 쥬장하던 외리를 맛철싸
름이라 마시니가 가라대 이러한 기개와 이러한 소를 말할지 못할지니 안이헝면 쪽히
혁명을 말할지 못할것이요 쪽히 텬하 소를 말할지 못할지니 이 구튼 기개와
소샹을 길우고쟈 할진티 불가불 학력과 도덕에 근본된지라 이에 마시니 깁
피 가파 나라의 당류로 더불어 쪽히 말할 것을 알고 이에 몸이 벗어나
서 스스로 한 당패를 죠직하고 일홈을 소년의태리라 하니 곳 일쳔 팔빅 삼십
삼년이라 법국에 메이 초 혁명이 이러나니 이때는 마시니의 나는 이십 오셰요
갈리발디는 이십 삼셰니 풍파에 불려 영향이 두루 미처
는지라 가파나리 당이 다시 그 남은 기셰를 쓸쳐 각 고을에서 벌떼이러나
듯 하거늘 오국이 군소를 보내여 멸할새 슌식간에 쳥경하지라 마시니가 경탑
균의 팔린 바 되어 옥 중에 가치어 여섯달 만에 겨우 소형에 일을 감하여
외태리 디경 박게내침을 당하엿더라

일쳔 팔빅 삼십 일년 아겸 인군이 죽고 그 죵대 아이발이 이어서
니 아이발은 근셰에 가쟝 엿걸하고 어진 인군이라 일컷는 일홈이라 일쪽 의
태리를 회복할 뜻을 품고 가파 나리 당류의 사람에게 밍셰를 일쪽 더하지라
이째에 마시니가 법국에 건너가 잇더니 이 소문을 듯고 크게 깃거하여 이

십

의 태 리 국 삼 걸 견

다 세알일 수 업는지라 치나아는 곳 마시니의 고향이니 의태리셔남 방에 잇
어 디쥬히 가에 한 **큰** 항구라 졍부에셔 이리로 뜻 잇는 션비를 내 죳차 귀
양을 보내니 귀양사는 쟈 임의 만하 처나아가 드듸어 죳유를 쥬쟝ᄒ는 의리
에 즁심 졈이 되는지라 마시니의 몸져 맛나던 **큰** 사람은 곳 일쳔 팔빅 이십
年란리 즁에 한 일홈 업는 영웅이러라

몬져 마시니가 나라 사랑ᄒ는 더운 피가 솟아 남으로 성각내 빙쟈할 바가
잇어 이에 가파나리 당류 즁에 뛰어 들엇더니 추추 그 나졍을 살펴 보고 흐
되 이 당류의 사람들이 혈긔는 넉넉ᄒ나 도덕의 마음은 부죡ᄒ니 맛당히 그
피흘닐 랑쟈ᄒ여 하늘을 가르쳐 날을 밍셰ᄒ임 한번 써기김을 맛나면 쟝ᄒ
치고 금셩을 매치는듯 ᄒ나 만일 대소를 일우고쟈 할진터 불가불 몬
ᄒ게가 다 녹아 질지라 마시닉 가라대 '이와 구티 십년 이십년으로
저 그 셩패와 득실을 셔아리지 안이ᄒ는 것은 오늘 일우지 못ᄒ면 명일로 과
약호고 금년에 엇지 못ᄒ면 리년으로 긔약ᄒ여 이와 구티 십년 이십년으로
빅년 수빅년이라도 수양처 안이할것이오 또한 내 몸으로 일우지못ᄒ면 죳
식에게 긔약ᄒ고 조식도 오히려 일우지못ᄒ면 손죳에게 긔약ᄒ여 이와 구티
증손과 현손에게 이를지라도 수양을 바가 안이요 쏘 내 힘으로 일우
지 못ᄒ면 내 **친구**에게 긔약ᄒ고 내 **친구**도 일우지 못ᄒ면 내 **친구**의 **친구**에

구 젼 걸 삼 국 리 태 의
번 변호더라

학셜을 항호매 측량호는 산술을 연구호여 열여섯살에 졸업호고 쌉혀 싸 충
량호는 판원이 된지라 비록 그러호여도 나라를 근심호는 마음이 나지못호엿
더니 그 후로 졈졈 쟝셩호여 옛젹 소긔를 읽고 이제 형셰를 살펴 보매 나라
를 위호여 힘을 다호여야 될줄을 생각호나 일호는 방책의 솜씨를 엇지 못호
지라 그러호나 자조 치나아 모든 셩으로 리왕호여 여러 망명호 사람들로 더
불어 상죵호며 즛유호는 긔운을 호흡호매 그 옛날 귀족의 습관된 셩질이 한

데 이젼 마시니 소년 의태리를 창립홈과 살덕니아 왕에게 상셔호 것
쳐음에 의태리십팔 셰긔 이젼을 당호여 임의 쳘리가와 문학가에 단졍과 믹
야비이와 하사가란 사람들의 길게 탄식호는 말과 크게 부르는 소릭로 나라
를 회복호고 새로 변혁호는 의긔로 나라 빅셩을 인도호여 소문이 졈졈 펴지
매 이에 가과 나리의 당패가 셜시 되니 가과 나리의 숫을 불사르는 의리는 진실
로 비밀히 혁명을 밍셰호는 회라 일쳔 팔빅 이십년을 당호여 스셰의 급박홈
이 한 텰과 ᄀᆞ른지라 이에 의태리 나라 즁왕에 이포스와 박특문과 윤파덕 모
든 디방이 한겁에 폭동호니 이태리 마시니는 십오셰오 가리발디는 십삼셰
요 가부어는 십셰라 그러호나 맛춤내 일이 일우지 못호고 슈두된 쟈는 혹
날에 죽으며 혹 옥에서 죽고 그 남은 당류는 치나아로 귀양 가는 쟈를 이로

팔
태리
삼국
걸젼

일을 일우지 못ᄒᆞ고 부모와 쳐조를 리별ᄒᆞ고 여긔유락이 되엿다 ᄒᆞ거눌 마시니가 이 말슴을 들으매 찬 물로 등에 뿌리는것 ᄀᆞ티 마음이 크게 감동ᄒᆞ여 그 한 몸으로 희싱이 되여 나라 빅셩의 뜻을 갑흐려ᄒᆞ고 비로소 결뎡ᄒᆞ다 가리발디는 배 부리는 리사람의 아ᄃᆞᆯ이니 셩졍이 강개ᄒᆞ고 의긔가 강ᄒᆞ매 의안인 것을 원슈 ᄀᆞ티 미워ᄒᆞ며 사람의 급ᄒᆞ고 어려옴을 위ᄒᆞ여 분격히의긔를 발ᄒᆞᆷ으로 목숨을 한털과 ᄀᆞ티 가볍게 보는지라 날로 로마국 대도회 빈터에 유람ᄒᆞ다가 그젼에 큰 문과 큰 셩이 다 싸에 업들어지고 단쳥ᄒᆞᆫ 것이 랑쟈히 더러옴을 보고 감개히 방황ᄒᆞ니 나라 망ᄒᆞᆫ 슬픔이 가슴 가운디 울울ᄒᆞ여 스스로 금ᄒᆞ지못ᄒᆞ는지라 나가 열 다섯이 못 되어 임의 나라 일로 졔 몸의 마튼 일로 아는듯이 잇어 사람을 ᄃᆡᄒᆞ여 말ᄒᆞ되 내가 밍셰코 우리의 태리를 회복ᄒᆞ고 우리 옛 로마를 즁흥ᄒᆞ리라 ᄒᆞ며 이 후로는 모든 일을 다 버리고 오즉 졍신을 혁명ᄒᆞ는 일에 두더라 가부어는 살뎍이아 왕죡에 한 귀ᄒᆞᆫ 공조라 그몸의 쳐디가 임의 져 두 호걸과 다르고 졈어셔 지낸것도 ᄯᅩ한 이 두 호걸과 굿지안이ᄒᆞᆫ지라 처음에는 스스로 거만ᄒᆞ고 겸손치 안이ᄒᆞ여 한 무뢰빈의 악ᄒᆞᆫ 소년이라 나가 십셰에 비록 소학교에 졸업은 ᄒᆞ엿으나 다시 배호기를 조하 안이ᄒᆞ고 날마다 여러 아히를 모아 악ᄒᆞᆫ 희롱을 ᄒᆞ더니 문득 군인이 되고자 ᄒᆞ여 효령병학교에 들어

의 태 리 국 삼 걸 견 철

압제흠이 더욱 심흥여 나라 운수가 날로 더욱 글러지는지라 매양 젼에 소긔
롤읽으매 우둑커니 무엇을 일은것긋든지라 이후로는 오즉 기피 먹 물 들입
상뎨의 옷을입고 그 몸을 맛쳐려흐지라 혹 그 연고를 뭇는 사람이 잇으면 마
셔니 되답흐되 내가 당시에는 그리 됨을 아지 못호고 오즉 모든 아희와 여러
사람들의 난장이 웃고 깃거흐는 가운듸 잇셔 스스로 슬픈 기운아 침침히 와
서 마음을 샹케 흠을 쌔닫으매 사람으로 흐여곰 읻흥 흐는 가운듸 늙는지라
슬프다 나는 나라업는 빅셩인고로 내가 나라 일은 북을 입고 나의 평셩을
보내려 흠이나 여러 사람 모힌 자리에 눈물을 가리고 죠용히 거흐는 창 알
에 슬피 노래흠은 대개 한도 만코 졍도 만흔 영웅이 다 그러흔지라 내가 열
일곱에 모든 학문의 오묘흠을 다 홍달 흐고 지식과 문장이 시속에 졀등훈지
라 흐는 그 어마니를 모시고 쳐나아 바다 언덕으로 슬슬다니더니 뭇득한
사람이 얼고은 매우 검고 슈염은 침 ㄱ타 싸싸흐고 신쟝은 칠쳑이요 풍채
가름름훈듸 표연이 압프로 와서 모즈를 빗고 례흐여 가라대 원컨듸 의래의
망명훈 사람을 위로흐여 힘을 다흘 바가 잇노라 흐거놀 그모친이 슬피눈
물을 흘리며 품 가운듸서 약간금젼을 더듬어 내어 그 큰 사람의 섈어진모
즈 가운듸 들이치는지라 마시니가 모친에게 엿더훈 사람이요 물은듸 모친이
가라대 이는 나라를 사랑흐는 남아라 져 사람들이 이 나라를 구원흐려 흐되

의태리 건국 삼걸젼

온 족속 파방의 집안 흡보스박들의 난호와 거느리는 바가 되게하니 그 님군의 위에 의태리 사람 혈믹과 족속된 자는 오죽 살떡니아가 잇어 나라 왕의 한 집 뿐이나 또한 여러 웅훈 자에게 눌려 괴운이 아조 쇠잔흐니 대개 이 때에 의태리는 런일을 가린것 ᄀ티 흑암흔 형셰를 당흐엿더락 슬프다 시계에 가 영웅을 만드, 느니 이에 이를어 엇지 극흥지 안이흐리오 하느님이 참아 신션홍던 로마국을 길히 비린 바람과 피계 속에 무드시며 또 한 슈쳔 만 되는 문명흐고 당당흔 의태리 븩셩의 죡속으로 참아다른 족속의 알에 고통케 안이흐샤 이에 일쳔 팔벅 오년 륙월 이십 이일에 한 호걸을 의 태리 싸 치나아 져자에 마시나라 나파륜이 미룬에서 의태리 임군 위에 나아가니 법국이 크게 혁명흔 후 열세해요 나파륜이 의태리를 쳐셔 황복 바든후 십년이라 오히려 죡호지 못흐여 그 이듬 해는 곳 일쳔팔 빅쳘년 칠월 이십이일이니 다시 한 호걸을 내시니 일홈은 갈이발다라 오히려 죡호지 못흐여 또 그 이듬 해는 곳 일쳔 팔빅 십년 이니 다시 한 호걸을 의태리 살이 유아에 내시니 일홈은 가부어라 이제로 부터 쳔 년된 무덤 가운듸 의태리가 다시 숏아 낫도다 마시니는 한 션븨의 아들이라 나가 열셋에 대학교에 들엇으니 그 때는 유야랍에서 회의흔후 삼년이라 법국의 혁명흐는 힘이 크게 일어 나고 오대리에

도리겻으니 이제 맛당이 형명하던 달스리아는 디하에서 눈을 감을 바요 시
하던 사람 단뎡의 늣겨 울때에 원하여도 밋지 못하던 바라 슬프다 누가 능
히 하여 이에 이를엇으리오

의 태의 십팔 셰긔의 말년을 당하여 나파륜이 의태리를 짓밟으니 그셰에 의태리는 임의 멸호지 오래어 열다섯 적은 나라에 난호엿는지라 나파륜이 렬편으로 한번쳐서 합하여 셋을 만들어 법국 정부가 총독하여 다스리는 알에 두엇눈
국 지라 그러나 의태리가 이후에 독립함이 진실로 나파륜의 식힘이로다 나파
리 륜이 그 젹은 죠졍을 폐하여 호활한 가족들을 멸하고 봉하여 쥬는 것과 그 싸에
삼 어버리고 법국에 민법의 졍신으로 시힝하니 이에 의태리
사람의 마음과 눈가운딕 비로소 조유하는 것과 통일하는것이 잇음을 알며
걸 또한 박그로 동하여 뒤집기도 쎄하여 독립이라 하는 사람이니 풀움이 처음나매
전 나파륜은 진실로 의태리국에 대일 은혜 잇는 사람이니 풀움이 처음나매
와 염소를 먹임이로다

오 대개 나파륜이 패하매 각 나라에 졔졔하는 님군들이 서로 유야랍에 모혀 의
론 홀새 텬하에 졀등한 간웅 메특닐이 감히 의퇴리가 셰샹에 혓 일을 쓴이
라는 거짓말로 눈을 부릅쓰고 쓸개를 벌여 뭇 사람에게 불으지즈며 이에 졀
님군 족쇽의 압제하던 옛 일을 회복하고 약간 젹은 나라를 만들어 박게서

스 새것을 맛고 옛것을 보내는 늙은 기성이 졍든 산ㅇ히를 관디흠과 굿고 아촘
태 에는 셋을 주고 젼녁에는 빗을 줌은 짓는 개가 먹이는 주인을 의지흠과 ᄀ
국 의 셔으로는 오국의 부속이 되고 즁앙으로는 법국의 고을이 되고
리 러 산하가 쇠패흠이 더욱 다 긔록홀수 업스니 동으로는 법국의 효년에 이르
걸 더서 길이 쇠패흠이 년년이 더욱 심ᄒᆞ여 한갈ᄀ티 십구 셰긔의 효년에 이르
젼 셰 글곳가 겨우 세샹에 일흠만 잇고 졍차의 일흠은 업서 진지가 이제 일쳔
여 년이라 가셔 스의 함락흔 불찌를 바라보고 법라의 슬픈 노래를 부르매 푸
른 불에 아츰 이슬은 쳐량흔 빗을 먹음고 패흔 셩에 졈은 안기는 참담흔 거
동을 ᄯᅴ엇도다 옛 사람의 글에 일우지 못ᄒᆞᆫ 가운ᄃᆞ 슬프다 이동흠이 나라 망흔 빅
리 쪽 샹흔 마음을 그려 일흠이 업는지라 후세에 소긔를 읽는 쟈도 오히려 감개히 역
셩의 이동흠만 ᄀ틈이 업는지라 후세에 소긔를 읽는 쟈도 오히려 감개히 역
이 거든 흠을며 졔몸에 당흔 쟈야 엇더ᄒᆞ리오
엇지 다시 십구 셰긔의 알에 슈십년 사이에 한 새로 지은 나라 가 루루히
쇠잔흔 빗돌과 력력히 황무흔 궁면 속에셔 은연히 솟아나서 오십여만명
병과 이빅륙십여쳑 군함과 류쳔여 영리의 텰로와 십일만여영리의 싸와 이쳔
위엄을 ᄯᅳᆯ쳐 슈십터 조종의 큰 붓그림을 씻고 이쳔년 지낸 소긔의 영광을
구빅여만명의 빅셩을 두어 안으로 립헌의 아름다운 졍스와 박그로 독립의

의 태리

이요 만일 세 호걸에 한아만 업서도 의태리가 업슬지라 이런즉 세 호걸은 의태리로 부모와 성명을 삼느니 슬프고 위퇴롭다 오날 즁국에 엇지 그 세 호걸과 그튼 사람이 업다 흐리오 슬프고 쇠흥엿도다 오날 즁국에 엇지 그 세 호걸과 그튼 사람을 엇드리오 나는 자나 쌔나 탄식호며 말호노니 내나 라 빅셩이 오히려 나라 사랑홈을 알겟느뇨 비록 그 더위나 회포나 지략은 서로 일만 가지요 그 말과 쐬와 업이 일만 가지로되 그 으듬 되는 쟈도 가 히 세 호걸에 한아가 되지 못홀 것이요 그 다음되는 쟈는 가히 세 호걸의 일분의 일 되면 곳 우리 즁국에 호걸이 날것이요 곳 우리 즁국이 강홀지라 이러홈으로

국 삼 걸 젼

의태리 나라 회복홈 세 호걸의 소젹을 져슐홍노라

걸 젼

대일졀 삼호걸이 젼에 의태리 의형셰와 삼걸의 어려셔 형편

오날 의태리는 액셕 로마국이라 유롭과 아셰아와 아비리가 세 큰 륙디를 아 울러 한 큰 데국을 세워 셰계샹에 문명의 조죵이 될뿐안이라 이셰를 당호여 텬하는 로마국의 텬하라 홀만호지라 그리 번셩호엿스며 엇지 하로아 츰에 북방 오랑캐의 짓발핀바 되어 날로 싹기고 달로 졸어질것을 해아렷으 리오 둘재로는 회회교 죡속에게 매인바 되고 세재로는 셔비리아에 매인바 되고 넷재로는 법란셔에 매인바 되고 다섯재로는 일이만에 매인바 되엇으니

4

이태리 건국 삼걸전

일이 반듯이 서로 굿지 안이하나 혹은 혈로 하고 혹은 피로 하고 혹은 붓으로 하고 혹은 갈로 하고 혹은 긔계로 하여 아폐서 부르고 뒤에서 응울재 서로 난호여 지기도 하고 서로 시비도 하고 서로 미워함도 잇스나 활을 쏘는것과 구티 관혁을 향하여 쏘기는 다 일반인고로 필경에는 서로 건지고 서로 도아 합하지 안이 하지 모지 업느냐 량계죠도 가라대 지금 셰계의 나라가 수십이로되 부강한 쟈는 열에 한아가 지나지 못함은 그 고동식이며 불이며 노래하며 씩씩함이 엿지 한 두 어나나라 사람의 마음과 험과 피와 붓과 갈과 긔계로 조차 옴이 안이리오 슈박년리 유롭의 나라 세운력디 스기에 가히 노린도 부르며 가히 울기도 하며 가히 긔록도 흘것이 이로 형언 흘수 업고 그 나라 사랑하는 호걸을 우리 평성에 심각하고 존슝하는 바가 소혼 이로 형언홀수 업는지라 그 나라 세우기 전에 경상을 궁구하여 보면 우리 즁국의 오날 빅성의 의태리와 그트며 그 나라 사랑하는 쟈의 뜻과 일이 가히 오날 즁국 디위가 별이 되기도 의태리의 세호걸만호 사람이 업는지라 저 세호걸이 그 디위가 굿지 안이하며 그 회포가 굿지 안이하며 그 지략이 굿지 못하며 그 소업이 굿지못하고 그 결과도 굿지 못하나 그 옛날 의태리로 하야곰 오날 다시 의태리를 회복함은 굿은 굿지안이함이 업스나 세 호걸이 업스면 의태리가 업슬것

의태리국삼걸젼

의태리국을 회복훈 세호걸의 스젹
대한국 리현셕 번역

의 一 마시니   Ginseppe Mazzini.
태 二 가리발디 Ginseppe Garipaldi.
리 三 가부어   Camillo BensopiCavowr.
국
삼
걸
젼

시작ᄒᆞ는의론

량계쵸 가라대 텬하에 셩훈 덕과 큰 업은 나라를 사랑ᄒᆞ는 일에서 더훈것이 어티 잇는뇨

참으로 나라를 사랑ᄒᆞ는 쟈는 나라 일 외에는 다 죡히 마음에 둘것이 업는 고로 나라 일 외에는 조화훌것도 업고 나라 일 외에는 바랄것이 업고 나라 일 외에는 근심훌것도 업고 나라 일 외에는 분훌것도 업고 나라 일 외에는 다훌것도 업고 나라 일 외에는 깃버훌것도 업스며 쏘 나라를 참으로 사랑ᄒᆞ는 쟈는 나라 일을 어려운줄로 성각지도 안이ᄒᆞ고 힘훌줄로 성각지도 안이ᄒᆞ고 못훌줄로 성각지도 안이ᄒᆞ며 쏘 나라를 참으로 사랑ᄒᆞ여 힝ᄒᆞ는 쟈는 나라를 사랑ᄒᆞ는 일에 각지도 안이ᄒᆞ며 쏘 나라를 참으로 사랑ᄒᆞ여 힝ᄒᆞ는

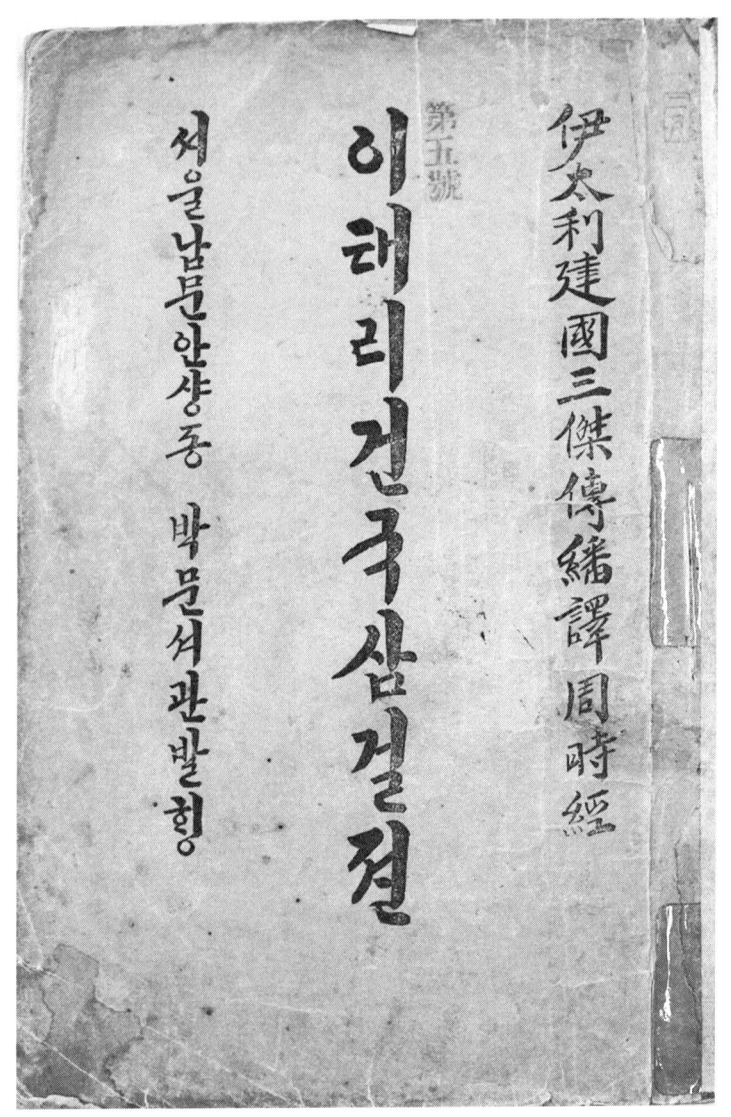

영인자료 | 이태리건국삼걸젼

- 『**이태리건국삼걸견**』
  주시경·이현석 역, 박문서관 발행, 1908

윤영실

연세대학교 영문과와 서울대학교 국문과 대학원을 졸업하였고 현재 숭실대학교 한국기독교문화연구원 HK+교수로 재직하고 있다. 주요 논저로 『육당 최남선과 식민지의 민족사상』, 「해적, 제국, 망명: 20세기 초 일본과 한국에 번역된 바이런의 『해적』(The Corsair)」, 「노예와 정(情) - 이광수의 『검둥의 설움』 번역과 인종/식민주의적 감성론 너머」, 「세계문학, 한국문학, '정치소설'의 번역(불)가능성 - 임화의 『개설신문학사』를 중심으로」, 「동아시아 정치소설의 한 양상 - 『서사건국지』 번역을 중심으로」 등이 있다.

근대계몽기 서양영웅전기 번역총서 13
이태리 건국 삼걸전
: 마치니·가리발디·카보우르의 이탈리아 건국담 `국문`

2025년 4월 25일 초판 1쇄 펴냄

옮긴이 윤영실
발행인 김흥국
발행처 보고사

책임편집 이경민
표지디자인 김규범

등록 1990년 12월 13일 제6-0429호
주소 경기도 파주시 회동길 337-15 보고사
전화 031-955-9797
팩스 02-922-6990
메일 bogosabooks@naver.com
http://www.bogosabooks.co.kr

ISBN 979-11-6587-846-7 94810
　　　979-11-6587-833-7 (세트)
ⓒ 윤영실, 2025

정가 20,000원
사전 동의 없는 무단 전재 및 복제를 금합니다.
잘못 만들어진 책은 바꾸어 드립니다.

이 책은 2018년 대한민국 교육부와 한국연구재단의 지원을 받아 수행된 연구임
(NRF-2018S1A6A3A01042723)